Regine Herbig

Fülle erschaffen – Fülle empfangen

Das Gesetz der Resonanz und die Kunst des Annehmens

Schirner Verlag

ISBN 978-3-8434-1186-8

Regine Herbig:
Fülle erschaffen – Fülle empfangen
Das Gesetz der Resonanz und
die Kunst des Annehmens

Umschlag: Murat Karaçay, Schirner, unter
Verwendung von # 179620148 (styleuneed.de),
81353437 (debra hughes), # 125844194 (Horenk0) &
100557511 (David M. Schrader),
www.shutterstock.com
Satz: Anke Brunn & Bastian Rittinghaus, Schirner
Redaktion: Bastian Rittinghaus, Schirner
Printed by: Ren Medien GmbH, Germany

www.schirner.com

1. Auflage April 2015

Widmung

Ich widme dieses Buch Mária Hillen, meiner holländischen Weggefährtin, die mich über viele Jahre liebevoll begleitet hat. Ihre Präsenz in der Fülle, in der Herzenswärme, tiefe Annahme und schöpferische Kraft gleichermaßen zu spüren sind, hat mich sehr bereichert.

Inhalt

Verzeichnis der Übungen

Die mit ♥ gekennzeichneten Übungen sind Grundübungen.

Einleitung

Alle Bücher dieser Welt
Bringen dir kein Glück,
Doch sie weisen dich geheim
In dich selbst zurück.

Dort ist alles, was du brauchst,
Sonne, Stern und Mond,
Denn das Licht, danach du frugst,
In dir selber wohnt.

Weisheit, die du lang gesucht
In den Büchereien,
Leuchtet jetzt aus jedem Blatt –
Denn nun ist sie dein.

(Hermann Hesse)[1]

Dieses Buch lädt Sie ein, tiefer in die Energie Ihres Herzens einzutauchen. Denn nur im eigenen Herzen können wir das Reich der Fülle und somit das Gefühl von Frieden und Glück finden – wonach wir uns letztlich alle sehnen.

Ich möchte hier kurz skizzieren, wie ich zum Thema dieses Buches gekommen bin und welche Erfahrungen in meinem Leben mich über Jahrzehnte hinweg dorthin geführt haben.

Die Kraft des Herzens

Nach einer Begegnung mit Karlfried Graf Dürckheim mit 17 Jahren habe ich angefangen, zu meditieren und mich mit Psychologie zu beschäftigen. Die Wendung nach innen und das Lauschen auf die Impulse meines Herzens waren schon immer ein wichtiges Element in meinem Leben. Als junge Erwachsene

1 »Bücher«, aus: Hesse, Hermann: Sämtliche Werke in 20 Bänden. Hrsg. von Volker Michels. Band 10: Die Gedichte. © Suhrkamp Verlag, Frankfurt am Main 2002. Alle Rechte bei und vorbehalten durch Suhrkamp Verlag Berlin.

hat mich vor allem meine schöpferische Kraft dorthin getragen, einen stimmigen Platz in der Welt und eine erfüllende Arbeit zu finden.

Doch mit Mitte 30 gab es, ausgelöst durch einen Unfall, einen gravierenden Einschnitt in meinem Leben. Meine gesundheitliche Situation konfrontierte mich privat und beruflich mit sehr schmerzlichen Erfahrungen, und ich wurde von ihr stets aufs Neue aufgefordert, die Gegebenheiten anzunehmen. Mein Weg führte mich immer tiefer in mein Herz. Ich lernte, meinen Widerstand aufzugeben und auch die unbequemen Situationen und Gefühle von Herzen und voll Mitgefühl zu umarmen.

Im Laufe der folgenden zwei Jahrzehnte bin ich durch tiefe innere Prozesse gegangen, die mich von der »dunklen Nacht der Seele« bis hinein ins Reich der Fülle geführt haben. In meinem Herzen habe ich immer wieder all das gefunden, was ich brauchte, um weiterzugehen. Gleichwohl bin ich zutiefst dankbar, dass ich auch im Außen wundervollen Menschen begegnet bin, die mich unterstützt und begleitet haben.

Geschehen lassen

Ich gehöre zu den Menschen mit starker mentaler Kraft, die genau wissen, was sie wollen, und geradlinig auf Ziele zugehen. Das Leben konfrontierte mich jedoch plötzlich mit einem Szenario, in dem ich nur recht wenig von den Schätzen in meinem Inneren nach außen tragen konnte. Die bewährten Strategien aus früheren Zeiten funktionierten jetzt nicht mehr – eine frustrierende Erfahrung. In dieser Zeit kam ein Lehrer des Advaita, einer nondualistischen Lehre aus Indien, in mein Leben. Die Entwicklung der Fähigkeit, die Dinge geschehen zu lassen und alles, was sich zeigt, ohne Wertung anzunehmen, ist in dieser Lehre sehr wichtig. Dieser Weg ließ mich die Qualität der Empfänglichkeit und Annahme entdecken – als eine wichtige Ergänzung zur aktiven Schaffenskraft.

In den folgenden Jahren meines relativ zurückgezogenen Lebens eröffnete sich mir unerwartet ein neues Feld, und ich begann zu schreiben. Ich war überwältigt von dem Feuer und der Fülle in meinem Geist. Eine Inspirationswelle erfasste mich, und ich schrieb an sieben Tagen in der Woche jeweils acht Stunden. Fasziniert beobachtete ich, wie sich der schöpferische Prozess entfaltete. Während der Entstehung meiner ersten drei Bücher lernte ich immer mehr, mir nicht selbst im Wege zu stehen, sondern mich durchlässig zu machen für den

Strom der Ideen und Worte – und »es« schreiben zu lassen. Rückblickend kann ich sagen: Nichts ist für mich erfüllender, als im schöpferischen Flow zu sein. Es ist, als tanze das höhere Selbst mit der Schöpferkraft des Universums.

»Alle Bücher dieser Welt ...«

Zunehmend beschäftigte mich die Frage: Wie lässt sich dieser wunderbare Prozess des Erschaffens auf das praktische Leben übertragen? Ich las eine Reihe von Büchern zu diesem Thema. Viele Autoren, die über die schöpferischen Möglichkeiten des menschlichen Geistes schreiben, vermittelten den Eindruck, als sei alles »machbar« und als müsse man nur in rechter Weise eine Bestellung beim Universum aufgeben, dann erfüllten sich Wünsche und Ziele in der angestrebten Weise.

Die Erfahrungen meines Lebens hatten mich jedoch etwas anderes gelehrt. Zwar bin auch ich der Meinung, dass es möglich ist, Herzenswünsche und Visionen in die Wirklichkeit zu bringen, indem wir bewusst auf der geistigen Ebene den Boden dafür bereiten, sodass uns die Möglichkeiten finden können. Gleichzeitig gibt es jedoch auch Dinge im Leben, auf die wir keinen Einfluss haben und die wir lediglich aus der nicht wertenden Kraft des Herzens anerkennen und annehmen können.

In einer zweiten Gruppe von Büchern – über östliche Weisheitslehren sowie aus dem christlichen Kontext – steht vor allem letzterer Punkt im Zentrum: die Fähigkeit zu Annahme und Demut. Man könnte diesen Ansatz als den Yin-Aspekt, den der schöpferischen Kraft als den Yang-Aspekt betrachten. In beiden Gruppen von Büchern vermisste ich jeweils den Einbezug der Gegenkraft. Die annehmende und die schöpferische Kraft ergänzen einander und machen das Ganze rund – so erfuhr ich es in meinem Leben.

Die annehmende und die schöpferische Kraft des Herzens

Ich möchte eine Brücke schlagen zwischen den beiden oben genannten Sichtweisen dem Leben gegenüber. Mein Anliegen ist, zu einer Synthese zu finden von östlichen Weisheitslehren und modernen westlichen Methoden, die auf den neuesten Erkenntnissen der Quantenphysik basieren. Indem ich sowohl die annehmende als auch die schöpferische Kraft über das Herz anspreche, entsteht eine Verbindung; beide gehören für mich wie die zwei Seiten einer Medaille zusammen. In den einzelnen Kapiteln zeige ich differenziert auf, wie wir diese Kräfte entwickeln können, wo im Leben sie ihren Platz haben und wie sie zusammenwirken. Beide Kräfte sind im menschlichen Reifungsprozess gefragt, um zur Ganzheit zu gelangen und in das innere Reich der Fülle zu finden.

Fülle, fühlen und Gefühle

Viele Menschen streben nach Fülle; manche suchen sie vor allem auf der materiellen Ebene. Doch die Türen zum Reich der Fülle gehen nach innen auf. Auf der inneren Ebene hat Fülle für mich vor allem mit der Bereitschaft zu tun, zu fühlen. Das bedeutet: die Fülle der eigenen Gefühle zulassen und mit ihnen präsent sein; den Licht- und den Schattenseiten des Lebens sowie der eigenen Persönlichkeit mutigen Herzens begegnen.

Der Prozess bewussten Erschaffens beginnt auf dem Boden der gefühlten Annahme dessen, was ist. Es funktioniert nicht, einfach wegzulaufen, um in eine »bessere« Zukunft zu gelangen. Nur aus der Anerkennung des gegenwärtigen Moments erwachsen eine klare Vision und eine stimmige Formulierung des Herzenswunsches beziehungsweise des Ziels. Auf diese Weise lassen wir durch einen schöpferischen Akt des Geistes das Gewünschte auf der inneren Ebene bereits jetzt zur gefühlten Wirklichkeit werden. Das Wichtigste, was wir erschaffen, sind unser Sein und unsere energetische Schwingung. Gemäß dem Gesetz der Resonanz wird das Universum darauf reagieren, und die passenden Ereignisse und Begegnungen vermögen, uns zu finden.

Diesen Prozess kann man im Kleinen kontinuierlich nutzen. Ich lade Sie ein, sich täglich mit dem Bewusstsein der Fülle zu verbinden und es in die anstehenden Tätigkeiten und Kontakte des Tages einzubinden.

Ich wünsche Ihnen viel Freude beim Lesen dieses Buches, auf der Entdeckungsreise in Ihren inneren Raum der Fülle und bei der Gestaltung eines er-füllenden Lebens.

1. Alles ist Energie

Herzensanliegen

Was ist für Sie das Wichtigste in Ihrem Leben? Welche Seinsqualitäten wünschen Sie sich im Alltag?

Wenn ich diese Frage in meinen Workshops stelle, dann werden meistens Qualitäten wie Liebe, Frieden, Freiheit, Glück etc. genannt. In diesem Buch geht es darum, wie wir diese Energien bewusst in uns aktivieren können und auf welche Weise wir dazu beitragen können, dass sie sich auch im Außen zeigen.

Bei vielen Menschen fällt die Antwort auf obige Fragen unter Umständen ganz anders aus als die Qualitäten, die jene in ihrem aktuellen Leben erfahren. Wieso ist das so?

Weil auf der unbewussten Ebene parallel gegenteilige Programme aktiv sind, die dem Mangelbewusstsein entspringen. Dadurch kann folgende Dynamik entstehen: Negative Gedanken und Glaubenssätze wecken Angstgefühle verschiedenster Art und Intensität, das Leben erscheint vielleicht als ein Kampf ums Überleben. Und doch wünschen sie sich nichts mehr als ein erfülltes und glückliches Leben. Sie leiden darunter, nicht als der Mensch präsent zu sein, der sie von ihrem innersten Wesen her sind – und nicht das Leben zu führen, das diesem entspricht.

Dieses Buch widmet sich der Frage, wie es gelingt, das Mangelbewusstsein hinter sich zu lassen und absichtsvoll in ein Bewusstsein der Fülle einzutauchen.

- Was können wir tun, um in einer Schwingung von Dankbarkeit, Leichtigkeit, Freude und Liebe präsent zu sein und aus dieser Energie heraus zu handeln?
- Wie können wir die eigenen Lebensumständen und die Welt so beeinflussen, dass Qualitäten wie Wertschätzung, Verbundenheit, Mitgefühl, Toleranz, Freiheit und Liebe erfahrbar sind?

Be the change you want to see in this world.
(Mahatma Gandhi)

»Sei die Veränderung, die du in dieser Welt sehen möchtest«, sagte Gandhi. Wir sind die Schöpfer unserer Wirklichkeit. Im Außen spiegelt sich, was in unserer Innenwelt vor sich geht.

Kleine Beispiele hierfür sind: An einem Tag, an dem wir mit dem linken Fuß aufgestanden sind, begegnen uns vielfach widrige Umstände. Wir können den Autoschlüssel nicht finden, wir stehen im Stau, die Aufzugtür schließt sich direkt vor unserer Nase – unsere Laune sinkt stetig –, nach einer Stunde Arbeit löschen wir aus Versehen ein mühsam erarbeitetes Dokument, beim Mittagessen kleckern wir Tomatensoße auf unser weißes T-Shirt, am Abend kommt es zu einem Missverständnis mit unserem Partner, und es entwickelt sich ein heftiger Wortwechsel. Die Energie, die in uns schwingt, zieht entsprechende Erfahrungen an.

Und umgekehrt: An einem anderen Tag fühlen wir uns energiegeladen und gehen heiter an anstehende Aufgaben heran. Begegnungen sind unkompliziert, die Zusammenarbeit mit Kollegen ist fruchtbar, von unserem Chef erhalten wir ein wertschätzendes Feedback, beim Einkaufen macht uns jemand unerwartet ein Kompliment.

Wie genau funktioniert dieses Spiegelgesetz, das wir alle aus unserer Erfahrung kennen? Wie können wir es bewusst zu unserem Vorteil einsetzen?

Phänomene, die bereits in alten Weisheitslehren in Bildern und Geschichten beschrieben wurden, können heute wissenschaftlich erklärt werden. Bevor mit dem zweiten Kapitel der praktische Teil dieses Buches beginnt, möchte ich Ihnen daher kurz einige Hintergrundinformationen über das Wirken von Energie geben.

Das Gesetz der Resonanz

Ein energetisches Weltbild

Die Modelle davon, wie die Wirklichkeit aufgebaut ist, haben in den letzten Jahrzehnten einen radikalen Wandel durchlaufen. In der klassischen Physik betrachtete man die Welt als Materie und Geist; beides schien voneinander getrennt. So formte sich ein dualistisches Weltbild.

Heute hat sich die Sicht auf das Stoffliche, das Materielle, gravierend verändert. Die Quantenphysik zeigte, dass keineswegs alles Physische feste Materie ist, sondern dass es sich um Energiefelder mit Informationsmustern handelt. Max Planck, der Vater der Quantenphysik, schrieb 1944 über das Wesen der Materie:

Und so sage ich nach der Erforschung des Atoms dieses: Es gibt keine Materie an sich. Alle Materie entsteht und besteht nur durch eine Kraft, welche die Atomteilchen in Schwingung bringt und sie zum winzigsten Sonnensystem des Alls zusammenhält. Da es im ganzen Weltall aber weder eine intelligente Kraft noch eine ewige Kraft gibt – es ist der Menschheit nicht gelungen, das heiß ersehnte Perpetuum mobile zu erfinden –, so müssen wir hinter dieser Kraft einen bewussten intelligenten Geist annehmen. Dieser Geist ist der Urgrund aller Materie. Nicht die sichtbare, aber vergängliche Materie ist das Reale, Wahre, Wirkliche, sondern der unsichtbare, unsterbliche Geist ist das Wahre! ... Und ich scheue mich nicht, diesen geheimnisvollen Schöpfer ebenso zu nennen, wie ihn alle alten Kulturvölker der Erde früherer Jahrtausende genannt haben: Gott.
(Max Planck, Aufsatz über »Das Wesen der Materie«)

Gemäß dem Quantenmodell wird das Universum als ein zusammenhängendes, einheitliches Energiefeld betrachtet, als ein Meer von Energie- und Informationsmustern. Dabei handelt es sich um ein Feld, das überall und immer präsent ist; es durchdringt und umhüllt die gesamte Schöpfung. Wir können es uns als ein dicht gewebtes Netz vorstellen, das alles mit allem verbindet.

Jeder hat vermutlich den Informationsfluss in diesem Feld schon im täglichen Leben erfahren: Sie wollen eine Freundin anrufen, und genau in diesem Moment klingelt das Telefon; besagte Freundin ist am Apparat. Sie haben das Gefühl, dass bei einem Ihnen nahestehenden Menschen irgendetwas nicht stimmt; Sie gehen kurz bei demjenigen vorbei, und es zeigt sich, dass er sich gerade verletzt hat oder plötzlich erkrankt ist.

Ein feinstoffliches Energiegewebe füllt die Leere zwischen allem, was ist – den Raum zwischen den Elementarteilchen, zwischen zwei Zellen, zwischen Ihnen und einem anderen Menschen, zwischen unserem Planeten und anderen Gestirnen. Dieses Energiefeld wird heute mit unterschiedlichen Namen bezeichnet: Quantenhologramm, das »Feld«, »Geist Gottes«. Von dieser vereinigenden Kraft, die alles zusammenhält, sprechen auch viele alte Weisheitslehren. Sie belebt das gesamte Universum, lässt unsere Herzen schlagen und Bäume wachsen, lässt es regnen oder die Sonne scheinen, sie bewirkt das Entstehen und Vergehen von Planeten.

John Wheeler, ein berühmter amerikanischer Physiker und Zeitgenosse Einsteins, hat sich vor allem der Frage gewidmet, welche Beziehung zwischen dem Bewusstsein und dem Universum besteht. Er sagt: »Wir sind Puzzleteilchen in einem Universum, das sich selbst beobachtet und selbst erbaut.«[2]

Am Ende des 20. Jahrhunderts hatte man in der Quantenphysik nämlich Folgendes erkannt: Eine Person, die die winzigen Partikel, die die Atome bilden, beobachtet, beeinflusst das Verhalten von Energie und Materie. Allein durch ihre Aufmerksamkeit und die Erwartungen des Bewusstseins, dass es dort etwas zu beobachten gibt, wird eine Veränderung erzeugt. Joe Dispenza, einer der Wissenschaftler, die in dem Film »What the BLEEP do we (k)now? – Ich weiß, dass ich nichts weiß« zu Wort kommen, sagt: »Auf der subatomaren Ebene reagiert Energie auf den aufmerksam ausgerichteten Geist und wird Materie.«[3] Dieses Phänomen nennt man in der Quantenphysik den »Beobachter-Effekt«.

Vermutlich haben die meisten von Ihnen schon einmal eines der faszinierenden Fotos des japanischen Wasserwissenschaftlers Masaru Emoto gesehen, der Eiskristalle fotografiert hat und uns Bilder von wunderbaren »Mandalas« präsentiert. Er hat gezeigt, wie der menschliche Beobachter durch seine Geisteshaltung – seine Gedanken, Worte und Gebete – die Struktur der Wasserkristalle zu verändern vermag.

Viele Experimente machen deutlich, dass unsere Beobachtung eine Art schöpferischer Akt ist. Wir sind nicht

2 Wheeler, John: The Bridge Between Matter and Mind. Bantam Books, New York 1987.
3 Dispenza, Joe: Ein neues Ich. Koha, Burgrain 2005. S. 44.

lediglich passive Zuschauer, unser Blick hat gleichzeitig eine Wirkung. »Das alte Wort ›Beobachter‹ müsste aus den Büchern gestrichen werden und durch das Wort ›Teilnehmer‹ ersetzt werden«, sagt John Wheeler und spricht von einem »Teilnehmer-Universum«. Das bedeutet, das Universum steht in ständiger Wechselwirkung mit dem Bewusstsein. Es erscheint als ein formbares Feld in fließender Bewegung, das alles widerspiegelt, worauf wir den Fokus, unsere Aufmerksamkeit lenken.

David Bohm, ebenfalls ein Kollege Einsteins, sprach von der Welt des Unsichtbaren (dem Impliziten) und der des Sichtbaren (dem Expliziten). Aus seiner Sicht ist alles in unserer Welt, was wir mit unseren fünf Sinnen wahrnehmen können, eine Projektion von Bewegungen, die sich auf einer übergeordneten Ebene der Schöpfung abspielen. Es besteht ein dynamischer Fluss zwischen dem Unsichtbaren und dem Sichtbaren – wobei man das Unsichtbare als das »Original« bezeichnen könnte. Es ist das Ungeborene, dem alles Existierende innewohnt – das Formlose, in dem alle Formen enthalten sind. Im Bereich des Unsichtbaren legen wir die Muster für unsere Erfahrungen an: unsere Beziehungen, unsere beruflichen Erfolge und Misserfolge, unsere gesundheitliche oder finanzielle Situation. Die Welt ist demnach ein Spiegel von Vorgängen, die sich auf einer höheren Ebene zutragen: wie oben, so unten.

Auf diese Zusammenhänge weisen auch die alten Weisheitstraditionen hin. Anfang der Achtzigerjahre war ich mehrere Male in einem Meditationscamp in den Alpen bei Pir Vilayat Khan, einem Lehrer des universellen Sufismus, der nach dem Physikstudium sein ganzes Leben lang mit Begeisterung die neuesten Forschungen auf dem Gebiet der Physik verfolgte. Er spannte auf faszinierende Weise einen Bogen von der Vermittlung alten Wissens sowie geistiger Übungen zu den heutigen Erkenntnissen der Quantenphysik und erwähnte dabei häufig David Bohm. Damals verstand ich von seinen wissenschaftlichen Exkursen nicht viel; ich war in erster Linie erstaunt über all die Zusammenhänge, von denen ich hörte. Und mich faszinierte die Tatsache, dass sich für Pir Vilayat sein spirituelles »Wissen«, das aus der Erfahrung hervorgegangen war, und die Erkenntnisse moderner Physiker deckten. Ich ließ mich in seinen geführten Meditationen vertrauensvoll in die Welt des Unsichtbaren und in hohe Schwingungsfelder mitnehmen. Dabei erfuhr ich das »Feld« sowie einige seiner Gesetzmäßigkeiten – und jenseits der Ratio erwachte in mir ein intuitives »Wissen«.

Aus der Sichtweise der Quantenphysik ist der Urgrund der Existenz, die Matrix (lat.: Mutterboden, Gebärmutter), wie eine große Leinwand, die unsere Überzeugungen, Gedanken und Gefühle spiegelt. Unsere Geisteshaltung prägt die energetischen Informationen, die wir ausstrahlen, und wir erschaffen uns eine Welt, die mit unserem Innenleben in Resonanz ist. Man kann sich den Prozess folgendermaßen vorstellen: Aus dem Bereich des Unsichtbaren, der eine hohe Schwingungsfrequenz hat, wird ein energetisches Informationsmuster angezogen und in seiner Frequenz immer weiter abgesenkt, bis es sich als etwas »Handfestes« in der physischen Wirklichkeit zeigt; das bedeutet, sich als ein Ereignis in unserem Leben manifestiert. Und so führen uns unsere Glaubenssätze, Urteile, Sehnsüchte und Befürchtungen in entsprechende Beziehungen und Aufgaben, in Erlebnisse von Liebe, Hass, Vertrauen, Verrat etc. In jedem Augenblick kommunizieren wir – unbewusst oder auch bewusst – mit dem Feld und legen die Basis für Erfahrungen, die wir in der physischen Welt machen. Unsere ureigene Betrachtungsweise, die Brille, durch die wir die Welt sehen, prägt unsere Wirklichkeit.

Diese Sichtweise ist faszinierend – und gleichzeitig ergibt sich daraus eine große Verantwortung, weil unser Denken und Fühlen plötzlich eine enorme Tragweite erhält. Wollen wir unsere Sehnsucht nach Heilung, nach Frieden, Freude und Fülle in unserem Leben Wirklichkeit werden lassen, dann ist es wichtig, genau und ganz praktisch zu untersuchen, über welche »Sprache« wir mit dem uns umgebenden Energiefeld kommunizieren können, um ihm zu vermitteln, was uns am Herzen liegt.

Die Sprache der Gedanken und der Gefühle

Nach diesem kleinen Ausflug in die Quantenphysik nun zu einem konkreten Beispiel. Gregg Braden beschreibt in seinem Buch »Die verlorenen Geheimnisse des Betens« eine eindrucksvolle Begebenheit: Ein Indianer tritt in New Mexiko anlässlich einer extremen Dürreperiode mit den Kräften der Natur in Kontakt und verbindet sich in seinem Gebet ganzheitlich mit dem Regen. Braden begleitete ihn an einen abgelegenen Platz zu einem Steinkreis, den die Indianer als Medizinrad bezeichnen und der ihnen als Ort der Sammlung für ihre Kontaktaufnahme mit der anderen Welt dient. Der Indianer zog seine Schuhe aus und stellte sich mit nackten Füßen nacheinander in die vier

Himmelsrichtungen. Er hielt dabei seine Hände in Gebetshaltung vor sein Gesicht, seine Augen waren geschlossen, sein Atem verlangsamte sich, bis er kaum noch wahrnehmbar war. So blieb er eine Weile still stehen. Nach einigen Minuten atmete er tief durch, öffnete die Augen und trat aus dem Steinkreis.

Gregg Braden war überrascht, wie schnell dieses »Gebet« vorüber war – ohne Tanz und ohne Gesang, wie er es erwartet hatte. Er fragte den Indianer, was er in dem Kreis getan habe. Dieser antwortete: »Ich begann zu fühlen, wie sich Regen anfühlt. Ich habe das Gefühl von Regen auf meinem Körper wahrgenommen und wie es sich anfühlt, mit nackten Füßen im Schlamm unseres Dorfplatzes zu stehen, weil es so stark geregnet hat. Ich sog den Geruch von Regen auf den irdenen Hauswänden unseres Dorfes ein und erlebte das Gefühl, durch Felder zu gehen, wo mir der Mais aufgrund des vielen Regens bis zur Brust reichte.«[4] Mit allen Sinnen, seinen Gefühlen und Gedanken hatte er sich in die Situation versetzt, in der es bereits kräftig regnete bzw. geregnet hatte.

Der Indianer erläuterte, dass eine Bitte um Regen nicht zur Erfüllung seines Wunsches führen würde. Nach Ansicht der Stammesältesten, die ihn eingeweiht hatten, stärkten Gebete für den Regen die Dürre, Gebete für Heilung paradoxerweise die Krankheit: denn wenn wir unseren Fokus auf etwas richten, was nicht da ist und was wir haben möchten, geben wir mit unserer Bitte genau den Dingen Macht, an denen es uns mangelt und die wir gern verändern würden. Und so hatte der Indianer nicht voll Sehnsucht darum gebetet, dass es bald regnen möge, sondern er fühlte, wie sein Gebet bereits erhört und sein Wunsch zur Wirklichkeit geworden war: Er spürte jetzt mit all seinen Sinnen den Regen. Er zog die Möglichkeit des Regens aus der Zukunft in die Gegenwart und richtete sich auf das bereits eingetretene Ereignis aus.

Braden beschrieb, dass der Indianer den Prozess mit einem tiefen Gefühl der Dankbarkeit beendet habe. Dankbarkeit für den Regen sowie große Dankbarkeit für die grundsätzliche Möglichkeit, am Schöpfungsprozess teilhaben zu können und das Gewünschte aus der Welt des Unsichtbaren in die physische Realität zu ziehen.

Dieser Indianer hatte genau das getan, was die Quantenphysik heute detailliert erforscht: Er hatte sich in Resonanz gebracht mit der Möglichkeit des Regens und hatte diese auf die kosmische Leinwand projiziert. Seine geistige Haltung wurde als energetisches Informationsmuster ins universelle Feld gesendet, in dem Regen als potenzielle Möglichkeit existiert. Und so wurde

4 Braden, Gregg: Die verlorenen Geheimnisse des Betens. EchnAton, Frankfurt am Main 2008. S. 16.

dieser durch den Spiegelmechanismus aus dem Raum des Impliziten in die Welt unserer sinnlichen Wahrnehmung geholt.

Dieses Beispiel zeigt anschaulich, welch hohe Bedeutung im Dialog mit dem Quantenfeld dem Fühlen zukommt – parallel zur bewussten Ausrichtung der Gedanken. Unsere Gefühle prägen unsere Innenwelt: Sie erschaffen unser emotionales Klima und beeinflussen physiologische Abläufe in unserem Körper. Gleichzeitig haben sie auch Einfluss auf unsere Umwelt, auf die Materie – wie wissenschaftliche Experimente gezeigt haben.

Das HeartMath-Institut in Kalifornien erforscht seit den Neunzigerjahren des letzten Jahrhunderts die Kraft der Gefühle, insbesondere die Verbindung zwischen der emotionalen Verfassung eines Menschen und dem Muster des Herzrhythmus. Im Gegensatz zu Stress, der mit einer negativen Gefühlsspirale einhergeht und ein inkohärentes Muster erzeugt, zeigt sich durch das bewusste Einstimmen auf Gefühle des Herzens wie Wertschätzung, Dankbarkeit, Freude, Liebe ein geordnetes, kohärentes Muster. In einer Versuchsreihe, in der die Teilnehmer jeweils ein Reagenzglas mit einer in Wasser schwimmenden DNA-Probe in der Hand hielten, wurde der Einfluss von Gefühlen auf diese getestet. Es zeigte sich, dass sich bei einer Gruppe, die darin geschult war, bewusst ihren Geist zu beruhigen und sich über Gefühle des Herzens in einen kohärenten Herzrhythmus einzuschwingen, die DNA-Moleküle veränderten.

In einem weiteren Experiment wurde zusätzlich zu den positiven Gefühlen mit gerichteter Aufmerksamkeit gearbeitet, d.h. der Intention, den DNA-Strang zu verändern. Dabei konnte man beobachten, dass unterschiedliche absichtsvolle Gedanken die DNA-Moleküle dazu brachten, sich zu dehnen oder zusammenzuziehen.

Früher dachte man, die DNA stehe ein Leben lang unverändert fest. Doch obige Experimente zeigen, dass wir durch die Kommunikation mit dem uns umgebenden Energiefeld biologische Systeme (d.h. die Materie) beeinflussen können – und sogar einen so wichtigen Faktor wie die DNA zu verändern vermögen.[5]

5 Rein, Glen; McCraty, Rollin: »Structural Changes in Water and DNA Associated with New Physiologically Measurable States«, Journal of scientific Exploration, vol. 8, no. 3, 1994.
Rein, Glen: »Effect of Conscious Intention on Human DNA«, Proceedings of the International Forum on New Science. Denver, Colorado, 1996. S. 250.
McCraty, Rollin; Atkinson, Mike; Tomasino, Dana: »Modulation of DNA conformation by heart-focused intention.« HeartMath Research Center, Boulder Creek. Veröffentlichung Nr. 03-008 (2003) Joe. S. 381.

Gedanken und Gefühle haben überraschende Ergebnisse in den Reagenzgläsern bewirkt. Joe Dispenza erklärt in diesem Zusammenhang: »Ein absichtsvoller Gedanke braucht einen Energiespender, einen Katalysator – und diese Energie ist eine erhebende Emotion. Herz und Geist arbeiten zusammen. Gefühle und Gedanken sind in einem Seinszustand vereint.«[6] Er kommt zu dem Schluss, dass das Quantenfeld nicht auf bloße Gedanken und Ziele reagiert. Es reagiert erst, wenn Gedanken und Gefühle aufeinander abgestimmt sind und dasselbe Signal aussenden. Und er fährt fort: »Kommen eine erhebende Emotion mit einem offenen Herzen und eine bewusste Intention mit einem klaren Gedanken zusammen, geben wir dem Feld das Signal, auf wundersame Weise zu reagieren. Das Quantenfeld reagiert nicht auf das, was wir wollen: Es reagiert auf das, was wir sind.«[7]

Denken Sie noch einmal an den Indianer: Er war bereits zu einem Mann geworden, der den Regen auf seinem Körper fühlte; und er ging noch einen Schritt weiter: Er wurde derjenige, der nach dem Regen dankbar durch die Felder ging, wo der wachsende Mais ihm bereits bis zur Brust reichte.

Gedanken und Gefühle sind die Sprache, die das Quantenfeld »versteht« und auf die es reagiert. Die Ergebnisse obiger Experimente sind eine Einladung, über die Konsequenzen für unser persönliches Leben nachzudenken. Wir können lernen, diese Sprache bewusst anzuwenden und für uns zu nutzen.

---

6 Dispenza, Joe: Ein neues Ich. Koha, Burgrain 2005. S. 51.

7 Ebd. S. 52.

Wandel und seine biologische Basis

Gefühle und ihre Körperchemie

Schauen wir uns noch etwas genauer an, wie unsere geistige Haltung unseren Körper und unsere Umwelt beeinflusst.

Sie werden aus eigener Erfahrung wissen, dass sich Gefühle im Körper niederschlagen – in unterschiedlicher Weise und an unterschiedlichen Stellen. Umgangssprachlich sagen wir dann zum Beispiel: »Das ist mir auf den Magen geschlagen. – Das geht mir an die Nieren. – Dir ist wohl eine Laus über die Leber gelaufen. – Mir läuft vor Wut die Galle über. – Die Angst schnürt mir die Kehle zu. – Das bricht mir das Herz. – Das geht mir unter die Haut.« Dasselbe gilt natürlich auch für positiv geladene Gefühlsregungen; interessant ist, dass sich hier die meisten auf das Herz beziehen: »Es fällt mir ein Stein vom Herzen. – Ich habe Schmetterlinge im Bauch. – Mein Herz hüpft vor Freude. – Leichten Herzens etwas tun. – Es wird mir warm ums Herz.«

Jeder Gedanke löst im Gehirn eine biochemische Reaktion aus, und es werden chemische Stoffe produziert, die als Botschaft mit bestimmten Anweisungen an den Körper gesendet werden. Diese Signale bilden die Brücke zwischen Gehirn und Körper – damit dieser sich so fühlt, wie wir denken. Der Körper reagiert unmittelbar, und es werden entsprechende physiologische Vorgänge ausgelöst, die unsere Gedanken widerspiegeln.

Es ist der Geist, der sich den Körper baut.
(Friedrich Schiller)

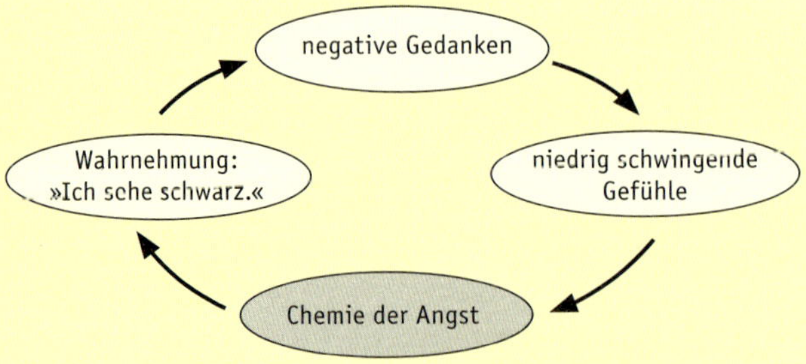

Die Beeinflussung unserer Wahrnehmung: Negativer Kreislauf (»Teufelskreis«)

Sorgenvolle Gedanken, Befürchtungen oder negative Glaubenssätze gekoppelt mit Gefühlen wie Frustration, Angst, Ärger oder Traurigkeit erzeugen inneren Stress – und es werden Stresshormone (Adrenalin/Cortisol) sowie andere chemische Stoffe ausgeschüttet. Unser Nervensystem schaltet in den Modus »Kampf oder Flucht«, der gesamte Organismus arbeitet auf Hochtouren. In solchen Momenten ist unser inneres Milieu von einer »Chemie der Angst« geprägt.

Sind wir andererseits von nährenden Gedanken erfüllt sowie von Gefühlen wie Dankbarkeit, Freude oder Liebe, wird im Körper die Ausschüttung von DHEA (Dehydroepiandrosteron), einem Vitalitäts- und Verjüngungshormon, angeregt. Es entsteht eine »Chemie der Liebe«.

Die alten Chinesen wussten bereits um diese Widerspiegelung unserer Geisteshaltung im Körper. Sie sprachen davon, dass entweder »Gift« oder »Nektar« durch unseren Organismus strömt.

Eine Denk-Fühl-Schleife entsteht: Der Körper fühlt sich so, wie das Gehirn denkt – und anschließend denken wir so, wie wir uns fühlen. Denn unser inneres Milieu, die physiologischen Reaktionen, die im Körper ausgelöst worden sind, prägt unsere Wahrnehmung. Je nachdem, wie wir uns fühlen – »vergiftet« oder von »Nektar« durchströmt –, nehmen wir die Welt durch eine dementsprechend gefärbte Brille wahr, und dies weckt wiederum korrespondierende Gedanken.

Gedanken und Gefühle, die wir regelmäßig haben, prägen unseren Seinszustand, und dieser spiegelt sich in der Chemie unseres Körpers wider. Erinnern Sie sich? Alles ist Energie. Auch unser physischer Körper ist nicht so fest, wie wir manchmal denken; er besteht aus einem Energiefeld, das Informationen trägt.

Gefühle wie Angst, Traurigkeit oder Resignation haben eine niedrige Frequenz. Unser gesamter Organismus befindet sich dann in einer langsamen Schwingung, und wir fühlen uns »dicht«, »kompakt« und »schwer«. Mitgefühl, Freude,

Begeisterung oder Liebe sind Gefühle mit einer hohen Frequenz – sind sie in uns präsent, vibrieren wir auf einer anderen Wellenlänge: Unser Körper fühlt sich leicht an, locker, energiegeladen. Eine höhere Schwingung öffnet die Tür zu höherem Bewusstsein.

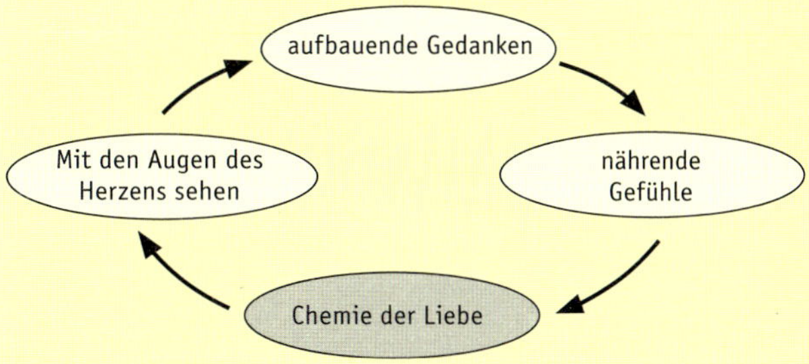

Die Beeinflussung unserer Wahrnehmung: Positiver Kreislauf (»Herzenskreis«)

Wir strahlen ständig spezielle Energiemuster ins Quantenfeld aus – unbewusst oder bewusst. Ich empfinde es als hilfreich, »sich Gedanken als die elektrische Ladung und Gefühle als die magnetische Ladung im Quantenfeld vorzustellen«, wie Joe Dispenza vorschlägt. »Die Gedanken, die wir denken, senden ein elektrisches Signal ins Feld hinein. Die Gefühle, die wir erzeugen, ziehen Ereignisse wie ein Magnet zu uns. Gedanken und Gefühle führen zu einem Seinszustand, der eine elektromagnetische Signatur erzeugt.«[8]

Das gewaltige, unsichtbare Energiefeld kann man sich als ein Meer unendlicher Möglichkeiten vorstellen, in dem alle potenziellen Erfahrungen gleichzeitig existieren. Unsere individuelle elektromagnetische Signatur trifft dort auf Signaturen, die zu ihr passen. Nach dem Gesetz der Resonanz ziehen wir energetisch eine entsprechende Möglichkeit an; und daraufhin manifestiert sich ein bestimmtes Ereignis auf der Ebene der physischen Wirklichkeit. Man könnte es auch anders ausdrücken: Die Möglichkeit findet uns. Bei überraschenden positiven Erfahrungen sprechen wir manchmal von einem Zufall. Aber ganz zufällig sind solche Begebenheiten gar nicht, denn wenn wir innerlich nicht bereits etwas Entsprechendes gesät hätten, würden sie nicht auftauchen.

»Wie man in den Wald hineinruft, so tönt es auch wieder heraus«, so eine alte Volksweisheit. Was wir energetisch ans Universum senden, schickt es uns als Erfahrung zurück. Jeder kennt die Dynamik der »self-fulfilling prophecies« (selbst erfüllende Prophezeiungen); Ängste, die wir ausstrahlen, ziehen entsprechende Erlebnisse an. Unsere persönlichen Glaubenssätze, ob negativ oder positiv, werden erfahrbare Wirklichkeit. Und unsere Urteile sowie Verhaltensmuster können wir in unseren nahen Beziehungen wie in einem Spiegel betrachten.

8 Dispenza, Joe: Ein neues Ich. Koha, Burgrain 2005. S. 52.

Wie erschaffe ich meine Wirklichkeit? Wenn wir dieser Frage nachgehen, zeigt sich als erster Schritt Folgendes: Unsere Geisteshaltung »materialisiert« sich im Körper in Form von chemischen und elektromagnetischen Vorgängen; im wahrsten Sinne des Wortes haben wir es mit »eingefleischten« Denk- und Gefühlsmustern zu tun. Diese Informationen gehen in Resonanz mit Mustern im Quantenfeld. Und so materialisiert sich im zweiten Schritt eine Möglichkeit aus dem Raum des Impliziten als physische Wirklichkeit in unserem Leben.

Manchmal sind wir vielleicht frustriert, weil wir immer wieder – mit geringfügigen Veränderungen – dieselben »ungeliebten« Erlebnisse anziehen. Dies hat mit unserem (meist unbewussten) Denken und Fühlen zu tun, mit der elektromagnetischen Signatur unseres Seins, die wir ins Universum ausstrahlen. Solange in unserem Sein keine grundlegende Wandlung eintritt, ziehen wir immer wieder dieselben energetischen Muster an; das bedeutet, dass wir in der Zukunft ähnliche Erfahrungen wie in der Vergangenheit machen werden. Allein mit etwas positivem Denken und ein paar Affirmationen wird sich hieran nichts Grundsätzliches ändern.

Sein Leben zu ändern, bedeutet, seine Energie zu verändern: die eingefleischten Denk-, Fühl- und Verhaltensweisen hinter sich zu lassen und in einen neuen Geisteszustand zu gelangen, der mit einer neuen energetischen Signatur einhergeht.

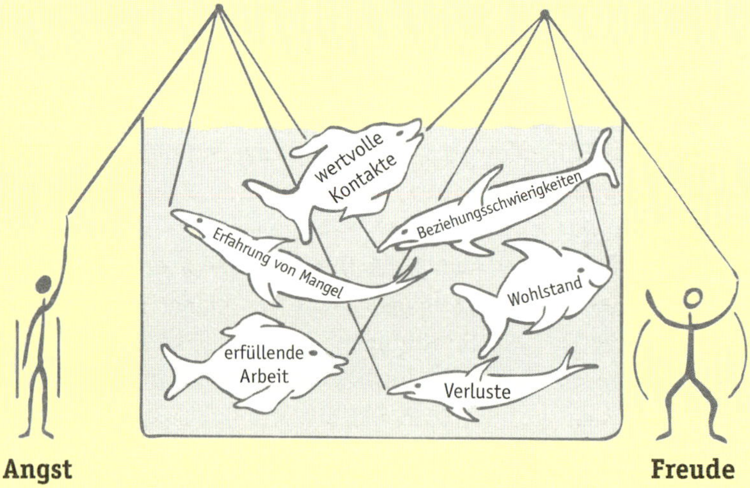

In Resonanz mit Möglichkeiten im Quantenfeld

Die Strukturen unseres Gehirns verändern

Unsere Geisteshaltung verankert sich auch in den Strukturen unseres Gehirns. Alle Erfahrungen, die wir im Laufe unseres Lebens gemacht haben – einschließlich unserer Gedanken und Gefühle zu den betreffenden Erlebnissen –, sind in die Windungen unserer »grauen Zellen« eingeprägt. Dort sind neuronale Netzwerke und Schaltkreise entstanden, die unsere Vergangenheit widerspiegeln.

Oft reagieren wir automatisch auf bestimmte Reize unserer Umwelt, weil das Gehirn auf bereits gemachte Erfahrungen zurückgreift und durch diesen Vorgang vertraute neuronale Verschaltungen aktiviert werden. Wiederholen sich bestimmte Gedanken, Gefühle und Handlungsweisen kontinuierlich, verankern sich deren Muster fest im Gehirn (zum Beispiel die Idee, dass das Leben ein Kampf ist; das Gefühl, nicht gut genug zu sein; das Bestreben, es allen recht zu machen – wobei man sich selbst vergisst). Unsere Gewohnheiten »materialisieren« sich in neurochemischer Form. Eingefahrene Gleise in unserem Leben finden ihr Äquivalent in »eingefleischten« Bahnen im Gehirn.

Dass so manches automatisch abläuft, ist in bestimmten Situationen praktisch. Ohne dass wir darüber nachdenken müssen, steuern unterbewusste Programme Handlungen wie Zähneputzen, Radfahren, den PIN-Code am Bankautomaten eingeben etc. Aber es graben sich auch andere Muster in unser Gehirn ein: ständiges Nörgeln und Kritisieren; andere Menschen für unser Befinden verantwortlich machen; bei Frust oder Stress zu viel essen, trinken, rauchen; auf bestimmte Situationen mit einem Wutausbruch reagieren etc. Es kann passieren, dass wir zu Gefangenen unserer Muster werden und uns in unser eigenes Hamsterrad sperren.

Wenn man einen Stein ins Wasser wirft, entstehen immer größer werdende Kreise. Und so verhält es sich auch mit unseren inneren Programmierungen, die allesamt im Körper verankert sind. Sie prägen unsere Ausstrahlung, die energetische Schwingung, die wir ins Feld senden; und aus dem Raum potenzieller Möglichkeiten ziehen wir gemäß dem Gesetz der Resonanz auf diese Weise immer wieder ähnliche Erfahrungen, Erlebnisse, Lebensumstände an.

Alles beginnt mit einem kleinen Gedanken. Und wenn wir ihn immer wieder denken, gräbt er sich in die Strukturen unseres Gehirns ein. »Was du säst, wirst du ernten.« Wenn – bildlich gesprochen – in unserem Geist ein Kirschkern präsent ist, so wird im Garten unseres Lebens ein Kirschbaum wachsen und kein Pflaumenbaum.

Säe einen Gedanken, so erntest du eine Tat;
säe eine Tat, so erntest du eine Neigung;
säe eine Neigung, so erntest du eine Gewohnheit;
säe eine Gewohnheit, so erntest du einen Charakter;
säe einen Charakter, so erntest du ein Schicksal.
Demnach liegt das Schicksal in deinen Händen.

(aus dem Asiatischen)

Viele Menschen glauben, sie würden jemand anderes sein, wenn sich nur die äußeren Umstände ändern würden – ein Mensch, der anders denkt und sich anders fühlt. Aber die Kausalität ist umgekehrt. Ein Wandlungsprozess beginnt im Geist – und als Reaktion zeigen sich Veränderungen in der materiellen Welt. Der Vorgang des »Materialisierens« nimmt seinen Anfang im Gehirn, indem dort durch eine neue Geisteshaltung die neurologischen Schaltkreise umorganisiert werden.

Wie neuere wissenschaftliche Forschungen belegen, können wir die neurologischen Verschaltungen in unserem Gehirn verändern, wenn wir anders denken. Dies zeigt folgende Studie: Zwei Gruppen von Versuchsteilnehmern machten an fünf Tagen hintereinander jeweils zwei Stunden einhändige Fingerübung am Klavier. Die erste Gruppe spielte die Tonleitern wie üblich auf einer Klaviertastatur, die andere Gruppe machte die Fingerbewegungen rein mental. Die im Anschluss gemachten funktionellen Hirnscans zeigten, dass bei allen Teilnehmern im gleichen Gehirnbereich Neuronengruppen aktiviert und vergrößert worden waren. Die Probanden, die lediglich in der Vorstellung geübt hatten, hatten ihr Gehirn um dieselbe Anzahl an Verschaltungen erweitert wie diejenigen, die tatsächlich am Klavier geübt hatten.[9]

Diese Studie zeigt uns eine entscheidende Tatsache: Unsere Gedanken vermögen unser Gehirn zu verändern – und zwar unabhängig davon, ob wir die Erfahrung tatsächlich gemacht haben. Das Gehirn unterscheidet nicht zwischen dem, was in der inneren Welt des Geistes abläuft

9 Pascual-Leone, Alvaro u. a.: »Modulation of muscle responses evoked by transcranial magnetic stimulation during the acquisition of new fine motor skills«, Journal of Neurophysiology, Bd. 74 (3): 1037–1045 (1995).

und der sinnlichen Erfahrung unserer physischen Wirklichkeit. Eindrücke aus der Innen- wie der Außenwelt sind gleichermaßen »real« für das Gehirn und führen zu denselben neuronalen Verschaltung.

Das bedeutet: Wenn wir unseren Geist auf ein Ziel ausrichten, so werden durch starke mentale Bilder die Verschaltungen im Gehirn verändert, unabhängig von einer Interaktion in der Außenwelt. Das Gehirn ist sozusagen der konkreten Erfahrung voraus.

Was bedeuten diese Erkenntnisse nun für die Umsetzung unserer Ziele im Alltag? Indem wir neue Denk-, Fühl- und Seinsweisen durch »mentales Proben« einstudieren, bilden sich auf der physischen Ebene bereits die erforderlichen Nervenverschaltungen, die uns auf die neue Lebensweise vorbereiten. Unser Gehirn sieht dann bereits so aus, als hätten wir eine bestimmte Erfahrung gemacht oder ein angestrebtes Ziel erreicht. Auf diese Weise bahnt uns unser Gehirn den Weg in die Zukunft. Erfahrungen, die in unserer Innenwelt lebendig geworden sind, werden sich über das Spiegelgesetz früher oder später auch in der physischen Welt zeigen. Was der Geist jetzt erschafft, erleben die physischen Sinne unter Umständen erst später, wenn der »Beweis« auf der Ebene des Sichtbaren auftaucht.

Große Persönlichkeiten der Geschichte mit starken Idealen haben uns diese Prozesse vorgelebt. Denken wir an Mahatma Gandhi, Martin Luther King oder Nelson Mandela; sie hatten eine Vision von einer Welt, in der Gewaltlosigkeit, Gleichheit und Freiheit herrschten. Gemeinsam ist allen, dass sie tief im Inneren an die Verwirklichung ihrer Vision glaubten. Sie wussten, dass diese zukünftige Wirklichkeit bereits als Potenzial im universellen Feld existierte. Diese Möglichkeit war in ihrem Geist ganz real und lebendig; ihr Geist war im wahrsten Sinne des Wortes »seiner Zeit voraus«. Und sie dachten, fühlten und verhielten sich so, als wären ihre Träume bereits Wirklichkeit.

Auch wenn in der Außenwelt noch keine Anzeichen für den gewünschten Wandel zu sehen waren, hielten sie an ihren Idealen fest. Und sie lebten in dem Vertrauen, dass eines Tages die Zeit reif sein würde, damit der Traum aus der Welt der Möglichkeiten in die physische Realität »durchsickerte«.

»Der Glaube kann Berge versetzen« heißt es im Volksmund. Wenn Sie sich mit Ihrem ganzen Sein auf eine Möglichkeit im Feld ausrichten, ohne dass davon in der gegenwärtigen Realität schon etwas zu sehen ist, dann »haben Sie den Schritt getan von Ursache und Wirkung hin zum Verursachen einer Wirkung«, wie Joe Dispenza es formuliert.[10] Und er erklärt: Nach dem Prinzip von Ursache und Wirkung zu leben, bedeutet, darauf zu warten, dass ein äußeres Geschehen etwas in unserem Inneren verändert; Verursachen einer Wirkung heißt etwas im Inneren verändern, um ein Ziel im Außen zu erreichen.

Wenn wir vor dem Eintritt eines Geschehens bereits für die Erfahrung zu danken vermögen (so wie der Indianer in dem Steinkreis bereits Dankbarkeit für den Regen empfand), dann zeigt dies, dass wir in den Raum bewussten Erschaffens eingetreten sind. Dankbarkeit im Vorfeld zu fühlen, ist ein Indikator dafür, wie real die neue Möglichkeit in unserem Geist gegenwärtig ist.

10 Dispenza, Joe: Ein neues Ich. Koha, Burgrain 2005. S. 59

Fühlen und Sein

Ich möchte noch etwas näher auf die entscheidende Bedeutung des Fühlens und unserer Gefühle eingehen.

Wie das Beispiel des Indianers zeigt, ist es vor allem die stille Sprache des Fühlens, die Ereignisse aus der Welt des Unsichtbaren in die physische Wirklichkeit zu ziehen vermag. Das Geheimnis liegt darin, sich vorzustellen, dass ein Herzenswunsch bereits erfüllt ist und sich so zu fühlen, als wäre dieser jetzt Wirklichkeit.

Es liegt ein entscheidender Unterschied darin, ob wir uns etwas wünschen bzw. darum bitten oder ob wir das angestrebte Ereignis in unserem Inneren durch unsere Gefühle jetzt zum Leben erwecken. Vielfach arbeiten wir auf ein Ereignis hin, bewegen uns Schritt für Schritt in die gewünschte Richtung, wir befinden uns auf dem Weg zum Ziel; das bedeutet, wir sind auf etwas ausgerichtet, was in der Zukunft passieren wird. Die andere Möglichkeit ist, bereits jetzt in die Erfahrung des Ankommens einzutauchen, die Zukunft in die Gegenwart zu holen und das Gefühl des Erfülltseins unseres Wunsches im Inneren lebendig werden zu lassen. Im Dialog mit dem Quantenfeld sind unsere Gefühle die kraftvollste Sprache.

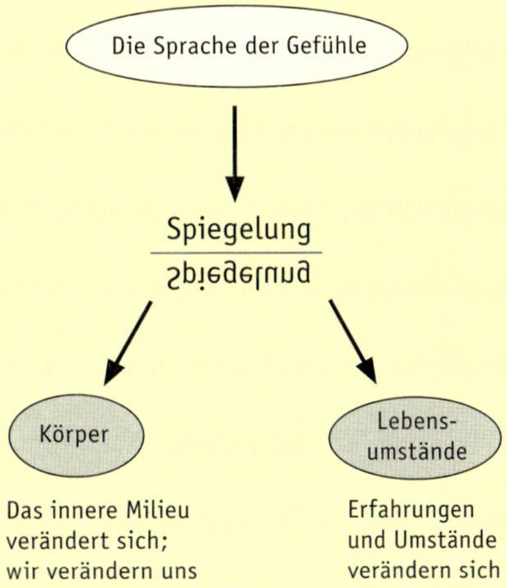

Die Wirkung von Gefühlen auf der inneren und der äußeren Ebene

Sind wir in unserem inneren Erleben bereits am Ziel angekommen, weckt dies Freude, Dankbarkeit und Leichtigkeit. Unsere Gefühle spiegeln sich in unserem Körper, und sie verändern unsere Physiologie. Wie schon erwähnt, werden durch »erhebende« Gefühle bestimmte Hormone ausgeschüttet, die unser inneres Milieu prägen (»Chemie der Liebe«). Die energetische Information wird durch das feine Gewebe, das alles mit allem verbindet, nach außen getragen; das Feld antwortet gemäß dem Gesetz der Resonanz und lässt entsprechende Ereignisse in unserem Leben auftauchen.

In meiner Arbeit erlebe ich immer wieder Folgendes: Wenn es um den Wunsch nach einem Partner geht, leite ich Frauen häufig an, die erfüllte Situation mit allen Sinnen jetzt zu fühlen; in ihrem Geist und ihrem Körper entsteht bereits das Neue. Gehen sie in dieser Verfassung in die Welt hinaus, berichten sie häufig dies: Auf einmal lächeln Männer sie auf der Straße an, grüßen sie, tragen ihnen den Koffer die Treppe hinauf. Alter spielt dabei keine Rolle; gelegentlich handelt es sich um junge Männer, die die Söhne der Frauen sein könnten. Deren Ausstrahlung hat sich verändert, und die Männer reagieren dementsprechend darauf. Auch wenn dies nur kleine Begebenheiten sind, sind die Frauen doch jedes Mal berührt – weil sie umgehend die Wirkung des Spiegelgesetzes erfahren haben. Die Vorstellung (ein Partner ist an meiner Seite) verändert ihre Realität.

Wir müssen zu dem werden, was wir in der physischen Wirklichkeit zum Leben erwecken wollen. Und es sind in erster Linie unsere Gefühle, die uns in dieses neue Sein führen. Indem wir aus der Erfüllung heraus leben – das bedeutet, so zu denken, zu fühlen und zu handeln –, wird diese sich zunehmend in unserem Leben verwirklichen.

Wenn wir Gefühle des Herzens wie Wertschätzung, Dankbarkeit, Mitgefühl, Freude oder Liebe kultivieren, prägen diese Energien die Qualität unserer Beziehungen, unserer Arbeit, unseres gesundheitlichen Zustands – kurz: unsere gesamte Lebensqualität. Senden wir Angst, Wut oder Resignation aus, werden auch diese Energien sich in der Breite unserer Erfahrungen spiegeln. So wirkt das Gesetz der Resonanz.

Stehen zwei Klaviere in einem Raum, und auf dem einen wird ein Ton angeschlagen, so beginnt dieser auch bei dem zweiten Klavier zu schwingen. Es ist interessant, sich zu fragen, auf welchen Grundton wir eigentlich gestimmt sind. Sind wir auf »f« gestimmt, auf Freude und Fülle, sind wir im inneren Frieden? Oder tönt in uns ein »h«: Hilfe, es mangelt in meinem Leben an so vielem; ich hungere nach diesem und jenem; dies will ich haben, um mich besser zu fühlen? Sind wir grundsätzlich auf Mangel oder Fülle gestimmt? Welche Schwingungsfrequenz senden wir jeden Tag ins Feld hinaus?

Gelegentlich ziehen unsere Gedanken und unsere Gefühle nicht am gleichen Strang. Ein Beispiel: Jemand wünscht sich eine größere Wohnung, ist aber gleichzeitig von der Angst erfüllt, die Miete vielleicht nicht kontinuierlich zahlen zu können. Sind seine Gedanken und Gefühle nicht im Gleichklang, kann eine schöne, größere Wohnung ihn nicht finden.

Die Botschaft aus der Gefühlsebene lautet: »Schicke mir lieber keine größere Wohnung, es könnte sein, dass ich eines Tages die Miete nicht mehr bezahlen kann; dann gibt es Probleme, und ich muss wieder raus aus dem schönen Zuhause – das will ich vermeiden.« Selbst wenn Denken und Handeln auf derselben Linie liegen (kontinuierliches Studieren der Zeitungsannoncen, Telefonate mit Maklern usw.), reicht dieser Einsatz meist nicht aus, um das Gewünschte in die Wirklichkeit zu ziehen.

In der Sequenz »Denken – Fühlen – Tun« hat das Gefühl die stärkste Kraft. Fühlt sich jemand bereits wie der Besitzer einer größeren Wohnung und handelt aus dieser Energie heraus, dann hat sich in seinem Sein etwas verändert – und der Kosmos wird dementsprechend antworten.

»Wenn ihr's nicht fühlt, ihr werdet's nicht erjagen«, sagte Goethe.

Wir müssen das Neue bereits »sein« – auf der mentalen, emotionalen und körperlichen Ebene. Unser Sein bestimmt unsere Schwingung; und es ist hilfreich, zu verstehen, dass dies wichtiger ist als Reden und Tun.

Es gibt den Ausspruch: »Gebete können Wunder wirken.« Wenn wir uns in der Meditation oder in einem meditativen Zustand in den inneren Raum begeben, wo das ersehnte Ereignis in unserem Erleben, also unserem Fühlen bereits Wirklichkeit geworden ist, wenn wir wie Kinder an »Wunder« glauben, dann vermögen wir diese anzuziehen und sie in unserem Leben Wirklichkeit werden zu lassen.

Im aramäischen Vaterunser heißt es:

Alle Dinge, um die du geradeheraus bittest, …
aus dem Inneren meines Namens – wirst du bekommen …
und du wirst umringt sein von der Antwort –
eingehüllt von dem, was du wünschst –
auf dass dein Glück vollständig sei.

(Das Vaterunser, Neil Douglas-Klotz)[11]

Das Bild, von der Antwort »eingehüllt« zu sein, erinnert an das energetische Gewebe, das alles durchdringt und umgibt. Aus dem Quantenfeld, dem Raum immanenter Wahrscheinlichkeiten, wird die Antwort in die Welt des Sichtbaren gelangen – unsere Herzenswünsche werden erfüllt.

11 Douglas-Klotz, Neil: Vaterunser. Copyright © 1992 Droemersche Verlagsanstalt Knaur Nachf. GmbH & Co. KG.

Das Mangelbewusstsein und seine Auswirkungen

Emotionaler Stress und der Überlebensmodus

In der heutigen Zeit ist Mangel ein zentrales Thema: Zeitmangel, Geldmangel, Energiemangel ... Durch Mangelgedanken werden aber auch Mangelgefühle ausgelöst, und diese sind allesamt Variationen eines Grundgefühls: der Angst. Auf der persönlichen Ebene bedeutet dies zum Beispiel: Angst, nicht gut genug zu sein, zu kurz zu kommen, verlassen zu werden; Angst um die Arbeitsstelle oder die Finanzen, Angst vor Krankheit – auf der gesellschaftlichen Ebene: Angst vor Terroranschlägen, Angst vor dem Zusammenbruch unseres Währungssystems, Angst vor Krieg ...

Angst löst in uns eine Stressreaktion aus. In unserem Gehirn wird ein uraltes Überlebensprogramm aktiviert, das unser Nervensystem in den Kampf-oder-Flucht-Modus versetzt. Dies war in grauer Vorzeit von entscheidender Bedeutung, zum Beispiel bei der Bedrohung durch wilde Tiere. Kam ein Tiger auf einen Höhlenmenschen zu, war es wichtig, schnellstmöglich Energie im Körper zu mobilisieren, um kämpfen oder fliehen zu können. In solch einer Notsituation war eine schnelle Reaktion lebensrettend, um nicht gefressen zu werden. Durch die motorische Bewegung entlud sich daraufhin die aktivierte Energie, und nach einer Weile, wenn keine Gefahr mehr drohte, fand der Organismus wieder in sein Gleichgewicht zurück.

Dieses Notfallprogramm existiert noch immer – auch beim Homo sapiens, und in Situationen, die unser Gehirn als Bedrohung interpretiert, wird es aktiviert. Heutiger Stress sieht allerdings anders aus als der unserer frühen Vorfahren: Es geht eher um eine drohende Kündigung, die Angst, die Raten zur Abzahlung des Hauses nicht mehr bezahlen zu können, Ärger über andere Fahrer auf der Autobahn, eine heftige Auseinandersetzung mit dem Partner.

Dann läuten in unserem Gehirn die Alarmglocken, das Nervensystem schaltet auf »Kampf oder Flucht«, und die Ausschüttung von Adrenalin und anderen chemischen Stoffen führt zu einer allgemeinen Mobilisierung im Organismus. Die Atmung wird beschleunigt, Herzfrequenz und Blutdruck steigen, die Muskelspannung erhöht sich, kurzum: Unser Organismus arbeitet auf Hochtouren.

Mit Stress gehen Gefühle wie Unsicherheit, Frust, Angst, Ärger, Neid, Hass oder Verzweiflung einher und führen zu einer verstärkten Ausschüttung des Stress-Hormons Cortisol. Hält dieser Zustand über einen längeren Zeitraum an, bildet sich eine »Chemie der Angst«. Wir geraten auf der emotionalen und der physiologischen Ebene aus dem Gleichgewicht.

Im Gegensatz zum Tier kann der Mensch eine Stressreaktion allein durch die Kraft seiner Gedanken auslösen. Sie denken daran, dass Ihrem Kind im Skilager etwas zustoßen könnte; dass Sie durch den Verkehrsstau zu spät zu einer wichtigen Sitzung kommen ... und allein durch die Vorwegnahme eines Ereignisses in der Welt der Gedanken geraten Sie in Stress. Es wird eine Flut von chemischen Stoffen ausgeschüttet, die Ihren Organismus in eine Habachtstellung versetzt.

Innerer Stress kann einerseits durch Befürchtungen, die die Zukunft betreffen, ausgelöst werden. Andererseits vermag auch eine gegenwärtige Situation, eine Erfahrung aus der Vergangenheit zu aktivieren, die in unserem Gehirn als stressgeladen abgespeichert ist. Und eh wir uns versehen, wird bei einem Gespräch mit dem Partner, dem Chef oder dem Nachbarn durch den Tonfall, die Art des Blicks oder die Wortwahl die Stressreaktion wieder ausgelöst, die in einer ähnlichen Situation auftrat.

Auf diese Weise stehen viele Menschen beinahe permanent unter Stress. Sie befinden sich im Kampf-oder-Flucht-Modus und »düsen« durchs Leben; getrieben, gejagt – als wäre ein Raubtier hinter ihnen her. Das Programm, das die Natur für Notsituation eingerichtet hat, wird zum Dauerzustand. Es verbraucht viel Energie, und die übermäßige Produktion von Stresshormonen ist auf die Dauer schädlich für den Organismus.

Die Angstgefühle in unserer Psyche und die begleitende Stresschemie im Körper beeinflussen unsere Wahrnehmung und färben die Brille, durch die wir auf die Welt schauen. Wir sehen weitere Bedrohungen, sehen Mangel – wir reagieren mit Sorgen, und es entstehen immer mehr negative Gedankenschleifen, die auf Angst basieren. All diese energetischen Informationen schicken wir ins Feld; und durch das Resonanzgesetz schaffen wir weitere Erfahrung, die von diesen Energien geprägt sind. So können wir in einen Teufelskreis geraten – und erleben unter Umständen, wie sich die »Hölle« anfühlt.

Und doch werden Sie Menschen kennen, die trotz des Leids und des Schmerzes, die dieser Zustand mit sich bringt, in den eingefahrenen Gleisen und gewohnten Mustern weiterleben: als Workaholic, als Kämpfer, als Opfer ...

Warum? Weil der Körper an den »chemischen Cocktail« gewöhnt ist, den der Stress mit sich bringt; er wird im Laufe der Zeit auf gewisse Weise süchtig danach. Er ist bestrebt, den bisherigen Zustand aufrechtzuerhalten. Wenn wir zehn, zwanzig Jahre oder länger Gefühle wie Unruhe, Unzufriedenheit, Frust, Angst, Schuld oder Depression empfunden und die entsprechenden chemischen Stoffe durch den Körper geschickt haben, wird diese Energie für den Organismus »normal«. Er will seinen gewohnten Frust- oder Ärgerpegel beibehalten; genauso, wie er den gewohnten Pegel an Kaffee, Süßigkeiten, Nikotin oder Alkohol »braucht«.

Sobald wir uns entscheiden, uns auf neue, lebensfördernde Gedanken und Gefühle mit einer höheren Schwingung einzustimmen, sind wir mit einer unerwarteten Schwierigkeit konfrontiert: Für unser Bewusstsein mag sich das Neue gut anfühlen, aber damit stürzen wir die gewohnte chemische Ordnung im Inneren um – und den Körper ins Chaos. Unsere Körperzellen empfinden die neuen Gedanken und Gefühle keineswegs als angenehm. Sie wünschen sich Kontinuität: Jahrelang haben sie in einer Energie »gebadet«, die ihnen jetzt genommen werden soll. Der Körper erlebt es als gut und natürlich, wenn wir im vertrauten Zustand unserer Mangelgedanken und -gefühle bleiben. Schmerz und Leid fühlen sich paradoxerweise besser an als Freude und Glücklichsein, weil diese Zustände vertraut sind und den tief eingeprägten physiologischen Programmen entsprechen.

Deshalb werden der Körper und das Unterbewusstsein alles tun, um uns von dieser neuen Richtung abzubringen. Wenn Sie sich zum Beispiel vorgenommen haben, Atemübungen zu machen, sich auf Gefühle des Herzens einzustimmen oder zu meditieren, werden unter Umständen Stimmen laut, die Ihnen erzählen: »Heute hast du keine Zeit, es stehen wichtigere Dinge auf deinem Terminkalender.« – »Heute bist du zu müde, morgen ist auch noch ein Tag.« – »Das fühlt sich nicht richtig an, lass lieber die Finger davon.« Sie üben unregelmäßig oder »vergessen« einfach, die Übungen in Ihren Tagesablauf einzubauen.

Es liegt an uns, ob wir diesen Einwänden Glauben schenken und ihnen nachgeben – oder nicht. Wir können uns fragen: Aus welcher Schicht kommen diese Botschaften? Wenn wir wach sind, vermögen wir sie als Sabotage unserer bewussten Absichten zu entlarven.

Es ist wichtig, dieser Dynamik in die Augen zu schauen: Da ist eine Instanz, die bestrebt ist, im gewohnten Zustand zu bleiben – bzw. versucht, uns dorthin zurückzuholen, falls wir uns bereits in neue Gefilde bewegt haben. Die emotionalen und physiologischen Programmierungen arbeiten in diesem Fall gegen den bewussten Geist. Die bewusste Ebene will das Neue – der Körper will das Alte beibehalten; hier begegnen wir der Macht der Gewohnheit.

Wie wir Probleme anziehen und nähren

Immer wiederkehrende Gefühle bringen den Körper in einen bestimmten chemischen Zustand, und im Laufe der Zeit verlangen die Zellen nach dem Cocktail, auch wenn er »bitter« schmeckt. Da der Körper den Status quo aufrechterhalten will, entsteht eine Affinität zu widrigen Umständen – ungesunden Beziehungen, einem schlechten Job, finanziellen Problemen. Der Körper liebt das innere Kino, in dem Filme des Mangels laufen, sodass er sich so richtig schön schlecht fühlen kann.

Und so senden wir eine energetische Schwingung ins Quantenfeld, das uns postwendend Probleme der vertrauten Art schickt und Ereignisse eintreten lässt, die die gewohnten Gefühle auslösen. Wie ein Magnet ziehen wir Probleme an; oder anders ausgedrückt: Probleme finden uns – aufgrund des Spiegelgesetzes. Ich möchte Ihnen eine Geschichte erzählen, die humorvoll den beschriebenen Prozess aus der Sicht eines Problems darstellt.

Vom Problemchen, das auszog, ein Problem zu werden[12]

Es war einmal ein Problemchen, das seinem Vater bereits eine Weile bei seiner Arbeit zugesehen hatte. Es war beeindruckt, wie der es fertigbrachte, sich jahrelang bei ein und demselben Menschen aufzuhalten. Das Problemchen wollte es ihm gleichtun und bat seinen Vater, es in die Geheimnisse seiner Arbeit einzuweihen. Dieser beschloss, ihm jetzt das Rüstzeug mit auf den Weg zu geben, um sich allein an einen Menschen heranwagen zu können.

12 Inspiriert von Marianne Kenyon.

»Mein Sohn, hör mir gut zu. Ich werde dir jetzt die Richtlinien für dein Überleben verraten. Zuerst gilt es, einen geeigneten Menschen zu finden. Du hast die besten Chancen bei denjenigen, die alles negativ sehen, viel jammern und sich selbst bemitleiden. Das Wichtigste ist, die Aufmerksamkeit eines Menschen zu gewinnen. Je intensiver dir dies gelingt, desto größer und stärker wirst du werden.

Beginne damit, dich vorsichtig in die Gedanken eines solchen Menschen einzuschleichen. Du brauchst dazu Geduld und Ausdauer. Nach einer Weile werden bei diesem Menschen heftige Gefühle auftauchen; mit denen musst du dich verbünden. Unsere verlässlichsten Partner sind Frau Angst und Herr Zorn. Diese haben wiederum eine Schar von Gehilfen hinter sich: die Resignation, die Verzweiflung und die Sinnlosigkeit.

Anschließend musst du mit den Sandsäcken arbeiten. Jeden Morgen beim Aufwachen legst du dem Menschen ein paar Kilo mehr auf sein Gemüt. Er wird verzweifelt darum kämpfen, dich loszuwerden. Genau das ist deine beste Nahrung, denn er schenkt ihr seine ganze Aufmerksamkeit.

Dies sind die wichtigsten Richtlinien für dein Wachstum. Aber ich muss dich noch vor den Gefahren warnen, die dich schrumpfen lassen – und sogar zu deinem Tod führen können. Es gibt einige Menschen, deren Aura voll Licht ist. Sie sind hellwach und kreativ; sie singen, tanzen und lachen gern. Und das Schlimmste ist: Sie haben die Fähigkeit, zu lieben. Mache einen großen Bogen um diese Sorte von Menschen – bei ihnen hast du keinerlei Chance. Man erkennt sie an einem unsichtbaren blauen Stern auf ihrer Stirn. Menschen mit diesem Stern tun ganz schreckliche Dinge mit uns. Sie betrachten uns kurz aus innerem Abstand heraus; Frau Angst und Herr Zorn werden somit nicht eingeladen. Sie setzen sich mit uns auseinander, und dann übergeben sie uns an das blaue Licht. Dort lösen wir uns auf. Ein anderes Verhalten ist genauso schlimm: Manchmal leisten sie uns überhaupt keinen Widerstand, der doch unsere wichtigste Kraftquelle ist. Sie nehmen uns großmütig an ihr Herz, was unseren unmittelbaren Tod bedeutet.

Wir können bei solchen Menschen keinen Erfolg haben, denn auch unsere Gehilfen – die Resignation, die Verzweiflung, die Sinnlosigkeit – flüchten, sobald sie den blauen Stern sehen. Ohne diese Verbündeten ist unsere Arbeit aussichtslos.«

Mit diesen Ratschlägen entließ der Vater das junge Problemchen. Dieses hatte aufmerksam gelauscht und wagte sich an die Arbeit. Und wenn es nicht gestorben ist, dann lebt es auch noch heute – hoffentlich nicht bei Ihnen.

Und sollten Sie doch ein Problemchen oder ein ausgewachsenes Problem bei sich entdecken, gibt es zum Glück eine Möglichkeit, sich von diesem »Mitbewohner« zu verabschieden: Wir können uns nach innen wenden und mit Abstand, aus der Haltung eines stillen Beobachters, das gesamte Szenario wahrnehmen.

Es ist notwendig, auf eine andere Ebene zu gehen, wollen wir aus dem altvertrauten Karussell des Mangels und der Angst aussteigen. Im Zustand der Angst erleben wir uns als getrennte Wesen, getrennt vom großen Ganzen. Die Worte »Angst« und »eng« entstammen sprachlich derselben Wurzel. Es entsteht eine innere Anspannung, Enge; unsere Wahrnehmung lässt die Welt als einen bedrohlichen Ort erscheinen, und wir beginnen den Kampf ums Überleben. Wie finden wir aus diesem Teufelskreis heraus?

»Man kann die Probleme dieser Welt nicht mit den Denkweisen lösen, die sie erzeugt haben«, so lautet ein berühmter Satz von Albert Einstein. Wir müssen auf eine andere Ebene des Bewusstseins gehen. In unserem Herzen können wir das Gegenteil von Angst und Enge finden – Verbundenheit, Offenheit, Weite. Das liebende Herz weiß sich im großen Ganzen geborgen; wir kommen mit dem inneren Wissen in Berührung, dass alles mit allem verbunden ist.

Von dieser Ebene können wir den Kreislauf des Mangels durchbrechen. Und wir können uns zu einem Menschen entwickeln, der zu der zweiten Gruppe aus obiger Geschichte gehört. Vergegenwärtigen wir uns noch einmal, welche Eigenschaften diesen Menschen zugeschrieben werden.

- *Sie singen, tanzen und lachen gern und verstehen, zu lieben.* – Sie sind auf lebensbejahende Gefühle eingestimmt.
- Es sind Menschen, *deren Aura voll von Licht ist.* – Sie strahlen Energie mit einer hohen Schwingungsfrequenz aus.
- *Sie betrachten uns kurz aus innerem Abstand.* – Sie identifizieren sich nicht mit Schwierigkeiten, sondern beobachten die Dinge mit innerem Abstand aus dem nicht wertenden Raum des Herzens.

- *Sie leisten uns überhaupt keinen Widerstand … und nehmen uns großmütig an ihr Herz.* – Sie haben die annehmende Kraft des Herzens entwickelt und sind fähig, alles zuzulassen und zu umarmen, was sich zeigt.
- *Sie sind hellwach und kreativ.* – Sie haben Zugang zur schöpferische Kraft und erschaffen sich ein Leben, das ihrem inneren Wesen gemäß ist.

Um nicht weiterhin – aus purer Gewohnheit – aus dem Mangelbewusstsein heraus Probleme und Schwere (»Sandsäcke«) in unser Leben zu ziehen, können wir konkrete Schritte unternehmen. Auf den folgenden Seiten werde ich genauer ausführen, wie Sie zu einem Menschen »mit einem unsichtbaren blauen Stern auf der Stirn« werden können; das bedeutet: einem Menschen, der achtsam lebt und das Licht seines Bewusstseins auf alles scheinen lässt, was auftaucht. Es ist möglich, den Kampf ums Überleben zu beenden und zum wahren Leben zu finden – in eine lebensbejahende Schwingung von Freude, Leichtigkeit, Licht und Liebe zu treten.

Die Macht der Gewohnheit und ihre Bahnen im Gehirn

Wollen wir aus alten, lebensblockierenden Mustern aussteigen, besteht der erste Schritt in einer Wendung nach innen. Wir müssen das Licht des Bewusstseins auf diese Gewohnheiten richten und sie anschauen: altvertraute, aber unproduktive Gedanken, einschränkende Glaubenssätze sowie die damit verbundenen immer wiederkehrenden Gefühle und automatisch ablaufenden Verhaltensweisen.

Meistens sind wir gewohnt, uns mit unseren Körperempfindungen, Gefühlen und Gedanken zu identifizieren. Wenn wir in einen inneren Raum kommen, in dem wir Abstand zu uns und unserem Leben haben, werden wir zu bewusster Selbstwahrnehmung fähig und können entdecken: Wir sind nicht unsere Gedanken, wir sind nicht unsere Gefühle – wir sind größer als diese Bewegungen in unserem Inneren; wir vermögen, sie zu beobachten.

Aus der Haltung des Zuschauers heraus werden wir fähig, zu bemerken, wo wir von unbewussten Programmen geprägt sind, wo wir uns von der Außenwelt steuern lassen, wo wir »die anderen« oder das Leben für unser Befinden und unsere Lebensumstände verantwortlich machen. Und wenn wir aus dieser inneren Distanz unseren Mustern in die Augen schauen, dann können wir uns fragen: Will ich so leben? Entspricht mein Leben meinen inneren Werten?

Sollte die Antwort auf diese Fragen »Nein« lauten, dann können wir weiterforschen: Was will ich? Was ist mir wichtig im Leben? Wie möchte ich denken, fühlen, handeln – sein? Mit welcher Energie möchte ich in meinem Leben präsent sein?

In einem Bereich des Vorderhirns, dem Frontallappen, liegt der am höchsten entwickelte Teil unseres Gehirns. Hier liegt das schöpferische Zentrum: der Sitz der Aufmerksamkeit, des Beobachtens und des Bewusstseins. Dieser Teil verschafft uns einen Überblick und ist zuständig für bewusste Entscheidungen sowie das Lernen von Neuem. Er ist fähig, eine Vision zu kreieren und Bilder von zukünftigem Erleben zu erschaffen.

Wir haben gesehen, wie die »Macht der Gewohnheit« auf der physischen Ebene verankert ist: Unsere Gefühle sind im Körper chemisch abgespeichert, und im Gehirn werden durch Wiederholung von Gedanken und Verhaltensweisen feste neuronale Schaltkreise installiert. Je stärker wir unsere Achtsamkeit entwickeln, desto deutlicher sehen wir diese Konditionierungen. Dazu müssen wir allerdings unsere »geistigen Muskeln« trainieren und uns immer wieder bewusst in den Raum des inneren Beobachters begeben.

Wenn wir die Entscheidung treffen, gewohnte Gleise zu verlassen und neue Wege einzuschlagen, dann geht mit dem neuen Denken ein »Umbau« auf der stofflichen Ebene einher. In diesem Prozess sind Wachheit und Ausdauer nötig.

So, wie immer wiederkehrende Gedanken, Gefühle und Verhaltensweisen in unserem Gehirn zu einer Verdrahtung zwischen bestimmten Neuronen führen, lösen sich die Verbindungen zwischen ihnen auch wieder auf, werden Nervenzellen nicht mehr gleichzeitig aktiviert,.

Unsere Gehirnstrukturen stehen nicht ein für alle Mal fest. Auch im Erwachsenenalter sind strukturelle Veränderungen möglich. Diese Fähigkeit des Gehirns nennt man Neuroplastizität. Einerseits können sich neue Schaltkreise entwickeln, andererseits können auch bestehende deaktiviert werden und sich zurückbilden.

Ein Beispiel: Herr X neigt dazu, sobald etwas schiefgeht, in seinem Ärger sofort jemanden zu beschuldigen und seinem Unmut auf diese Weise Luft zu machen.

Je öfter er auf dieselbe Weise denkt, fühlt und handelt, desto fester werden die entsprechenden Schaltkreise in seinem Gehirn, bis sie schließlich zu einer Datenautobahn werden. Die Strecke ist so vertraut, dass er sie in bestimmten äußeren Situationen wie von selbst benutzt. Dies geschieht so rasch, dass sein Bewusstsein es erst später registriert. Sein Gehirn folgt einem Fahrplan, den er in einer früheren Situation entwickelt hat. Und so sind unbewusste, automatische Verhaltensweisen entstanden.

Herr X hatte einen Vater mit cholerischen Zügen und erlebte in seiner Kindheit oft, wie dieser seine Mutter heruntergemacht und ihr die Verantwortung für Dinge zugeschoben hat, die nicht wie geplant gelaufen waren. Dieses negative Muster ist ihm sehr vertraut, und es schleicht sich auch bei dem Jungen im Umgang mit dessen Freunden ein. Im Erwachsenenalter fördern vor allem beruflicher Druck und Stress, dass beinahe automatisch sein Vorwurfsprogramm abläuft.

Kommt er jedoch an einem Punkt in seinem Leben an, wo er erkennt, welche »Autobahn« mit unproduktiven Mustern er ständig benutzt und dass es auch Alternativen gibt, kann er eine Entscheidung treffen. Anstatt die übliche, vertraute Strecke zu benutzen, ist er fähig, durch neues Denken und Verhalten einen neuen Weg zu bahnen.

Herrn X wird deutlich, wie destruktiv seine Angriffe und Beschuldigungen wirken und wie seine Beziehungen darunter leiden. Er merkt, dass er ausschließlich Negatives äußert: wie es nicht laufen soll, was er nicht haben möchte. Und er entdeckt, dass es auch eine Alternative gibt: nämlich, sich auf die Werte auszurichten, die ihm in einer Situation am Herzen liegen. Dadurch wird es möglich, in konstruktiver Weise auszudrücken, was er gerade benötigt: Unterstützung, Ordnung, das Vertrauen, sich auf gemachte Absprachen verlassen zu können etc. Er entscheidet sich, seine innere Haltung und seine Energie zu verändern – und sich darin zu üben, auf der Basis von Wertschätzung, Empathie und Verständnis zu kommunizieren. Er beginnt, Schritt für Schritt Erfahrungen auf diesem neuen Weg zu sammeln.

Zuerst entsteht ein kleiner Trampelpfad, und je kontinuierlicher er die neuen Schaltkreise im Gehirn aktiviert, desto breiter wird er werden; ein Weg, später eine Straße. Erinnern Sie sich an das Experiment mit den Fingerübungen am Klavier. Nicht nur durch die konkrete motorische Bewegung, sondern auch durch mentales Proben wurden neue Verschaltungen im Gehirn der Teilnehmer installiert. Auch Sie können eine neue Geisteshaltung und ein neues Verhalten immer wieder mental einüben, wodurch Ihre neue Straße im Gehirn ausgebaut wird und eines Tages vielleicht zu einer Datenautobahn wird.

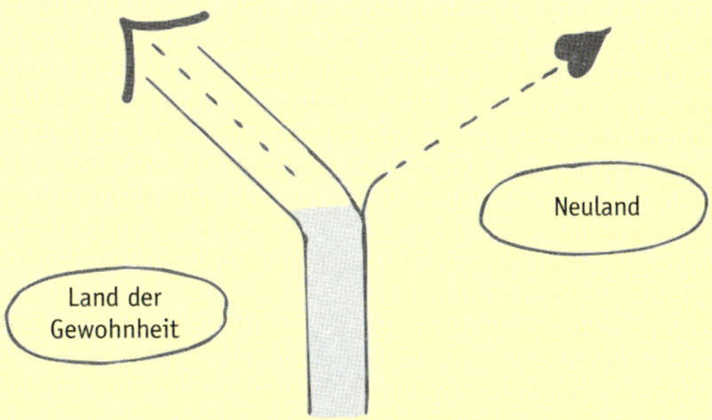

Automatismen oder bewusste Wahl

Im Anfangsstadium des Umbaus ist viel Achtsamkeit an der Weggabelung gefragt. Wir sind es gewohnt, links auf die große Straße abzubiegen, anstatt rechts den neu entstandenen kleinen Weg zu nehmen.

Wenn Herr X wieder einmal frustriert ist, weil etwas schiefgelaufen ist, zückt er sein inneres Stoppschild, bevor er die anderen erneut mit Vorwürfen überschüttet. Er hält erst einmal den Mund und atmet tief durch, bis sein erhitztes Nervensystem sich beruhigt hat. Dann spürt er in sich hinein und verschafft sich Klarheit: Worum geht es in dieser Situation? Welches Grundbedürfnis schreit hier um Aufmerksamkeit? Was benötige ich, was ich nicht bekomme? Daraufhin schaut er sich seinen eigenen Anteil an der Situation an und kommuniziert im zweiten Schritt den Beteiligten auf konstruktive Weise seine Gefühle und Bedürfnisse, verbunden mit einem Vorschlag und einer Bitte.

Wenn wir in Stress auslösenden Situationen nicht ganz wach sind, landen wir unbewusst auf der Autobahn und merken es vielleicht erst nach drei Kilometern. Doch sobald wir »aufwachen« und registrieren, wo wir uns befinden, haben wir die Möglichkeit, umzukehren und doch noch den Feldweg zu benutzen.

Der Prozess des Umlernens geht mit einem Umbau der Materie einher. Im Laufe der Zeit entsteht rechts ebenfalls eine Straße, falls wir diese immer häufiger benutzen. Und was passiert mit der alten Autobahn auf der linken Seite? Wenn wir sie nicht mehr benutzen oder nur höchst selten, bricht der Asphalt langsam auf, Unkraut überwuchert den Weg – und die Natur holt sich im Laufe der Zeit dieses Terrain zurück.

Im Gehirn geschieht dabei Folgendes: Verschaltungen, die sich durch jahrelange Benutzung aufgebaut hatten, bilden sich zurück; die nicht mehr benutzten Verbindungen zwischen Nervenzellen werden aufgelöst, Kombinationen verlernt. Unser Straßennetz im Gehirn verändert sich. Wir haben etwas Neues gelernt und etwas Altes verlernt. Graf Dürckheim benutzte für diese Vorgänge zwei anschauliche Wörter: Produktive Denk-, Fühl- und Verhaltensmuster werden »eingefleischt«, und gleichzeitig werden Bahnen mit einschränkenden Mustern »ausgefleischt«. Diese beiden Prozesse gehen immer Hand in Hand; man spricht hier von der »nutzungsabhängigen Formbarkeit« des Gehirns.

Der Neurobiologe Gerald Hüther[13] erklärt, dass die Art und Weise, wie wir unser Gehirn benutzen, darüber entscheidet, was für ein Gehirn wir haben. Somit ergibt sich eine vielleicht unbequeme Verantwortung für uns selbst. Wollen wir nicht in eingefahrenen Mustern des Denkens, Fühlens und Handelns stecken bleiben und damit unsere Freiheit verlieren, sind wir aufgerufen, uns immer wieder selbst zu beobachten und infrage zu stellen. Diese Fähigkeit zur kritischen Selbstwahrnehmung ist laut Hüther »eine wesentliche Unterhaltungs- und Wartungsmaßnahme« für das menschliche Gehirn.

Wenn wir eine alte Gewohnheit hinter uns lassen wollen, braucht es als Erstes eine bewusste Entscheidung zu diesem Schritt. Und anschließend jedes Mal ein deutliches »Stopp!«, wenn wir an der Weggabelung angelangt sind. In diesem Moment des Innehaltens fragen wir uns: »Wo will ich hin? Will ich die alte Autobahn nehmen, oder will ich auf dem neugebahnten Trampelpfad gehen? Was will ich tun – was will ich lassen?« Hier gilt es, immer wieder neu zu wählen, um nicht unbewusst automatisch auf der vertrauten Strecke zu landen. Und gleichzeitig ist vielfach auch die Wiederholung unserer Erlaubnis wichtig: Ich darf diesen neuen Weg gehen, ich darf die Fülle wählen.

Der Prozess des Umbaus fordert Wachheit, Konsequenz und Durchhaltevermögen. Jeder kennt die Liste mit guten Vorsätzen zu Beginn eines neuen Jahres. Wie viel setzen wir davon um? Meist recht wenig. Warum? Es sind doch so positive Ziele. Um zu neuen Orten zu gelangen, müssen wir neue Wege bauen. Dies geschieht jedoch oft nicht in ausreichendem Maße. Es zieht uns auf die alte, eingefahrene Datenautobahn. Und so bleiben wir häufig ein weiteres Jahr in den alten Mustern.

13 Vgl. Hüther, Gerald: Bedienungsanleitung für ein menschliches Gehirn. Vandenhoeck & Ruprecht, Göttingen 2001. S. 119 f.

»Wo ein Wille ist, da ist ein Weg«, sagt ein Sprichwort. Wenn es uns wirklich ernst ist, müssen wir an der Weggabelung große Wachheit, Entschlossenheit und Tatkraft aufbringen. Falls wir schon an ihr vorbei sind und plötzlich bemerken, dass wir automatisch auf der eingefahrenen Straße gelandet sind, dann sollten wir nicht mit uns schimpfen. Wir können uns auch freuen, uns auf die Schulter klopfen und zu uns sagen: »Herzlichen Glückwunsch, jetzt bist du wieder aufgewacht. Prima, du kriegst mit, was du gerade tust. Willst du hier überhaupt langfahren? Wo willst du denn hin? Jetzt hast du die Möglichkeit, das Steuer wieder bewusst in die Hand nehmen und klar dein Ziel sowie deine Route zu wählen.«

Wenn wir lernen, uns auf diese Weise innerlich umzupolen, finden wir in eine neue energetische Schwingung. Bewusste Selbstwahrnehmung und Selbststeuerung führen uns zur Selbstentfaltung. Und es eröffnen sich neue Möglichkeiten; oder anders ausgedrückt: Aus dem Quantenfeld vermögen neue Möglichkeiten, uns zu finden.

Auf dem Weg in den Raum der Fülle

Jenseits des Verstandes

Haben wir die Entscheidung getroffen, in unserem Leben etwas zu verändern und etwas Neues zu erschaffen, gelingt dies nicht allein von der Ebene des Verstandes aus. Dieser kann unsere Situation wohl analysieren, aber solange wir im Bereich des logisch-linearen Denkens bleiben, haben wir keinen Zugang zum großen Feld der unendlichen Möglichkeiten. Wir müssen den analytischen Verstand hinter uns lassen und die Tür zum Unterbewussten öffnen. Von dieser Ebene aus wird es möglich, unterbewusste Programmierungen zu verändern, Visionen entstehen zu lassen und die Basis für deren Verwirklichung zu legen.

Was muss in unserem Geist und in unserem Gehirn passieren, damit wir in diesen Raum des Erschaffens eintreten können? Das menschliche Gehirn kann auf verschiedenen Frequenzen schwingen: von niedrigen Frequenzen (Deltawellen) und schwacher Aktivität, wie sie im Tiefschlaf auftreten, bis hin zu sehr hohen Frequenzen (Gammawellen), die bei Menschen, die sich in höheren Bewusstseinszuständen befinden, aufgezeichnet wurden.

Die meiste Zeit des Tages verbringen wir im bewussten Wachzustand, der mit Betawellen einhergeht; er ermöglicht konzentrierte Aufmerksamkeit und analytisches Denken. Das Gehirn verarbeitet äußere Reize, die wir über unsere Sinnesorgane aufnehmen, und stellt einen sinnvollen Zusammenhang zwischen Außen- und Innenwelt her.

Stehen wir unter Stress und gelangen in den Kampf-oder-Flucht-Modus, kommen wir in einen hochfrequenten Betazustand. Dieser ist gekennzeichnet von übermäßiger Aufmerksamkeit, denn unser Gehirn arbeitet auf Hochtouren. In Gefahrensituationen ist dieser Zustand kurzzeitig angebracht und nützlich. Jedoch ist er bei vielen Menschen heute zum Normalzustand geworden. Das Gehirn befindet sich in anhaltender Habachtstellung und in hoher Erregung. Dieser Zustand kostet eine Unmenge von Energie und strapaziert unseren gesamten Organismus. Wenn er über längere Zeit anhält, arbeiten Teile des Gehirns nicht mehr harmonisch und effektiv zusammen.

Analysieren Menschen aus diesem Zustand heraus ihre Situation, bleiben sie auf die Außenwelt gerichtet; und in ihrer vertrauten Gefühlswelt von Frust, Angst, Ärger oder Traurigkeit kann es zu keiner wahren Veränderung des bestehenden Zustandes kommen. Vielleicht haben Sie schon einmal den (vergeblichen) Versuch unternommen, aus einem gestressten Ego heraus ihr Leben zu verändern. Da helfen keine positiven Affirmationen aus einem Selbsthilfebuch. Wir können einen Zustand nicht auf derselben Ebene verändern, auf der wir ihn hervorgerufen haben.

Finden wir in eine langsamere Gehirnwellenaktivität (Alphazustand), fährt auch der Körper aus seinem hochtourigen Modus herunter und kann sich zunehmend entspannen. Im Alphazustand denken wir weniger, es erreichen uns weniger Sinneseindrücke aus der Außenwelt, unsere Aufmerksamkeit ist mehr auf die Innenwelt gerichtet. Im Alltag wechselt unser Gehirn gelegentlich vom Beta- in einen Alphazustand. Zum Beispiel, wenn wir nach der Arbeit mit der S-Bahn nach Hause fahren, aus dem Fenster schauen und vor uns hinträumen.

Beim Einschlafen gleiten wir durch die ganze Bandbreite der verschiedenen Gehirnwellenmuster hindurch: Wir kommen vom Beta- über den Alpha- und Thetazustand in den Bereich der Deltawellen und des Tiefschlafs. Das bedeutet, unser Gehirn schaltet bildlich gesprochen einen Gang nach dem anderen herunter. Und genauso steigen wir am Morgen wieder hinauf. Befinden wir uns allerdings gewohnheitsmäßig im hochfrequenten Betawellenbereich, können wir nachts die Leiter nicht mehr so ohne Weiteres hinuntersteigen und in den Tiefschlaf finden.

Der Organismus ist aus seinem Gleichgewicht geraten, wodurch es häufig zu Einschlafstörungen oder Schlaflosigkeit kommt. Dann muss dem »Abstieg« in einen erholsamen Schlaf mit Medikamenten nachgeholfen werden.

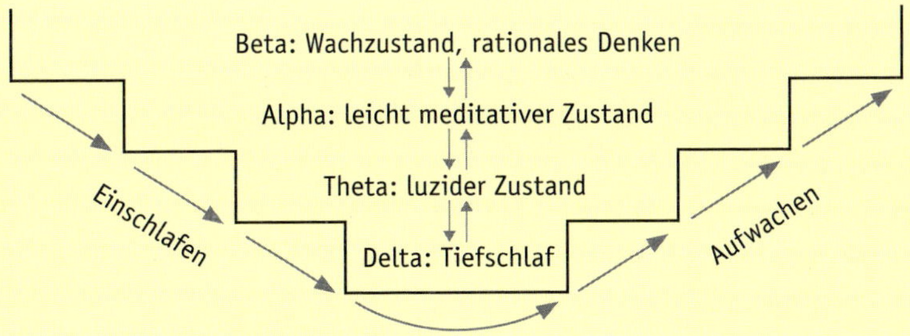

Gehirnwellen

Jeweils beim Einschlafen und Aufwachen steht die Tür zu den Bereichen des Unterbewussten offen. Sie haben vielleicht selbst schon einmal erlebt, dass in dem Dämmerzustand zwischen Schlafen und Wachen plötzlich eine fantastische Idee auftauchte. Gelegentlich erreichen uns wertvolle Eingebungen in dieser Phase.

Wir können uns jedoch auch bewusst in einen meditativen Zustand versetzen und uns mit dem schöpferischen Potenzial unseres Unterbewussten verbinden. Dazu eignen sich insbesondere die Zeit am frühen Morgen oder abends; je nach Typ und Biorhythmus bevorzugen Menschen die eine oder die andere Tageszeit.

Kommen wir in den Bereich der Alphafrequenz, befindet sich unser Gehirn in einem leichten meditativen Zustand. Hier haben wir Zugang zur schöpferischen Fantasie. Um leichter zu verstehen, was mit dem Alphazustand gemeint ist, ist ein Blick auf die kindliche Entwicklung hilfreich. Im Alter zwischen fünf und acht Jahren zeigen sich im Gehirn zum ersten Mal Alphawellen. Der Verstand beginnt sich langsam zu entwickeln, gleichzeitig stehen die Kinder jedoch auch noch mit einem Bein in der Welt der Fantasie und haben ein ausgeprägtes Vorstellungsvermögen.

Gehen wir noch eine Stufe tiefer, kommen wir in den Bereich der Thetawellen, in dem ein noch tieferer Kontakt mit dem Reich des Unterbewussten möglich ist. Hypno-Therapeuten nutzen diesen Zustand zum Beispiel, um Zugang zu unterbewussten Programmierungen zu bekommen. In der Kindesentwicklung zeigen sich Thetawellen im Alter zwischen zwei und fünf Jahren im Gehirn. Die Kinder leben primär in der Welt der Fantasie. Sie erschaffen im Spiel mit ein paar einfachen Requisiten verschiedene Situationen und Szenarien, die für sie zur lebendigen Wirklichkeit werden. Erinnern Sie sich? Diese Fähigkeit brauchen wir auch im Erwachsenenalter, um uns angestrebte Ereignisse als bereits verwirklicht vorstellen zu können und sie auf der Gefühlsebene in die Gegenwart zu holen. Entwickeln wir auf diese Weise eine neue »Sprache der Gefühle«, vermögen wir, bewusst mit dem Quantenfeld zu kommunizieren.

Wenn wir in der Meditation oder einer meditativen Übung in den Alpha- bzw. Thetazustand gelangen, lüftet sich der Schleier zwischen den Welten, zwischen Bewusstem und Unterbewusstem. Der Körper ist dabei gelöst, und gleichzeitig bleibt der Geist wach und empfänglich.

Dieser kleine Ausflug zu den Mustern der Gehirnwellen zeigt: Je höher die Gehirnwellenaktivität, desto stärker ist der analytische Verstand aktiviert, und umso mehr ist unsere Aufmerksamkeit auf die Außenwelt gerichtet. Bei langsamerer Gehirnwellenaktivität wendet sich unsere Aufmerksamkeit zunehmend der Innenwelt zu, wir bekommen Zugang zu den Bereichen des Unterbewussten – und können so in den kreativen Modus gelangen, der es uns ermöglicht, zu Mitschöpfern zu werden.

Der innere Ort bewussten Erschaffens

Als Voraussetzung für einen schöpferischen Prozess ist es wichtig, dass wir unseren analytischen Verstand hinter uns lassen und das permanente »Geplapper« in unserem Kopf herunterfahren.

Wie schon erwähnt, wird während dieses Prozesses in unserem Gehirn der Frontallappen aktiviert. Hier entstehen Träume und Visionen sowie Impulse für konkrete Schritte auf dem Weg zu deren Verwirklichung. Der Frontallappen verarbeitet nur das, was sich gerade in unserem Geist bewegt, und er dreht die »Lautstärke« aus anderen Gehirnbereichen herunter. Das bedeutet, der Rest des Gehirns wird relativ ruhiggestellt, sodass wir gegenüber Ablenkungen abgeschottet sind. Unser System kommt zur Ruhe. Sie erinnern sich vielleicht an derartige Momente, in denen Sie Raum und Zeit nicht mehr wahrgenommen haben.

Je mehr wir unser Denken entschleunigen, desto leichter fällt es uns, den Raum zwischen den einzelnen Gedanken wahrzunehmen. In diesem »Zwischenraum«, der in allen Phänomenen unserer Schöpfung existiert, liegt ein Geheimnis. Es gibt einen Moment, in dem das eine geendet und das andere noch nicht begonnen hat. Er ähnelt dem Augenblick, bevor nach der Dunkelheit der Nacht die Sonne am Morgenhimmel auftaucht – und Zwielicht entsteht; oder nach dem Untergang der Sonne, bevor die Dunkelheit hereinbricht. In diesen besonderen Momenten wird der Zugang zu einer tieferen Dimension möglich.

In dem Zwischenraum sind alle Möglichkeiten vorhanden; in dieser Leere, in der nichts geschieht, existiert gleichwohl alles als Potenzial (Geburt und Tod, Krankheit und Heilung, Krieg und Frieden, Entstehen und Vergehen einer Beziehung, einer Karriere, einer Kultur ...). Hier zeigt sich eine geheimnisvolle Öffnung. Wenn wir von einer »schöpferischen Pause« sprechen, dann ist diese in dem Zwischenraum, in der gefüllten Leere, zu finden, aus der schöpferische Prozesse erwachsen.

Wir müssen den dualistisch denkenden Verstand hinter uns lassen sowie alle Urteile von »positiv« und »negativ«, »angenehm« und »unangenehm«, wollen wir in den Zwischenraum eintreten. Er liegt jenseits aller Vorlieben und Abneigungen – jenseits der Dualität. Wir erreichen ihn nur aus einer Sphäre des Nichtwertens.

Jenseits von Gut und Böse ist ein Ort, wo wir uns begegnen.
(Rumi)

In diesem Raum nicht urteilender Präsenz, von dem der Sufi-Mystiker und Dichter Rumi spricht, werden tiefe Begegnungen zwischen Menschen von Herz zu Herz möglich. Und hier begegnet der menschliche Geist dem Göttlichen; aus dieser Verbindung werden wir zum Mitschöpfer.

Jenseits der Dualität:
Nicht wertende Aufmerksamkeit

Es gilt, aus unserem Verstand heraus in den Raum unseres Herzens hineinzutauchen. Nur das Herz ist zu dieser Urteilslosigkeit fähig: Es kann annehmen, was ist, anerkennen, was auch immer sich zeigt. In seiner allumfassenden Liebe ist es ihm fremd, etwas vorzuziehen oder abzuweisen.

Wollen wir diesen magischen Zwischenraum betreten, ist es nötig, neben dem Verstand auch alle Gefühle aus der Ebene unserer Persönlichkeit außen vor zu lassen. Sie werden sich vermutlich fragen: Wie ist dies möglich, wenn auf meiner inneren Bühne gerade Frustration, Traurigkeit oder Angst präsent sind? Auch hier können wir uns wieder an unser Herz wenden; es hat die Fähigkeit, aus seiner bedingungslosen Liebe alle Gefühle anzunehmen, egal, welche Ladung, positiv oder negativ, sie haben – und sie zu transformieren. Wenn schmerzliche Gefühle, Gefühle des Getrenntseins innere Turbulenzen verursachen, haben wir die Möglichkeit, sie mitfühlend in unser Herz zu nehmen; so vermag ihre Ladung allmählich zu verebben.

Wir dürfen uns nicht selbst im Weg stehen mit unserer Gewohnheit, zu urteilen und uns mit unseren Gefühlen zu identifizieren; mit unserer Neigung,

Angenehmes festhalten und Unangenehmes vermeiden zu wollen. Aus dem Raum der Dualität (»entweder, oder«) gilt es, in einen neutralen, leeren Zustand zu gelangen. Hier finden wir das »sowohl als auch«; hier darf alles sein. Denn: Alles ist Energie – lediglich in verschiedenen Erscheinungen.

Wenn wir uns mit unserem Herzen verbinden, vermag eine Liebesbeziehung mit dem Sein zu wachsen; und wir finden in eine Schwingung von Dankbarkeit, Wertschätzung, Freude und Liebe. Diese energetischen Qualitäten gehören zu unserem Wesen. Pir Vilayat Khan nennt sie »Emotionen der Seele« im Gegensatz zu den emotionalen Bewegungen auf der Persönlichkeitsebene.

Wenn wir über Gefühle des Herzens und ihre hohe Schwingung mit dem Quantenfeld kommunizieren, öffnet sich die Tür zum Raum der schöpferischen Kraft.

Pablo Picasso sagte über den Prozess des Erschaffens und das Eintreten von Neuem in unser Leben:

Ich suche nicht – ich finde
Suchen – das ist Ausgehen von alten Beständen
und ein Finden-Wollen von bereits Bekanntem im Neuen.
Finden – das ist das völlig Neue! Das Neue auch in der Bewegung.
Alle Wege sind offen, und was gefunden wird, ist unbekannt.
Es ist ein Wagnis – ein heiliges Abenteuer!
Die Ungewissheit solcher Wagnisse können eigentlich nur jene
auf sich nehmen, die sich im Ungeborenen geborgen wissen,
die in der Ungewissheit, in der Führerlosigkeit geführt werden,
die sich im Dunkeln einem unsichtbaren Stern überlassen,
die sich vom Ziel ziehen lassen und nicht
– menschlich beschränkt und eingeengt –
das Ziel bestimmen.

Künstlerisch tätige Menschen erleben, wenn sie in diesen Raum eingetreten sind, dass »es« malt, »es« schreibt, »es« komponiert, »es« singt – sie sind im

Flow. Genauso können wir im Alltag erleben, dass »es« geschieht, nachdem wir in der Welt des Geistes die Basis dafür gelegt haben. Wo der menschliche und der göttliche Geist zusammenfinden, kommt das Leben in einen wunderbaren Fluss.

Gerade in der heutigen modernen Welt neigt unser Verstand zu der Annahme: Alles ist machbar. Und er setzt sich gern an die erste Stelle: »Ich mach das schon.« Aber er hat seine Grenzen – durch sein Gefangensein in der Dualität.

Von der Ebene des Verstandes und des Egos vermögen wir nicht, in den Raum des Erschaffens zu gelangen. Denn es geht hier nicht ums »Machen«; sondern um eine andere, subtile Qualität:

Flow,
Geschehenlassen,
Zulassen,
Hingabe.

Haltungen, die in unserer rationell dominierten Gesellschaft leider recht wenig kultiviert werden.

Im Raum des Herzens

Wie bereits erwähnt, sind unsere Gefühle die Sprache, über die wir mit dem Quantenfeld kommunizieren. Gregg Braden formuliert in seinem Buch »Im Einklang mit der göttlichen Matrix« zwanzig Prinzipien des bewussten Erschaffens. Eines davon lautet: »Nicht jedes Gefühl kann mit der göttlichen Matrix in Kontakt treten. Schöpferisch wirksam werden nur Gefühle, die frei von Urteilen und Ego sind.«[14]

Woran können wir erkennen, ob unsere Gefühle frei von Bewertungen und Ego sind?

Oft hat eine gewünschte Veränderung übermäßig große Bedeutung für uns; es entsteht ein innerer Drang, dass sich Dinge in eine bestimmte Richtung bewegen mögen. Warum? Weil wir das, was jetzt präsent ist, ablehnen und sobald wie möglich in eine »bessere« Zukunft gelangen wollen. Jedoch: Die bewusste Annahme einer bestehenden Situation ist die Basis für jegliches absichtsvolle Erschaffen. Sobald wir beginnen zu kämpfen – sei es gegen

14 Braden, Gregg: Im Einklang mit der göttlichen Matrix. Koha, Burgrain 2007. S. 238.

das Bestehende oder für eine Verbesserung, entspringt unsere Haltung dem Überlebensmodus.

Vielfach sind wir zu sehr bemüht, eine Veränderung zu bewirken, weil wir sie für notwendig halten. Befinden wir uns jedoch in einem Zustand innerer Not, der abgewendet werden muss, versuchen wir, auf der Basis von Bedürftigkeit und Mangel in den Prozess des Erschaffens zu gehen. In unserem Sein sind wir noch nicht dort angekommen, wo wir hinwollen.

Je mehr wir uns im Widerstand zum Hier und Jetzt befinden und einer Situation entfliehen wollen, die wir als »schlecht« bewerten, desto geringer ist die Chance, dass sich die angestrebte Veränderung einstellt. Wenn wir das Gewünschte »brauchen«, um uns friedlich und glücklich zu fühlen, dann ist die Persönlichkeitsebene im Spiel.

Wie sieht die Situation hingegen aus, wenn wir mit unserem Herzen und mit unserem Wesenskern verbunden sind? Das Herz vermag die aktuellen Gegebenheiten anzuerkennen und zu würdigen – ohne Werturteil; es muss nicht fliehen. Es kann mit allem »sein«, was sich zeigt – bereit, dies zu fühlen.

Erinnern Sie sich: Das Wichtigste ist, zu dem zu werden, was wir in der äußeren Welt erfahren wollen. Sind bereits in unserem Geist Frieden, Fülle oder Heilung zur Realität geworden, können wir diese Qualitäten in unserem Herzen erleben. Wenn wir auf dieser Basis eine Veränderung anstreben, geschieht dies ohne Zwanghaftigkeit oder inneren Druck. Es ist gut, wenn sich die anvisierte Möglichkeit manifestiert; gleichzeitig vermögen wir auch, es anzunehmen, wenn es nicht so sein wird – und sind trotzdem glücklich. Der Impuls ist einem Raum innerer Freiheit entsprungen.

Ein weiteres Indiz, dass unsere Urteile und unser Ego mitmischen, ist die Neigung, zu stark auf ein bestimmtes Ereignis festgelegt zu sein; es erwacht ein Drang zur Kontrolle. Sobald wir die angestrebten Umstände bis ins Detail festlegen und versuchen, eine vorhersehbare Zukunft zu erschaffen, konzipieren wir diese aufgrund von Erinnerungen an eine bekannte Vergangenheit.

Aber genau darum kann keine wahre Veränderung eintreten. Wenn wir die Schwingung von vertrauten Vergangenheitsmustern ins Feld senden, werden wir Variationen unserer bisherigen Erfahrungen anziehen.

Der Drang zu kontrollieren ist ein Zeichen von Angst: Angst, dass wir zu kurz kommen, oder Angst, dass das »Bessere« eventuell nicht eintritt. Vielfach wirken diese Gefühle im Untergrund und sind dem bewussten Ich verborgen.

Und wie verhalten wir uns, wenn das Herz uns führt? Je mehr wir mit ihm in Verbindung sind, desto mehr leben wir im Vertrauen; dann können wir uns entspannen. Wir wissen, dass die angestrebte Möglichkeit bereits in der Welt des Unsichtbaren existiert und dass sie zu gegebener Zeit in unser Leben eintreten wird. Und so können wir ganz gelassen in der Gegenwart präsent sein – ohne das Bedürfnis, etwas Besseres möge bald eintreten, und ohne den Versuch, zu kontrollieren, wie dieses Bessere genau aussehen soll.

Wir öffnen unser Herz für Visionen und Ziele, vermögen jedoch, die genauen Einzelschritte – wann, wo und wie sich ein gewünschtes Ereignis zeigt – voll Vertrauen dem Universum zu überlassen. Wir »wissen«, dass die unendliche Intelligenz dasjenige in unserem Leben Realität werden lässt, was für uns und unsere Entwicklung jetzt förderlich ist.

Wenn wir uns mit den Umständen beschäftigen, die bewusstes Erschaffen ermöglichen, so gilt es immer wieder, Folgendes zu erforschen: Wo stehe ich mir selbst im Weg? Mit negativen Glaubenssätzen, mit meinen Ängsten, mit Erwartungen und Ansprüchen. Sind wir bereit, unseren Mustern ins Auge zu sehen, kann ein Prozess der Häutung beginnen, in dem wir Schicht für Schicht abstreifen, was uns innerlich einschränkt und unfrei macht. Je mehr wir uns von emotionalen Fesseln befreien sowie Muster des Mangeldenkens loslassen, desto authentischer werden wir, und wir dringen zu unserem inneren Kern vor. Durch solch einen inneren »Hausputz« wird viel Energie frei, die bisher in unproduktiven Mustern gebunden war. Unsere Schwingung verändert sich; sie wird »reiner«, und wir senden klarere Signale in das Feld. Entsprechen unsere Ziele und Visionen dem Plan unserer Seele, dann werden sie sich manifestieren

In unserem Herzen vermögen wir, die Fülle, »das Himmelreich Gottes«, bereits jetzt zu finden. Dann schwingen in uns Gefühle wie Dankbarkeit, Liebe, Freude; sie sind »da«, auch ohne einen äußeren Grund. Strahlen wir diese Energien ins Feld, so sind sie ein kraftvoller Impuls, auf den jenes gemäß dem Gesetz der Resonanz antworten wird.

In der Verbindung mit unserem Wesenskern erleben wir uns als Teil des großen Ganzen und »wissen«, dass alles, was wir zur Entfaltung unserer Seele brauchen, in unser Leben treten wird. Und in unserem Herzen werden wir fähig, zu sagen: »Mein Wille ist dein Wille.« Aus dieser Haltung heraus werden wir zum bewussten Mitschöpfer.

Indem wir in die Tiefe unseres Herzens eintauchen, gelangen wir aus der Welt des Mangels, der Ängste und dem Drang zur Kontrolle in den Raum der Fülle, aus dem Vertrauen und Hingabe erwachsen. Dann können Überraschungen und Wunder geschehen; dann kann wirklich Neues in unser Leben treten. Je reifer und reiner unser Bewusstseinszustand ist, desto wahrscheinlicher verwirklichen sich unsere Visionen.

Das Herz ist der Raum, in dem sich alle Fähigkeiten vereinen, die die Basis für bewusstes Erschaffen bilden:

- die Annahme dessen, was ist
- das Entstehen von Visionen
- das Erfühlen ihrer Verwirklichung
- voll Vertrauen die stimmige Form dem Universum überlassen
- bereits jetzt von Gefühlen mit einer hohen Schwingung erfüllt sein
- in die Stille des Zwischenraums eintreten, wo die Begegnung mit der göttlichen Kraft geschieht und das schöpferische Potenzial wirksam wird

Sollte das Ergebnis anders sein als geplant, so ist das Herz wiederum in der Lage, auch dies anzunehmen und zu würdigen. Im Prozess des bewussten Erschaffens sind die annehmende und die schöpferische Kraft tief miteinander verwoben.

Unsere energetische Schwingung bewusst beeinflussen

Sie werden aus eigener Erfahrung kennen, dass ein Mensch ganz ohne Worte vermittelt, wie er »drauf ist«. Der eine verbreitet eine Atmosphäre von Freude, Leichtigkeit, Lebenslust und Optimismus; ein anderer mit schlechter Laune, der in negative Gedanken verstrickt ist, wird wie von einer grauen Wolke umgeben und strahlt Schwere aus. Unser Sein prägt unsere Ausstrahlung sowie die elektromagnetische Signatur, die wir ins Quantenfeld senden.

Und so wird die erste Person Gleichgesinnte anziehen, die auch auf der Wellenlänge von Freude und Leichtigkeit schwingen. Die zweite, die gerade »dicke Luft« verbreitet, wird eher auf jemanden stoßen, der im Moment selbst grantig ist; und sie werden sich möglicherweise aneinander reiben oder sich zusammentun und gemeinsam über die Welt schimpfen. So wirkt das Gesetz der Resonanz.

Je nachdem, welche Signale wir in das Feld senden, in dem alle Möglichkeiten als Potenzial vorhanden sind, wird unsere Energie bei denjenigen »andocken«, die im Moment zu uns passen. So ziehen wir wie ein Magnet bestimmte Ereignisse und Menschen an. In Begegnungen materialisiert sich unsere derzeitige Energie, und wir können uns darin wie in einem Spiegel selbst betrachten. Sie geben uns die Möglichkeit, uns besser kennenzulernen; verborgene Gedanken und Gefühle können ans Licht kommen und bewusst werden.

Wenn wir die Erkenntnisse der Quantenphysik betrachten und auf unser persönliches Leben beziehen, dann ergibt sich eine – vielleicht ungewohnte – Verantwortung. Diese beginnt bei der Verantwortung für die Qualität der Energie, die sich in uns bewegt; denn diese wird wiederum durch unser Denken und Fühlen geprägt.

Nehmen wir diese Zusammenhänge ernst und wollen wir »unseres Glückes Schmied« sein, dann sind wir aufgerufen, achtsam unsere Gedanken wahrzunehmen sowie bewusst zu wählen, welchen wir Energie geben wollen und welchen nicht. Es liegt in unserer Macht, lebensbejahende, positive, nährende Gedanken zu kultivieren – und dadurch auch die entsprechenden Gefühle wachzurufen.

Wir können jedoch auch bei den Gefühlen selbst ansetzen und uns auf aufbauende, nährende Gefühle wie Freude, Dankbarkeit, Liebe einschwingen. »Wie funktioniert das?«, werden Sie vielleicht fragen. Durch die gezielte Ausrichtung unserer Aufmerksamkeit wird es möglich, solche Gefühle zu aktivieren – und zwar über Erfahrungen aus der Gegenwart, der Vergangenheit oder der Zukunft.

- In der Gegenwart können wir unsere Sinne bewusst für etwas öffnen, was unser Herz anspricht: den Blick auf eine schöne Blume richten, die auf dem Tisch steht; die Sonne genießen, die gerade zum Fenster hereinscheint; unsere Lieblingsmusik hören ...
- Wir können uns auch an ein vergangenes Erlebnis erinnern, wo wir besonders intensiv Freude, Dankbarkeit, Beschwingtheit oder Glück erfahren haben – und diese Qualität erneut im Jetzt erfühlen.
- Oder wir gehen, wie bereits angesprochen, in unserer Vorstellung zu einem angestrebten zukünftigen Erlebnis und fühlen jetzt die Dankbarkeit, Freude oder Begeisterung, die das bereits eingetretene Ereignis in uns auslöst.

Egal, über welches Szenario wir die Tür zum Raum des Fühlens öffnen, um in ihn einzutreten – Fühlen findet immer im Jetzt statt. Für unser Gehirn macht es keinen Unterschied, ob wir gerade ein Ereignis in der Gegenwart, der Vergangenheit oder der Zukunft erleben – alles ist gleichermaßen real. Und durch die ausgelösten Gefühle werden jeweils die entsprechenden chemischen Stoffe ausgeschüttet, die dann unseren Körper durchfluten.

Mit einiger Übung wird es möglich, sich jederzeit auf Gefühle des Herzens einzustimmen und sie zunehmend rascher und intensiver in der Gegenwart zu erleben. Auf diese Weise werden wir fähig, unsere Energie in eine höhere Frequenz zu bringen – in Momenten, in denen uns dies ein Anliegen ist.

Natürlich ist jeder mal »schlecht drauf« oder hat gerade eine schmerzliche Erfahrung gemacht. Alles darf »da« sein. Es geht nicht darum, Gefühle mit einer negativen Ladung zu verdrängen und in den Kopf zu flüchten; genauso wenig darum, sie auszuagieren: »Don't supress – don't express!« Die dritte Möglichkeit besteht darin, ihnen bewusst zu begegnen; das bedeutet die Bereitschaft, sie zuzulassen und ihre Energie bis in den Körper hinein zu fühlen.

Wir können lernen, uns nicht mit unseren Gefühlen zu identifizieren und uns in sie zu verstricken, sondern sie bewusst wahrzunehmen, von Herzen anzunehmen und ihnen mit Mitgefühl zu begegnen, bis ihre Ladung allmählich verebbt. Wenn das eine Gefühl gegangen ist, entsteht Raum für ein neues. Und es ist möglich, sich an diesem Punkt bewusst für eine energetische Qualität zu entscheiden, die als Nächstes auf unserer inneren Bühne auftreten soll.

In welcher Schwingung wollen wir den Rest des Tages verbringen? Auf welche Gedanken und Gefühle richten wir unsere Aufmerksamkeit? Wir können uns entscheiden, mit welcher Energie wir in den anstehenden Aktivitäten und Begegnungen präsent sein wollen. Möchten wir klar und wach, freudig und leicht eine Sache angehen – oder lassen wir uns von einer momentanen Welle der Unlust, der Irritation oder des Ärgers mitschleifen und verbleiben unbewusst mehrere Stunden auf dieses Energiefrequenz?

Meistens planen wir bewusst die Inhalte unseres Tages, das heißt, was wir tun wollen. Es ist jedoch in derselben Weise möglich, auch das Wie zu wählen: Wie wollen wir präsent sein, welche Energie soll unser Tun begleiten?

Unser Sein ist unsere wichtigste Schöpfung: Wir haben die Verantwortung für das, was wir denken, fühlen und ausstrahlen. Und so beeinflussen wir durch das Resonanzgesetz dasjenige, was wir in unserem Leben erfahren. Für das Feedback, das wir aus dem Universum anziehen, ist unser Sein wichtiger als unser Tun.

Je tiefer wir in die Welt unseres Herzens eintauchen, desto mehr werden wir dort Qualitäten wie Liebe, Freude, Licht begegnen. Sie gehören zu unserem Wesen – ganz unabhängig von äußeren Erfahrungen. Auf dem inneren Weg geht es für uns darum, zu lernen, uns auf die Qualitäten des Herzens einzustimmen. Und in dieser Einstimmung zu bleiben, auch wenn die Ereignisse in unserer Umwelt herausfordernd oder konfrontierend sind.

Erinnern Sie sich an Menschen wie Gandhi. Wenn der Geist der aktuellen Realität voraus ist, wenn wir auf einer hohen Frequenz schwingen – obwohl die derzeitigen Geschehnisse noch mit einer niedrigen Frequenz einhergehen –, ist es nur eine Frage der Zeit, bis das, was in unserer Geisteswelt lebt, auch sein Äquivalent in der physisch wahrnehmbaren Wirklichkeit findet. Dies gilt gleichermaßen im Kleinen wie im Großen.

Wollen wir eine Veränderung in unserem Leben bewirken, so ist es wichtig, unser Sein, unsere energetische Schwingung zu verändern. Für viele ist es vielleicht ein neuer Aspekt, ihre Aufmerksamkeit auf die Energie zu richten, die in ihnen schwingt und die sie ausstrahlen. Ich kann Ihnen jedoch versichern, es ist ein faszinierender Weg, sich bewusst auf bestimmte Energien einzuschwingen und zu beobachten, wie das Quantenfeld auf die so ausgesendeten Informationen reagiert.

Ein Musiker ist es gewöhnt, sein Instrument zu stimmen, bevor er mit dem Musizieren beginnt. Wenn wir meditieren oder beten, stimmen wir uns ebenfalls sehr bewusst ein. Wir benutzen eventuell verschiedene Hilfsmittel wie Kerzen, Musik, das Singen von Mantras, um unseren Geist zu beruhigen und in uns ein Gefühlsfeld zu erzeugen, aus dem heraus wir mit der göttlichen Quelle in Kontakt treten. So öffnen wir uns für den ureigenen Ton, der in unserem Leben schwingen und erklingen will.

Auf ähnliche Weise ist es ratsam, sich auch bewusst energetisch auf die kleinen Dinge des Alltags auszurichten und unser Instrument jeweils adäquat für die jeweiligen Aktivitäten und Begegnungen des Tages zu stimmen, sodass wir die Ergebnisse erzielen, die wir anstreben.

Dieses Buch ist eine Einladung, mit der Energie, der »Musik«, die in Ihnen tönt und die Sie ins Universum schicken, bewusst umzugehen.

Wer das Mysterium der Schwingung erkennt,
wahrlich, der weiß um das Wesentliche.
(Hazrat Inayat Khan)

2. Kontakt zum Herzen

Umgang mit dem Übungsangebot

Die Übungen sind bewusst recht ausführlich beschrieben, um Einsteigern den Aufbau der einzelnen Übungsschritte leicht verständlich zu machen. Dadurch sind sie auch geeignet, sie bei Bedarf aufzunehmen – und dabei gegebenenfalls den eigenen Bedürfnissen anzupassen.

Beim durchgängigen Lesen der Übungen werden Sie gelegentlich Wiederholungen bemerken. Dies betrifft den Einstieg und den Abschluss einer Übung. Sollten Sie aber später einmal eine Übung separat nachlesen, um diese zu praktizieren, werden diese detaillierten Anweisungen hilfreich für Sie sein.

Die mit ♥ gekennzeichneten Übungen sind Grundübungen.

In diesem Kapitel beschreibe ich eine Reihe von Übungen, die Sie unterstützen können, mit Ihrem Herzen in Verbindung zu kommen.

Unser Herz hat eine Schlüsselstellung in unserem Körper inne. Es ist das erste Organ, das sich beim Embryo entwickelt, und seine Leistung ist beeindruckend: Es schlägt rund 100 000 Mal am Tag und pumpt dabei unermüdlich Blut durch unsere Adern.

Von alters her ist das Herz zudem eine Metapher für die Liebe, für einen Ort, an dem wir in tiefen Kontakt mit unserem Inneren kommen können und der uns mit der Welt des Geistigen verbindet. Hiervon sprechen die Weisen, Philosophen und Dichter verschiedenster Kulturen.

Im ersten Abschnitt beschreibe ich Atem- und Bewegungsübungen, die das Herzzentrum ansprechen, sowie dessen energetische Verbindungen zu anderen Bereichen des Körpers. Wenn ich vom Herzzentrum sprechen, so meine ich das energetischen Zentrum (Chakra), das auf der Mittelachse des Körpers liegt; es ist nicht identisch mit dem physischen Herz; das Organ befindet sich etwas weiter links.

In den nächsten beiden Unterkapiteln sprechen die Übungen immer mehr die Gefühlsebene an. In unserem Herzen erfahren wir Gefühle wie Dankbarkeit, Mitgefühl, Freude, Vertrauen, Liebe, inneren Frieden. Sie lernen, sich bewusst auf gewünschte Qualitäten des Herzens einzustimmen.

Es ist nicht nötig, alle im Folgenden beschriebenen Übungen auszuführen, bevor Sie in dem Buch weiterlesen. Suchen Sie sich zwei bis drei heraus, die Sie spontan ansprechen, und kehren Sie während der Lektüre des Buches immer wieder einmal zu diesem Kapitel zurück, um sich mit weiteren Übungen vertraut zu machen. Da nicht jeder Leser denselben Erfahrungshintergrund hat, biete ich Ihnen zahlreiche Übungen an, aus denen Sie wählen können. Je nachdem, ob Sie keine oder wenig Erfahrung mit Atem- und Energieübungen haben oder sich schon längere Zeit mit dieser Materie befassen, finden Sie das, was jetzt für Sie passend ist.

Vermutlich werden sich einige Lieblingsübungen herauskristallisieren, über die Sie besonders gut und rasch in Kontakt mit Ihrem Herzen kommen. In den Folgekapiteln können Sie diese immer wieder als Einstieg in Imaginationsübungen oder Übungen zur Selbsterforschung nutzen.

Zentrieren im Herzen

Ich möchte die Herzserie mit einer Grundübung im Liegen beginnen. Aus energetischer Perspektive finde ich es wichtig, nicht gleich den Atem im Herzraum anzusprechen, sondern erst eine gute Basis im Becken zu schaffen. So kann vermieden werden, dass sich durch intensive Aufmerksamkeit für den Herzbereich möglicherweise eine isolierte Brustatmung entwickelt.

Die Herzblüte

In Rückenlage stellen Sie Ihre Füße auf und richten Ihre Aufmerksamkeit auf alle Berührungsstellen mit dem Boden. Inwieweit vermögen Sie, Ihr Gewicht an ihn abzugeben? Lenken Sie als Erstes Ihre Aufmerksamkeit zu Ihrem Becken, indem Sie es etwas am Boden reiben (als hätten Sie dort einen Mückenstich). Wenn es wieder ruht, erspüren Sie die gesamte Breite seiner Auflagefläche und legen dann beide Hände auf Ihren Bauch, die diesen liebevoll begrüßen. Wie viel Raum erfahren Sie zwischen der Rückseite Ihres Beckens und Ihrem Bauch? Spüren Sie die Bewegung Ihres Atems in diesem Bereich? Atem ist wie Wasser – er fließt überall hin, wo Raum ist.

Wandern Sie mit Ihrer Aufmerksamkeit hinunter in den Becken-Bauch-Raum, und erlauben Sie Ihrem Atem, sich dort auszubreiten. Beim Einatmen dehnen sich die Körperwände ein wenig aus (in Richtung Bauch, Hüften, Kreuzbein und Beckenboden – wenn der Atem frei fließen kann), und bei der Ausatmung schwingen sie wieder in die Ausgangslage zurück. Geben Sie sich Raum im Becken – und kuscheln Sie sich atmend dort hinein.

Legen Sie Ihre Arme jetzt neben den Körper, und richten Sie noch einmal Ihre Aufmerksamkeit auf die Rückseite Ihres Rumpfes sowie seine gesamte Berührungsfläche mit dem Boden: Wie breit ruht Ihr Becken auf der Unterlage – wie breit erleben Sie den mittleren Teil des Rückens – wie breit liegt Ihr Schultergürtel auf? Spüren Sie die ganze Breite sowie auch die Länge Ihres Rumpfes. Alle Partien begrüßen freundlich den Boden und schmiegen sich zunehmend wohlig an ihn an.

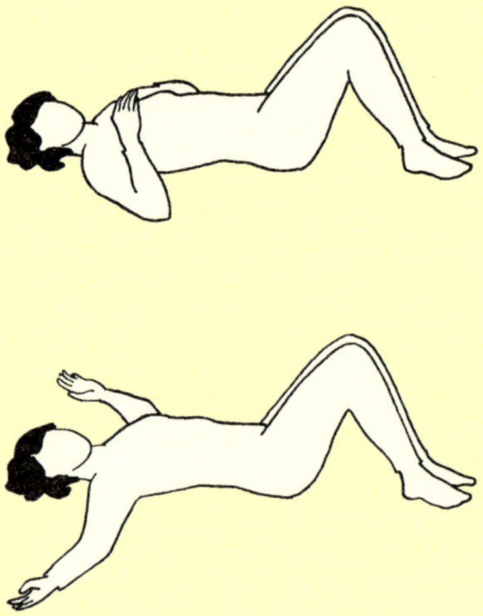

Wenden Sie sich jetzt dem Raum Ihres Herzens zu. Als Erstes klopfen Sie mit den Fingerspitzen in einer kreisförmigen Bewegung den Bereich um das Brustbein wach; dabei atmen Sie mit einem weichen »wwwh« aus. Vermögen Sie, gleichzeitig die Berührung von außen sowie die Vibration des Klanges von innen zu spüren? Dann legen Sie beide Hände auf den Herzbereich. Lassen Sie ihre Wärme allmählich durch die Haut, das Gewebe, durch Brustbein und Rippen in den Innenraum des Brustkorbs eindringen – bis hin zu Ihrem Herzen. Die Hände begrüßen Ihr Herz und lächeln ihm zu – und das Herz begrüßt die Hände.

Nehmen Sie auch im Herzraum die Atembewegung wahr? Lassen Sie den Atem sanft um Ihr Herz herum fließen; er vermag, es zärtlich zu streicheln. Erlauben Sie Ihrem Herzen, sich wohlig am Rücken »anzulehnen«, im Bereich zwischen den Schulterblättern. Wie geht es Ihrem Herzen im Moment?

Ich möchte Sie jetzt zu einer Imaginationsübung einladen. Stellen Sie sich vor, Ihr Herz sei eine Blüte. Erforschen Sie diese Schritt für Schritt: Welche Farbe hat Ihre Herzblüte? An welche Blumensorte erinnert sie Sie? Begegnen Sie einer Knospe, oder ist die Blüte bereits geöffnet? Sie können sich vorstellen, dass die Blütenblätter sich nun langsam öffnen. Behalten Sie dabei auch die Wurzeln Ihrer Blume in Ihrem Rücken im Gespür. Sie wird vom Rücken her genährt und kann sich aus dieser Verbindung in ihrer vollen Schönheit nach vorn öffnen.

Lassen Sie jetzt Ihre Arme in Bewegung kommen: Sie öffnen diese zur Seite, bis sie horizontal in Verlängerung des Schultergürtels am Boden liegen. Die Bewegung der Arme kann die Herzblüte unterstützen, sich weiter zu entfalten. Nach einer Weile bringen Sie Ihre Hände wieder zurück zum Herzen. Denken Sie daran: Es gibt Blüten, die sich bei Sonnenschein öffnen und sich sanft wieder schließen, wenn es abends dunkel wird. Sie können dieses Bild zur Hilfe nehmen und mit der Bewegung des Öffnens und Schließens spielen – in einem Tempo, das Ihnen gemäß ist.

Sie können die Arme unabhängig vom Atem bewegen und sich dabei primär auf den Gehalt der Gebärde fokussieren. Vielleicht möchte Ihr Atem sich aber auch mit den beiden Bewegungsphasen koordinieren. Spüren Sie, was für Sie im Moment passend ist; es gibt verschiedene Möglichkeiten.

Wie wirkt sich die Bewegung auf die Herzblüte und ihre Öffnung aus? Wenn Sie die Bewegung abschließen, verweilen Sie noch einen Moment still bei Ihrer Blüte. Bemerken Sie, ob sich seit dem Beginn der Übung etwas verändert hat – körperlich und/oder seelisch.

Sie können obige Übung auf folgende Weise fortsetzen.

Geben und empfangen

Sie nehmen die Armbewegung wieder auf – diesmal jedoch mit einem anderen Fokus, und verbinden die Gebärde jetzt zusätzlich mit dem Atem.

Zu Beginn der Übung legen Sie beide Hände auf das Herzzentrum; erspüren Sie die sanfte Atembewegung im Brustbereich, und atmen Sie langsam mit einem »fff« aus. Dann lassen Sie den Atem in den Herzraum einströmen und öffnen mit der Ausatmung Ihre Arme in die Horizontale. Die Herzenergie fließt über die Hände und die Fingerspitzen in Ihr Umfeld und zu Ihren Mitmenschen. Anschließend dehnen Sie Ihre Fingerspitzen sanft noch etwas weiter nach außen, um die Einatmung zu stimulieren. Sie nehmen Energie aus der Umgebung auf, und die Hände kehren während der Ausatmung zum Herzen zurück. Bringen Sie das, was Sie empfangen haben, zu Ihrem Herzen, und nähren Sie es damit.

Bei dieser Übung verbinden sich die beiden Bewegungsphasen mit der Ausatmung, die gezügelt über ein »fff« durch den Mund ausströmt. Die Einatmung strömt während der Ruhephase der Hände ein: wenn diese auf dem Herzzentrum bzw. ausgebreitet in der Horizontalen liegen.

Wiederholen Sie eine Weile auf meditative Weise diese Gebärde des Gebens und Empfangens. Wie erleben Sie die beiden Urbewegungen? Ist Ihnen eine vielleicht vertrauter als die andere? Kommt eine Bewegungsrichtung unter Umständen etwas zu kurz in Ihrem momentanen Leben? Nehmen Sie wahr, was Ihnen die beiden Gebärden über Sie selbst erzählen.

Sie können die Übung nutzen, um vor allem dem eventuell vernachlässigten Aspekt besondere Aufmerksamkeit zu schenken. Vielleicht tut es Ihnen besonders gut, sich primär auf die öffnende, raumgebende Bewegung einzustimmen? Oder verlangt Ihr Herz im Moment danach, vor allem genährt zu werden und Energie zu empfangen?

Lassen Sie eine atmende Bewegung zwischen innen und außen entstehen; und beobachten Sie, inwieweit es im Laufe der Übung zu einem Gleichgewicht zwischen beiden energetischen Polen kommt. Experimentieren Sie mit der Grundform dieser Übung, und finden Sie heraus, auf welche Weise sie jetzt am stimmigsten für Sie ist.

Wenn Sie die Übung beenden, spüren Sie noch einen Moment nach. Wie geht es Ihrem Herzen jetzt? Nehmen Sie die Botschaften, die Sie während der Übung erhalten haben, mit in Ihren Alltag, um sie dort umzusetzen.

Bevor Sie aufstehen, rekeln Sie sich ausgiebig. Nachdem bei der Übung viel Aufmerksamkeit zu Ihren Händen gegangen ist, lenken Sie jene jetzt auch gezielt zu Ihren Füßen, und dehnen Sie sich weich von den Fersen aus nach unten.

Obige Übung können Sie ebenfalls im Sitzen machen.

Im Folgenden möchte ich das Bild der Herzblüte noch einmal aufgreifen und ausbauen. Eine Blüte existiert nicht allein; sie ist Bestandteil einer Blume, die drei Elemente hat: Wurzel, Stiel und Blüte. Ich möchte die Herzblüte und ihre energetischen Verbindungen in verschiedene Richtungen über eine Übungssequenz erfahrbar machen. Diese Serie im Sitzen nenne ich:

Die Herzblume
Ähnlich wie bei der ersten Übung im Liegen, beginne ich mit der Beziehung der Herzblüte zum Becken, zum Bereich der Wurzeln.

Die Herzblume (1): Kontakt zu den Wurzeln

Sie sitzen aufrecht auf einem Stuhl oder Hocker. Klopfen Sie als erstes mit den Fäusten locker den gesamten Becken-Bauch-Bereich wach: vom Kreuzbein seitlich zu den Hüften nach vorn zum Bauch und zurück – einige Male.

Sie können sich Ihr Becken wie eine Schale vorstellen. Gehen Sie jetzt mit Ihrer Aufmerksamkeit zum Boden dieser Schale, das heißt zur Kontaktfläche mit dem Stuhl. Spüren Sie dort Ihre beiden Sitzknochen? Jetzt verlagern Sie Ihr Gewicht in einer kreisförmigen Beengung um Ihre Sitzknochen herum: Sie geben es auf den linken Sitzknochen, wandern am Steißbein vorbei zum rechten Sitzknochen und dann über die Vorderseite zurück zum Ausgangspunkt. Spüren Sie die sanften Dehnungen, die dabei im Becken entstehen? Sie können sich vorstellen, Sie würden bei der Bewegung mit einem dicken Pinsel Ihre Beckenschale von innen anmalen. Fühlen Sie die Form, die Größe und den Innenraum der Schale; und leben Sie sich mehr und mehr in diesen Raum ein, während Sie im Laufe der Bewegung die Richtung wechseln. Wenn Sie die äußere Bewegung beendet haben, nehmen Sie wahr, ob die Beckenschale auch in der Ruhe noch fühlbar ist. Sie können sie sich wie eine Schale vorstellen, aus der Ihre Blume emporwächst.

Reiben Sie jetzt Ihre Hände ein paar Mal kräftig gegeneinander, und legen Sie diese dann auf Ihren Unterbauch; sie sitzen dabei aufrecht, die Schultern sind breit und gelöst. Die Hände begrüßen den Bauch und schenken ihm ihre Wärme. Sie können auch eine Hand auf den Unterbauch und die andere mit dem Handrücken auf Ihr Kreuzbein legen. Nehmen Sie so den gesamten Beckenbereich liebevoll zwischen Ihre Hände, und lassen Sie sich immer tiefer auf diesen Raum ein. Spüren Sie dort die Bewegung Ihres Atems? Trinken Sie mit jedem Atemzug die Lebensenergie in sich herein, und erlauben Sie ihr, bis in Ihr Becken zu strömen.

Nach dieser Vorbereitung lösen Sie die Hände vom Becken, und bringen Sie sie vor den Unterbauch: Die Handflächen sind nach oben gewandt, die Fingerspitzen zeigen zueinander. Mit der Einatmung bewegen Sie die Hände hinauf bis zur Höhe des Herzens; dabei können Sie sich vorstellen, dass aus der Schale eine Blume emporwächst. Dann drehen Sie Ihre Handflächen zum Boden und lassen während der Ausatmung Ihre Hände wieder hinuntersinken bis vor Ihren Unterbauch – verbunden mit der Vorstellung, dass sich Ihre Blume gut und stabil in der Beckenschale verwurzelt. Am Ende der Ausatmung wenden Sie Ihre Hände um, sodass die Handflächen wieder nach oben zeigen – und beginnen die Bewegung von Neuem. Richten Sie im Laufe der Wiederholungen Ihre Aufmerksamkeit primär auf die Verbindung zwischen Wurzeln, Stiel und der Knospe im Herzraum. Mit der aufsteigenden Armbewegung visualisieren Sie, wie die Pflanze Nährendes aus der Erde aufnimmt, die Säfte steigen hinauf bis zur Blüte; bei der absteigenden Bewegung der Arme stellen Sie sich vor, dass die Wurzeln Ihrer Blume mit jedem Mal tiefer in die Erde hineinwachsen. Geben Sie Ihrer Herzblüte eine gute und nährende Basis.

Nachdem Sie Ihre Herzblume fest in der Erde verwurzelt haben, können Sie nun Kontakt mit dem gegenüberliegenden Pol aufnehmen und sich vorstellen, wie Ihre Blume zunehmend dem Licht entgegenwächst.

Die Herzblume (2): Nach oben wachsen

Die Ausgangsstellung ist ähnlich wie bei der vorigen Übung: Ihre Hände befinden sich vor dem Unterbauch, die Handflächen zeigen nach oben. Diesmal treffen sich die Mittelfinger in zartem Kontakt, und beide Hände bilden die Form einer Schale, wobei die kleinen Finger leicht den Unterbauch berühren; erinnern Sie sich an die Beckenschale aus der vorigen Übung. Spüren Sie einen atmenden Kontakt zwischen Ihrem Unterbauch und den kleinen Fingern?

Um die Bewegung zu beginnen, lassen Sie jetzt Ihre Ellbogen etwas nach vorn kommen, sodass die Handrücken einander berühren, die Fingerspitzen zeigen nun nach unten. Dann stellen Sie sich vor, dass Ihre Blume der Sonne entgegenwächst, und führen die Hände vor Ihrem Rumpf nach oben. Die Fingerspitzen verbleiben in einer leichten Berührung, bis die Hände über dem Kopf angekommen sind. Dann lösen sich die Finger voneinander, die Arme öffnen sich, und Sie führen diese langsam über die Seite wieder nach unten, bis die Fingerspitzen sich erneut vor dem Unterbauch begegnen.

Visualisieren Sie, wie die Knospe Ihrer Blume sich langsam in der Sonne zu entfalten beginnt. Achten Sie darauf, dass Sie bei der Aufwärtsbewegung der Arme stabil in der Beckenschale verankert bleiben und dass Sie die Schultern nicht hochziehen.

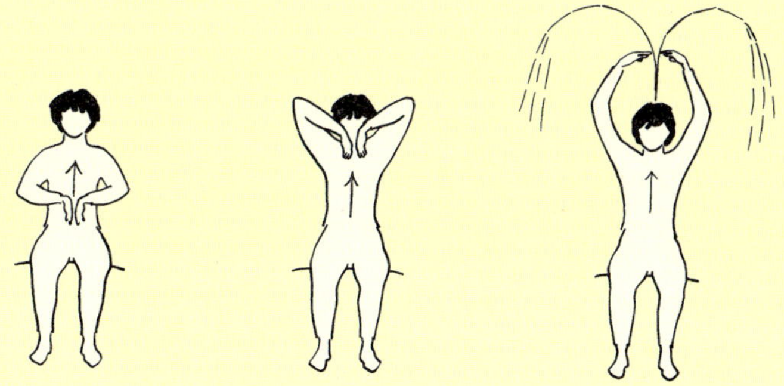

Wiederholen Sie die Bewegung einige Male, und leben Sie sich in die Gebärde ein – den Atem lassen Sie vorerst frei laufen. Zusätzlich können Sie sich dabei auf folgenden Satz einstimmen: »Getragen von Mutter Erde, verwurzelt in der Liebe wachse ich ins Licht und entfalte mich.«

In der zweiten Phase der Übung verbinden Sie die Bewegung mit Ihrem Atem. Er strömt ein, während die Hände von unten nach oben wandern; das Ausatmen begleitet die öffnende und absteigende Bewegung. In der Atempause treffen sich die Spitzen der Mittelfinger wieder in einer leichten Berührung vor dem Unterbauch, die Hände bilden erneut eine Schale. Es ist möglich, in dieser Position einen Atemzug lang zu verweilen, falls Sie nicht bei jedem Atemzyklus die große Kreisbewegung machen möchten.

Passen Sie das Tempo der Bewegung an Ihren Atem an – und nicht umgekehrt. Der Rhythmus des Atmens ist das Primäre; je nachdem, wie ruhig oder schnell er fließt, ist die Bewegung dementsprechend langsamer oder zügiger. Um die Ausatmung behutsam etwas zu verlängern, können Sie den Atem durch den Mund ausblasen.

Zum Ausklang der Übung lassen Sie Ihre Hände noch eine Weile vor dem Unterbauch oder auf Ihrem Herzzentrum liegen. Wie geht es Ihrem Herzen jetzt?

Die folgende Übung können Sie zur Abwechslung auch im Stehen machen.

Die Herzblume (3): Die Blüte entfaltet sich

Sie sitzen gut verankert in Ihrer Beckenschale; in der Ausgangsposition ruhen Ihre Hände auf dem Herzzentrum. Sie verbinden sich innerlich mit Ihrem Herzen und fragen es, ob es bereit ist, sich noch weiter zu öffnen. Wenn Sie ein Ja empfangen, beginnen Sie, mit folgender Bewegung zu spielen.

Sie lassen das Einatmen im Herzraum entstehen, und während der Ausatmung öffnen Sie Ihre Arme zur Seite; maximal so weit, dass Sie aus den Augenwinkeln noch beide Hände sehen können. Dann kehren die Hände zum Herzen zurück und spüren, wie der Atem erneut in diesen Raum einströmt. Aus dem Herzzentrum heraus öffnen Sie ausatmend Ihre Arme jeweils so weit, wie es für Sie stimmig ist. Visualisieren Sie, wie sich die Blütenblätter entfalten und die Blüte ihren zarten Duft in ihr Umfeld verströmt; seien Sie dabei ganz präsent bis in Ihre Fingerspitzen. Sie können sich bei dieser Gebärde auf folgenden Satz einstimmen: »Ich verbinde mich mit der Tiefe meines Herzens.« (Einatmung) »In Liebe öffne ich mich der Welt.« (Ausatmung)

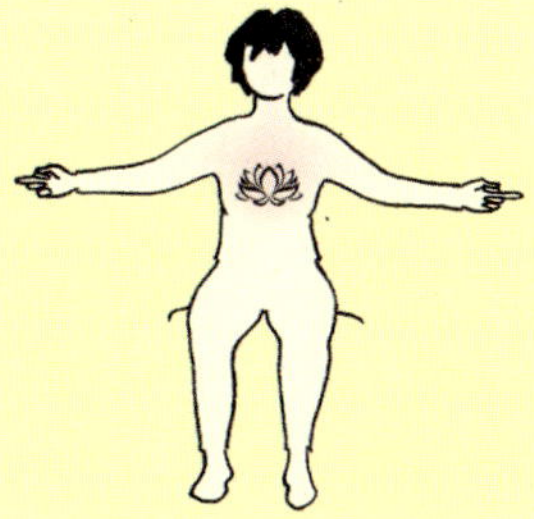

Stellen Sie sich einen geeigneten Platz für Ihre Herzblume vor, an dem diese sich rundum wohlfühlt: auf einer schönen Wiese, in einem wunderbaren Garten.

Falls Sie die Übung im Stehen machen, bewegen Sie auch Ihre Beine ein wenig mit. Während der Einatmung geben Sie leicht in den Knien nach – dies kann den Atem unterstützen, bis ins Becken zu strömen; bei der Ausatmung finden die Beine wieder in eine lockere Streckung. Spüren Sie beim Öffnen der Arme und Hände gleichzeitig Ihre Füße, Ihre Wurzeln und deren Kontakt zum Boden.

Mit der folgenden Bewegung wenden Sie sich zur Sonne und lassen das Licht in Ihre Herzblüte hineinfließen.

Die Herzblume (4): Sonnenlicht empfangen

Sie legen beide Hände auf Ihr Herz und finden in einen atmenden Kontakt mit ihm. Dann wandern Ihre Hände vor dem Rumpf ein wenig nach unten, öffnen sich zur Seite und kommen dort allmählich nach oben. Verweilen Sie einen Moment in der Position, in der Ihre Arme auf Höhe des Herzens die Form einer Schale bilden; Sie können sich dabei vorstellen, dass der Blütenkelch Ihrer Herzblume bis zu Ihren Fingerspitzen reicht. Empfangen Sie den einströmenden Atem, als würden Sie unter einem Wasserfall von Energie und Licht stehen. Führen Sie dann mit der Ausatmung Ihre Unterarme und Hände auf Höhe des Kopfes zur Mitte; anschließend wandern die Hände vor Gesicht und Hals wieder hinunter bis zum Herzen und berühren es sanft – während Sie spüren, wie das Licht auf den Grund des Blütenkelches sinkt. Verweilen Sie hier einen Atemzug lang, um die kostbare Nahrung, die Sie erhalten, zu genießen und in die Tiefe eindringen zu lassen. Erlauben Sie dem Licht, mit der folgenden Ausatmung weiter nach unten zu fließen – bis zum Becken und zu den Füßen.

In der Atempause beginnen Sie aufs Neue mit der öffnenden Gebärde; die Arme bewegen sich recht zügig bis zur Position der »Herzensschale« und schaffen Raum für das Einströmen des Atems. Die zweite Bewegungsphase verläuft dann etwas langsamer, da sie kürzer ist. Achten Sie bei der Armbewegung nach oben darauf, dass Ihr Atem nicht hochrutscht, sondern seine Basis im Becken behält.

Sie können die Übung sowohl im Sitzen als auch im Stehen machen. Im zweiten Fall geben Sie als Gegenbewegung zum Heben der Arme leicht in den Knien nach – wie bei der vorhergehenden Übung.

Nehmen Sie sich nach diesem »Sonnenbad« ausreichend Zeit zum Nachspüren. Fühlen Sie in der Ruhe noch einmal das Licht, das Sie umhüllt und Ihr Herz erfüllt hat. Erlauben Sie ihm, sich in Ihrem gesamten Körper zu verteilen – und sanft durch alle Zellen hindurchzurieseln.

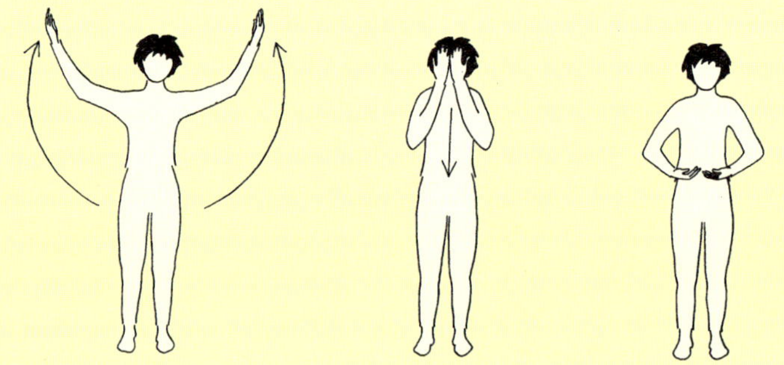

Breiten wir unsere Arme zur Seite aus, wird deutlich, dass in unserem Körper die Form eines Kreuzes präsent ist. Das Herzzentrum liegt im Schnittpunkt der vertikalen und der horizontalen Achse. Mit der folgenden Übung möchte ich Sie einladen, seine energetischen Verbindungen in alle vier Richtungen zu spüren, nachdem wir bisher diese Bahnen Schritt für Schritt lebendig gemacht haben. Dieses Angebot ist primär für Menschen gedacht, die schon einige Erfahrung in der Atemarbeit haben.

Die Herzblume (5): Zwischen Himmel und Erde

Im Sitzen lassen Sie sich breit in Ihrer Beckenschale nieder, die Wirbelsäule ist aufgerichtet, und beide Hände ruhen auf dem Herzzentrum.

Während Sie Kontakt mit Ihrer Herzblume aufnehmen, vergegenwärtigen Sie sich, dass diese aus zwei Richtungen genährt wird: Von unten nimmt sie Nahrung aus der Erde auf, von oben das Licht der Sonne, das für die Fotosynthese wichtig ist. Lassen Sie während der Einatmung die Energie sowohl von unten als auch von oben zum Herzen hinströmen. Sie bündelt sich dort und fließt mit dem Ausatmen zu den Seiten nach rechts und links. Sie können sich vorstellen, dass sich Ihre Herzblüte mit den Kräften der Erde und der Sonne auflädt, und aus der Fülle dann ihren Duft in ihr Umfeld verströmt.

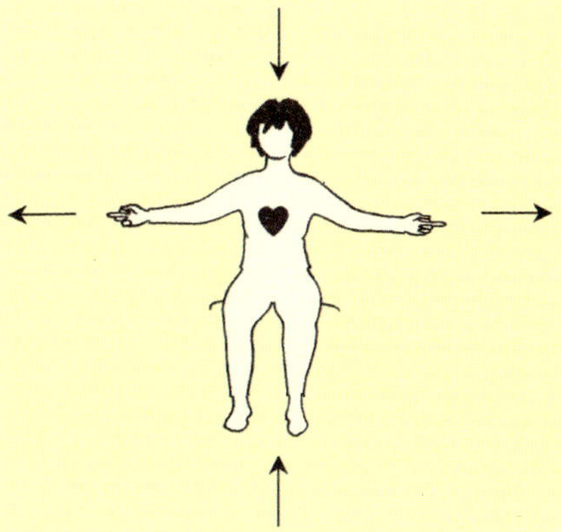

Fokussieren Sie Ihre Aufmerksamkeit eine Weile auf diese Atemweise, bis Ihnen die Flussrichtungen vertraut sind. Dann können Sie während der Ausatmung eine kleine Bewegung hinzunehmen: Ihre Unterarme und Hände wandern zur Seite, die Ellbogen bleiben dabei an ihrem Platz. Während Sie sich in die Horizontale öffnen, seien Sie subtil in all Ihren Fingerspitzen präsent; Sie können sich vorstellen, der Duft Ihrer Herzblüte würde dort entweichen. Während der Einatmung kehren die Hände zum Herzzentrum zurück und spüren, wie dort erneut die polaren Kräfte von unten und oben einströmen.

Mit dieser Übung aktivieren Sie die Kreuzstruktur im Körper; Sie können sie auch im Liegen mit ausgebreiteten Armen machen. Wie fühlen Sie sich jetzt, nachdem Sie sich bewusst auf diese energetische Ordnung eingestimmt haben?

Nachdem Sie nun mit den einzelnen Übungen zur Herzblume vertraut sind, können Sie die gesamte Sequenz praktizieren, um Atem und Energie ins Fließen zu bringen; oder Sie nehmen sich jeweils einzelne Bewegungen heraus, die Sie gerade energetisch besonders ansprechen.

In den bisher beschriebenen Herzübungen hat jeweils eine äußere Bewegung die Atembewegung stimuliert. Jetzt möchte ich zu einer reinen Atemübung kommen, durch die der Atem im Herzen zentriert wird.

Mit dem Herzen atmen ♥

Nachdem Sie sich bewusst in Ihrer Beckenschale verankert haben, lächeln Sie freundlich Ihrem Herzen zu. Sie streichen mit der Hand ein paar Mal im Uhrzeigersinn kreisend den Herzbereich wach, bevor Sie eine Hand oder beide Hände dort auflegen. Lassen Sie den Atem sanft Ihr Herz berühren; er vermag, es zärtlich zu streicheln. Dann stellen Sie sich vor, dass Sie mit Ihrem Herzen atmen. Mit jedem Einatmen saugt es die Lebensenergie wie ein Schwamm in sich auf und nährt sich. Atmen Sie auch über Ihr Herz aus, und verströmen Sie liebevolle Freundlichkeit in Ihre Umgebung.

Es kann wohltuend sein, diese Übung bei Sonnenschein zu machen und das Licht sowie die Wärme der Sonne einzuatmen; lassen Sie Ihr Herz selbst zu einer kleinen Sonne werden, und senden Sie beim Ausatmen ihre Lichtstrahlen in Ihr Umfeld aus.

Wenn Sie mögen, können Sie die Übung auch mit einem Klang verbinden. Tönen Sie ein langes »aaa« aus Ihrem Herzen heraus; dieser Vokal vermag dessen Öffnung energetisch zu unterstützen.

Atmen Sie Liebe über Ihr Herz ein, und atmen Sie Liebe oder liebevolle Freundlichkeit aus. Lassen Sie Ihr Herz in eine atmende Verbindung mit Ihrem Umfeld treten, wobei es sowohl empfängt als auch schenkt. Beide Bewegungen gehören zusammen wie die zwei Seiten einer Medaille. Genießen Sie eine Weile den Austausch zwischen innen und außen. Vielleicht beginnt Ihr Herz im Laufe der Übung zu lächeln.

Unser Herz hat eine spezielle Beziehung zu unseren Händen. Ich habe bereits von der horizontalen Energieachse gesprochen, die vom Herzen über die Arme zu den Händen läuft. Diese sind sozusagen die Werkzeuge, die die Impulse unseres Herzens in die Tat umsetzen. So wie unser Herz das energetische Zentrum unseres Körpers ist, hat auch jede Hand ein Zentrum. Die »Handherzen« befinden sich in der Mitte der Handinnenflächen.

Die Handherzen

Um Ihre Handherzen zu spüren, massieren Sie jeweils mit dem Daumen der einen Hand sanft kreisend die Handmitte der anderen. Dann legen Sie beide Hände übereinander auf Ihr Herzzentrum. Lassen Sie die Handherzen zu Ihrem Herzen hinschauen und es begrüßen. Auch Ihr Herz wendet sich den Händen zu und lächelt diese freundlich an.

Nach einer Weile lösen Sie die Hände vom Körper und reiben sie ein paarmal kräftig gegeneinander. Dann entfernen sich die Handflächen einige Zentimeter voneinander und stehen sich auf Höhe des Herzzentrums gegenüber. Vermögen Sie, eine energetische Verbindung zwischen Ihren beiden Händen zu spüren? Lassen Sie insbesondere die Handherzen miteinander in Kontakt treten.

Die folgende Bewegung der Hände und Unterarme ähnelt der beim Spielen einer Ziehharmonika: Während des Einatmens entfernen sich die Hände etwas weiter voneinander, mit dem Ausatmen nähern sie sich wieder an, ohne sich jedoch zu berühren. Die Hände machen auf diese Weise im Außen sichtbar, was bei jedem Atemzug im Körper passiert: Einatmend weiten sich die Körperwände, während der Ausatmung schwingen sie wieder in die Ausgangslage zurück.

Bleiben Sie bei der Bewegung in gutem Kontakt zu Ihren Handherzen; das energetische Feld zwischen ihnen dehnt sich aus und verkleinert sich wieder.

Richten Sie Ihre Aufmerksamkeit auf dieses Spiel, und experimentieren Sie mit der Größe der Bewegung. Mit jeder öffnenden Bewegung schaffen Sie Raum – Raum für Ihr Herz. Wie geht es Ihrem Herzen bei dieser atmenden Bewegung?

Wenn Sie mit der Grundübung vertraut sind, können Sie die Arme auch in diagonaler Richtung bewegen. Bringen Sie die rechte Hand schräg nach oben und Ihre linke schräg nach unten während des Einatmens. Mit dem Ausatmen kommen die Hände in einer zentrierenden Gebärde vor ihrem Herzen wieder zueinander. Bei der nächsten Bewegung geht die linke Hand nach oben und die rechte nach unten. Lassen Sie die Bewegung ganz von innen heraus entstehen, und geben Sie Ihrem Herzen Atemraum.

Zum Abschluss der Bewegung legen Sie beide Hände mit den Handflächen nach oben auf Ihre Oberschenkel. Wie geht es Ihrem Herzen jetzt? Vermögen Sie, Ihre Handherzen noch zu spüren?

Wenden Sie sich nun für einen Moment Ihren Füßen zu – genauer gesagt, dem jeweiligen Fußzentrum im Längsgewölbe. Korrespondierend zu den Händen liegt hier das Herz des Fußes; und es nimmt freundlichen Kontakt zum Boden auf.

Lassen Sie jetzt von Ihrem Herzen aus eine energetische Verbindung zu Ihren Händen sowie zu Ihren Füßen entstehen, und probieren Sie, alle »Herzen« gleichzeitig zu spüren.

Hände und Füße sind die Diener unseres Herzens. Ihre Füße tragen Sie an den Ort, zu dem Ihr Herz möchte; Ihre Hände führen das aus, was Ihr Herz tun will. Ich möchte Sie einladen, das Gespür für Ihre Herzen in Händen und Füßen mitzunehmen, wenn Sie gleich Ihre Alltagsaktivitäten wieder aufnehmen.

Beim Embryo sind Herz, Hände, Füße und Kopf noch ganz nah beieinander. Wenn wir uns nach unserer Geburt immer weiter entfalten, entfernen sich die Gliedmaßen vom Herzen. Und häufig verlieren wir im Laufe des Lebens das Gespür für die Verbindung des Herzens zu den Extremitäten. Erinnern Sie sich an die Handherzen, wenn Sie jemandem die Hand geben, jemanden berühren oder Ihre Hand sanft auf eine Stelle legen, die Ihrem Kind wehtut. Über unsere Hände vermögen wir, unsere Zuneigung und Liebe zu kommunizieren.

Auch in anderen Alltagssituation können Sie immer wieder einmal Ihre Aufmerksamkeit in Ihren Handherzen sammeln. Wenn Sie sich im Trubel des Alltags verloren haben, ist dies eine gute Möglichkeit, sich wieder zu zentrieren und in die Präsenz des Hier und Jetzt zu bringen. Um in solchen Momenten die Wahrnehmung der Handherzen zu erleichtern, ist es hilfreich, mit dem Daumen der einen Hand die Handinnenfläche der anderen zu berühren.

Hände sind der Mund des Herzens.

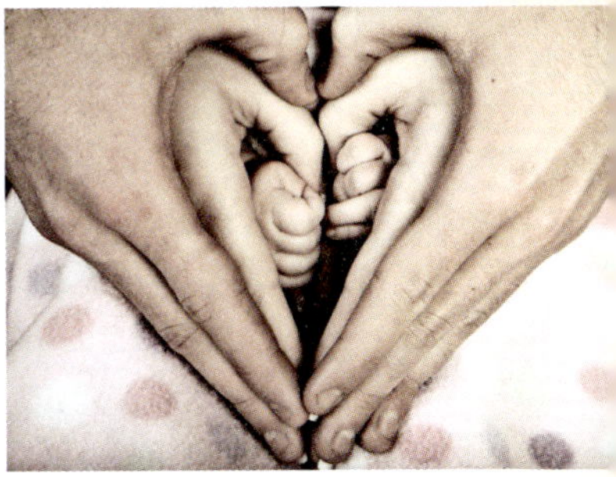

Das emotionale Herz ansprechen

Sich auf das fühlende Herz einstimmen

Um das Herz zu öffnen und mit seinen kostbaren Gefühlen in Kontakt zu kommen, gibt es drei verschiedene leichte Zugänge: über die Schönheit der Natur, über Musik und über die Erinnerung an eine Herzensbegegnung.

Die Natur hat einen harmonisierenden Einfluss auf unseren Organismus und unsere Seele. Besonders, wenn wir von ihrer Schönheit ergriffen sind, können wir tief in unser Herzen finden.

Vergegenwärtigen Sie sich jetzt ein Erlebnis in der Natur, bei dem Sie sich sehr berührt und intensiv mit Ihrer Umgebung verbunden fühlten. Wo war dies: in einem Garten, an einem See, am Meer, auf einem Berggipfel? Für die folgende Übung habe ich das Bild des Gartens gewählt; Sie können die einzelnen Schritte jedoch auch auf ein anderes Naturszenario übertragen. Ein (Urlaubs-)Foto, auf dem die Atmosphäre Ihres Lieblingsplatzes eingefangen ist, kann den Einstieg in diese Übung eventuell erleichtern.

Der Paradiesgarten ♥

Erinnern Sie sich mit allen Sinnen an eine Situation, die Sie in einem wundervollen Garten verbracht haben.

Schauen Sie sich um, und nehmen Sie die Pflanzen und die Blütenpracht wahr, die Sie umgeben; lassen Sie die Vielfalt der Farben und Formen Ihr Herz berühren.

Was hören Sie in diesem Garten: Vogelgezwitscher, das Rauschen der Blätter im Wind, das Glucksen des Wassers in einem kleinen Bach?

Welche Gerüche steigen Ihnen in die Nase? Vielleicht wollen Sie an einer Blüte riechen und deren Duft tief in sich aufnehmen.

Falls es in dem Garten Obstbäume gibt, können Sie eine reife Frucht kosten, um auch Ihren Geschmackssinn zu aktivieren.

Spüren Sie, wie die wärmenden Sonnenstrahlen Ihre Haut berühren; vielleicht weht ein leichter Wind, der Sie sanft streichelt.

Sie tauchen mit allen Sinnen in diesen wunderbaren Garten ein und spüren seine Atmosphäre. Lassen Sie Ihr Herz berührt werden, und genießen Sie die ganze Symphonie dieses Momentes.

Wie fühlen Sie sich jetzt: sicher, geborgen, ausgeglichen, friedlich, heiter? Vielleicht wird es Ihnen warm oder weit ums Herz.

Erschaffen Sie sich in Ihrem Inneren einen Ort der Schönheit und Vollkommenheit – so, wie Sie ihn brauchen, um sich rundum wohlzufühlen. Vielleicht gibt es in dem Garten auch einen Teich, auf dem das Sonnenlicht glitzert, oder einen kleinen rauschenden Wasserfall. Unter Umständen ist er von einer efeubewachsenen Mauer umgeben, die ein Gefühl der Sicherheit vermitteln kann. Was tut Ihrem Herzen wohl und ermöglicht es Ihnen, tiefen Frieden, Geborgenheit und Freude zu fühlen? Gestalten Sie Ihren Garten dementsprechend – Ihr eigenes Paradies im Innern.

Die Zeit im Paradiesgarten gehört ganz Ihnen, sie ist frei von allen Alltagsverpflichtungen: kein Termindruck, keine Verantwortung, kein Müssen. Es gibt nichts zu tun; dieser Moment ist eine Einladung, einfach nur »da zu sein« und die Schönheit zu genießen.

Das Atmen geht hier leicht; die frische Luft aus dem Garten strömt wie von selbst in Ihre Lungen und erfüllt Sie mit Energie. Erlauben Sie sich, mit dem Ausatmen alle Sorgen, negativen Gedanken, allen Stress und emotionalen Ballast loszulassen. Wenn Sie mögen, können Sie dabei durch den Mund ausatmen oder leicht seufzen und alles, was Ihnen jetzt nicht zuträglich ist, aus Ihrem Energiesystem entweichen lassen.

Falls es in Ihrem Garten einen Wasserfall gibt, könnten Sie sich darunterstellen. Lassen Sie die reinigende Kraft des Wassers alles wegspülen, was Ihr Herz beschwert und es davon abhält, zu tanzen und fröhlich zu sein.

Durch diese Art Frühlingsputz schaffen Sie Raum für Neues. Öffnen Sie sich jetzt ganz bewusst für die Sonnenstrahlen in Ihrem Garten; vielleicht möchten Sie sich auf eine Bank setzen oder ins Gras legen, um das Licht über alle Poren in sich hereinzuatmen. Nähren Sie Ihr Herz mit dieser Wärme, und lassen Sie die wohltuende Energie durch Ihren gesamten Rumpf strömen, bis in die Beine und in die Arme. Ihr ganzer Körper und Ihr Wesen werden dabei energetisch aufgeladen.

Geben Sie sich dem Genießen mit allen Sinnen hin, und saugen Sie die Schönheit, die Sie umgibt, wie ein Schwamm in sich auf. Sie sind umhüllt von Licht und Wärme, umgeben von Liebe, ganz angenommen vom Leben. Lassen Sie Ihr Herz sich sanft wie eine Blüte öffnen – Sie sind ein Teil dieses Gartens.

Erlauben Sie sich, hier eine Weile ruhig zu sitzen oder zu liegen und die Atmosphäre des Gartens auszukosten, indem Sie mit Ihrem Herzen ein- und ausatmen. Mit jeder Einatmung nehmen Sie die wohltuende Energie in sich auf, mit jeder Ausatmung lassen Sie sich noch tiefer in die Schönheit hineinsinken und dehnen sich innerlich aus. Vielleicht beginnen sie dabei, zu schnurren wie eine Katze.

Um die Übung abzuschließen, kommen Sie mit Ihrer Aufmerksamkeit langsam wieder in den Raum, in dem Sie sich physisch befinden. Sie spüren den Kontakt mit der Sitzfläche, Ihre Beine und Arme. Öffnen Sie langsam wieder Ihre Augen, und beginnen Sie, sich leicht zu bewegen.

Bewahren Sie den Kontakt zu den Gefühlen Ihres Herzens, die bei dieser Übung entstanden sind, und nehmen Sie die Energie in die Aktivitäten und Kontakte des Tages mit.

Sie können jederzeit in Ihren Paradiesgarten zurückkehren. Je öfter Sie obige Übung machen, desto schneller werden Sie Zugang zu diesem Ort finden und sich auf seine wohltuende und heilende Energie einschwingen können. Sie ist ein wertvolles mentales Werkzeug, um sich bei Bedarf fünf oder zehn Minuten »Miniferien« zu gönnen; Ihr Garten steht Ihnen immer zur Verfügung, um sich aufzuladen und sich körperlich-seelisch in Balance zu bringen.

Auch Musik ist eine wertvolle Möglichkeit, unser Herz anzusprechen. Musik ist Schwingung; Sie können für die folgende Übung eines Ihrer Lieblingsstücke aussuchen, dessen Schwingung Ihr Herz besonders zu berühren vermag.

Musik einatmen

Wählen Sie eine bequeme Haltung im Sitzen oder Liegen. Dann wenden Sie Ihre Aufmerksamkeit Ihrem Körper zu und wandern innerlich von Ihren Füßen bis zum Kopf.

Wenn Ihre Herzmusik jetzt ertönt, hören Sie diese nicht nur mit den Ohren, sondern mit Ihrem gesamten Körper. Sie können sich vorstellen, dass sich all Ihre Poren öffnen, sodass der Klang überall einströmen kann. Die Schwingung der Musik erfüllt den Raum und umhüllt Sie; gleichzeitig saugen Sie die wohltuende Energie wie ein Schwamm in sich auf und füllen Ihren gesamten Körper damit.

Lassen Sie sich von der Musik berühren, und schalten Sie ausschließlich auf Empfang – genau wie die Ohren, die ein rein rezeptives Organ sind. Sie atmen Ihre Lieblingsmusik in Ihr Herz herein und erlauben ihm, mitzuschwingen. Während des Ausatmens weiten Sie sich wohlig in den Raum hinein, in dem die Musik spielt, und genießen das Klangbad.

Laden Sie atmend Ihr Herz mit der Energie dieser Musik auf. Musik vermag es, tiefgehend unsere Schwingung zu beeinflussen, wenn wir uns ganz öffnen und durchlässig werden, sodass sie uns wie ein Saiteninstrument »bespielen« kann. Wie geht es Ihrem Herzen nach diesem ganzheitlichen Musikgenuss?

Je nach Art des gewählten Stückes können Sie sich auf unterschiedliche Energien einstimmen: ein Liebeslied, eine beruhigende, heitere, romantische oder jubilierende Musik. Wählen Sie bewusst die Stimmung, die Ihr Herzen jetzt zum Schwingen bringt.

Eine weitere Möglichkeit, die Türen zu unserem Herzen zu öffnen, ist die Erinnerung an eine Begegnung mit einem geliebten Menschen, die uns sehr berührt hat.

Herz-zu-Herz-Kontakt ♥

Sie sitzen in einer offenen Haltung und nehmen Kontakt mit Ihrem Körper auf, hinab bis zu Ihren Füßen. Dann wenden Sie sich Ihrem Herzen zu und verfolgen eine Weile die sanfte Bewegung der Atemwellen im Herzraum. Zur Unterstützung können Sie eine Hand auf Ihr Herzzentrum legen und Ihr Herz für diese warme Berührung öffnen.

Vergegenwärtigen Sie sich nun einen Menschen, dem Sie sich sehr verbunden fühlen. Erinnern Sie sich an einen konkreten Moment, in dem er Ihnen gegenübersaß oder -stand. Sie können ihm in die Augen schauen und sich innerlich für seinen Blick öffnen.

Stellen Sie bewusst all Ihre inneren Antennen auf »Empfang«, und atmen Sie die Zuneigung, Wärme und Liebe, die Ihnen entgegenströmen, ein. Sie öffnen Ihre Poren, mögliche Schutzschichten dürfen schmelzen, und Sie lassen sich in immer tieferen Schichten berühren. Trinken Sie diese kostbare Energie mit jedem Atemzug in sich herein, und saugen Sie sie mit Ihrem gesamten Körper auf.

Wie geht es Ihnen dabei? Vielleicht wird Ihnen warm und weit ums Herz.

Ich möchte Sie einladen, jetzt mit Ihrem Herzen zu atmen: Einatmend empfangen Sie die Zuneigung Ihres Gegenübers, und mit jedem Ausatmen senden Sie liebevolle Freundlichkeit aus – oder andere Gefühlsqualitäten, die Sie gerade erfahren. Stellen Sie sich eine Verbindung von Herz zu Herz vor, eine energetische Brücke, über die ein Austausch von liebevoller Energie stattfindet – ein Geben und Nehmen, Empfangen und Verschenken.

Sie öffnen sich immer mehr diesem atmenden Kontakt zu Ihrem Gegenüber. Je tiefer Sie zur Quelle in Ihrem Herzen vordringen, desto stärker wird die Liebesenergie strömen.

Um die Übung abzuschließen, bedanken Sie sich für diese Begegnung. Dann kehren Sie mit Ihrer Aufmerksamkeit wieder vollständig an den Ort zurück, an dem Sie sich gerade befinden. Spüren Sie Ihr Gesäß auf dem Stuhl, den Kontakt Ihrer Füße mit dem Boden; Sie nehmen den Raum um sich herum wahr und öffnen langsam wieder Ihre Augen.

Wie fühlen Sie sich jetzt – wie geht es Ihrem Herzen? Nehmen Sie die Energie, die diese Übung in Ihnen zum Fließen gebracht hat, mit in Ihren Alltag.

Als Einstieg in obige Übung kann es hilfreich sein, ein Foto des geliebten Menschen zu benutzen, um einen energetischen Kontakt anzubahnen.

Eine tiefe Begegnung, die unser Herz berührt, erleichtert vielfach die Öffnung unseres Herzens, wodurch wir zunehmend mit unserer eigenen Liebesfähigkeit in Kontakt kommen.

Bewusst Gefühle wachrufen

Es gibt im Leben immer wieder Momente, in denen es uns spontan warm ums Herz wird, unser Herz sich öffnet und weitet: wenn uns Wertschätzung entgegengebracht wird, durch eine liebevolle Begegnung, das Erleben von Schönheit oder durch eine Tätigkeit, die uns viel Freude bereitet.

Wir können die Erinnerung an solche berührenden Augenblicke zur Hilfe nehmen, um uns in schwierigen Alltagssituationen den Zugang zu den Kräften unseres Herzens zu erleichtern. In der Bibliothek unseres Gehirns sind all unsere Erlebnisse gespeichert: die Umstände sowie die Gefühle, die damit verbunden waren. Hier können wir anknüpfen, um die Tür zu Gefühlen des Herzens zu öffnen: zu Dankbarkeit, Liebe, Freude, Begeisterung, Glück oder Erfüllung. Indem wir uns intensiv an Nährendes – das wir gesehen, gehört oder getan haben – erinnern, vermögen wir, die Gefühle und Empfindungen aus der jeweiligen Situation zu aktivieren und erneut im Jetzt zu fühlen; dann beginnt die Herzensenergie zu fließen.

Gefühlserinnerungen lebendig werden lassen ♥

Vergegenwärtigen Sie sich einen Moment, in dem Sie eine starke Verbindung mit Ihrem Herzen erfahren haben: in dem es vor Freude getanzt hat, in dem Sie sich von Liebe, Glück oder tiefer Dankbarkeit erfüllt fühlten. Es kann eine Erfahrung sein, die Sie vor Kurzem gemacht haben, oder eine, die bereits weit in der Vergangenheit liegt. Zeit spielt hier keine Rolle, entscheidend ist die Intensität des Erlebens.

Tauchen Sie in die Erinnerung an ein Erlebnis ein, das Ihr Herz berührt hat. Sie holen diese Situation aus der Vergangenheit ins Hier und Jetzt – den Ort, die Menschen und die Worte, die gesprochen wurden – und durchfühlen sie aufs Neue. Spüren Sie mit allen Sinnen die

Atmosphäre, sowohl außen als auch in Ihrem Inneren. Was passiert in Ihrem Herzen, wenn Sie die Situation wieder lebendig werden lassen? Auch Ihr Körper vermag sich zu erinnern und die Empfindungen sowie die Körperchemie von damals zu aktivieren.

Atmen Sie die kostbare Energie dieser Situation in Ihr Herz hinein; und während des Ausatmens lassen Sie sich genüsslich noch tiefer in die wohltuende Atmosphäre hineinsinken. So können Sie sich seelisch und körperlich aufladen.

Verweilen Sie achtsam atmend in diesem Erleben, bis Ihr Herz und alle Zellen Ihre Körpers – bis hin zu den Händen und Füßen – sich auf die aufbauende Energiefrequenz eingeschwungen haben.

Was hinterlässt diese Übung in Ihnen: vielleicht Leichtigkeit, Beschwingtheit, Harmonie, Freude? Um sie abzuschließen, nehmen Sie sich ausreichend Zeit, wieder vollständig in den Raum zurückzukehren, in dem Sie sich gerade befinden. Sie spüren Ihre Füße auf dem Boden, öffnen allmählich die Augen und nehmen Ihre aktuelle Umgebung wahr. Gleichzeitig bleiben Sie im Inneren mit der Energie verbunden, die Sie durch diese Übung wachgerufen haben.

Obige Übung ist eine Möglichkeit, wieder Zugang zu unserem Herzen zu finden, falls wir uns in negative Gedankenschleifen verstrickt haben und in den Kopf gerutscht sind. Auch wenn wir in einer niedrig schwingenden Energie festhängen (verstimmt sind, lustlos, enttäuscht, genervt etc.), vermag sie, uns zu unterstützen, unsere energetische Schwingung wieder anzuheben und unser inneres Klima zu verändern.

Selbstverständlich kann dies ebenfalls gelingen, wenn wir im Hier und Jetzt unsere Aufmerksamkeit auf etwas lenken, was unser Herz berührt und nährt: Wir können die Sonne genießen, die ins Zimmer scheint, uns an einem schönen Bild erfreuen, das in unserem Zimmer hängt oder unsere Lieblingsmusik auflegen. Je höher die Intensität des Erlebens ist, desto stärker ist seine Wirkung. Stimmen wir uns auf ein Ereignis aus der Vergangenheit ein, dann haben wir die Möglichkeit, gezielt eine Situation mit hoher positiver Gefühlsladung zu wählen. Experimentieren Sie mit den verschiedenen Möglichkeiten.

Wenn Sie mit Gefühlserinnerungen üben, ist es möglich, immer ein und dasselbe Erlebnis zu wählen oder sich jedes Mal ein anderes zu vergegenwärtigen. Durch Wiederholung werden die Verbindungen im Gehirn gefestigt, und sie erleichtern es, recht rasch die vollständige Gefühlslandschaft im Alltag wieder lebendig werden zu lassen. Finden Sie heraus, was für Sie am effektivsten ist.

So, wie Sie in obiger Übung ein Erlebnis aus der Vergangenheit »angezapft« haben, um in Ihrem Herzen ein intensives Wohlgefühl zu wecken, können Sie auch zu einem Geschehen in der Zukunft gehen. Mit unserem Geist vermögen wir, uns in potenzielle Ereignisse hineinzuversetzen, bevor diese auf der physischen Ebene stattfinden.

Sie kennen das Phänomen der Vorfreude: Wenn wir uns auf den bevorstehenden Urlaub einstimmen, uns bereits ans Ferienziel versetzen, uns die Umgebung, das Klima oder bestimmte Tätigkeiten dort vergegenwärtigen, dann kann unser Herz schon jetzt vor Freude hüpfen. Oder wir greifen vor und erleben im Geist das Wiedersehen mit einem geliebten Menschen, das in der kommenden Woche stattfinden wird; so vermögen wir, bereits heute den Jubel, die Liebe, das Glück zu fühlen, die durch die Begegnung in uns ausgelöst werden. Auf diese Weise entsteht eine intensive Verbindung mit unserem Herzen.

Mit der folgenden Übung können Sie Ihre Fähigkeit fördern, sich in zukünftige Ereignisse einzufühlen. Machen Sie sich mit dieser Praxis vertraut, sie ist ein wesentlicher Baustein späterer Kapitel.

Die gute Fee ♥

Als Kind haben Sie sich vermutlich schon einmal mit einem Herzenswunsch an eine gute Fee gewandt, mit der Bitte, sie möge ihn Wirklichkeit werden lassen. Vergegenwärtigen Sie sich jetzt ein Ereignis, von dem Sie wissen oder zumindest ahnen, dass seine Erfüllung ein starkes Gefühl in Ihrem Herzen hervorrufen wird.

Dann lassen Sie die gute Fee in Ihrem Inneren in Aktion treten. Stellen Sie sich vor, das Ereignis sei bereits eingetreten: Ihr Wunsch ist erfüllt, ein angestrebtes Ziel ist erreicht. Es brauchen keine großen

Dinge zu sein (ein neues Haus, eine tolle Stelle, ein Gewinn im Lotto); auch kleine Begebenheiten vermögen, unser Herz zum Tanzen zu bringen (ein wunderbarer Sonnentag, eine Verabredung mit unserer/-m Liebsten, ein schönes Konzert). Lassen Sie das Szenario des bereits eingetretenen Ereignisses in Ihrem Inneren lebendig werden, und geben Sie den Gefühlen, die dadurch geweckt werden, Raum; vielleicht Freude, Beschwingtheit, Begeisterung oder Erleichterung.

Was taucht jetzt bei Ihnen auf? Intensive Gefühle spiegeln sich in unserem Körper. Wie fühlt sich die Energie an, die gerade durch Ihren Körper fließt: ein wohliges Kribbeln oder Pulsieren, Wärme, ein Empfinden von Leichtigkeit, Weite?

Geben Sie Ihrem Atem Raum, und erlauben Sie ihm, voll und tief zu strömen. Sie kosten mit allen Fasern die wunderbare Energie aus, die gerade aktiviert ist, und laden sich damit auf. Das gewählte Ereignis mag in der Zukunft liegen, seine Erfüllung mag zur Zeit »nur« in Ihrem Geist existieren – was Sie gerade fühlen, findet jedoch im Hier und Jetzt statt, bis hin zur Ausschüttung von »Glückshormonen«.

Genießen Sie eine Weile diesen energetischen Zustand, in den Sie sich gebracht haben. Und begeben Sie sich auf dieser Schwingungsfrequenz dann wieder an die Tätigkeiten Ihres heutigen Tages.

Solch ein Ausflug in die Zukunft vermag unser Herz zu öffnen, es schneller oder höher schlagen zu lassen. Das visualisierte Ereignis ist wie ein Tor zum inneren Raum der Gefühle. Nach einer Weile können wir die äußere Situation wieder ausblenden und unsere Aufmerksamkeit ausschließlich auf das richten, was wir, ausgelöst durch das vorweggenommene Ereignis, gerade fühlen.

Es geht hier in keiner Weise darum, aus der Gegenwart zu fliehen, sondern darum, in eine positive Gefühlsschwingung zu kommen, um nach solch einem »Kurztrip ins Land der Wunder« eine gute energetische Basis zu haben, auf der wir die aktuellen Dinge angehen können.

Energetische Qualitäten aktivieren

Wenn wir im Alltag einmal nicht gut drauf sind und uns energetisch zum Beispiel nach Leichtigkeit, Wärme, Ruhe, Harmonie, Geborgenheit oder Fröhlichkeit sehnen, können wir einerseits für äußere Umstände sorgen, die uns die betreffende Qualität zu vermitteln vermögen: einen bestimmten Ort aufsuchen, einen Menschen treffen oder eine Tätigkeit aufnehmen. Ist dies im Moment nicht realisierbar, haben wir zudem die Möglichkeit, uns nach innen zu wenden, um dort mit dieser Energie in Verbindung zu treten. Im Reich der Fülle in unserem Herzen sind alle Seinsqualitäten präsent.

Wir können uns erinnern. Wir haben die Energie, die wir uns gerade herbeiwünschen, schon einmal erfahren; sonst wüssten wir nicht, wie sie sich anfühlt, und würden uns nicht danach sehnen. Dieses Erleben ist in unserem emotionalen Gedächtnis gespeichert; wir vermögen, uns auf diese Energie wieder einzuschwingen und sie erneut zum Leben zu erwecken. Diese Praxis kann im Alltag sehr hilfreich sein, um unser inneres Gleichgewicht zu wahren oder wiederzufinden.

Nährendes Atmen ♥

Vergegenwärtigen Sie sich die Energie, die Sie jetzt in sich wecken oder verstärken möchten. Ich spiele die Übung am Beispiel von Heiterkeit und Leichtigkeit durch. Setzen Sie überall dort, wo dies Wort steht, die von Ihnen gewählte Qualität ein.

Erinnern Sie sich an eine Situation, in der Ihr Bedürfnis nach Heiterkeit tief befriedigt war; an einen Moment, der von dieser Qualität durchtränkt war. Tauchen Sie noch einmal mit allen Sinnen in das Erlebnis hinein: Sie spüren den Ort, die Menschen, die Atmosphäre, die dort herrschte. Wie haben Sie sich gefühlt? Lassen Sie die Heiterkeit von damals erneut in sich lebendig werden. Mit jedem Atemzug saugen Sie die heitere und leichte Schwingung in Ihr Herz hinein; während des Ausatmens breitet sich diese Energie in Ihrem gesamten Körper aus.

Heiterkeit ist in dem Szenario ganz präsent – öffnen Sie sich, lassen Sie sich davon berühren und anstecken. Sie brauchen nichts zu

»machen«; erlauben Sie einfach, dass Ihr Inneres auf der vorhandenen Frequenz mitschwingt.

Wenn Sie mögen, können Sie sich die gewählte Energiequalität als eine Farbe vorstellen, die Sie über den Atem aufsaugen. Heiterkeit fließt zum Beispiel als orange Energie in den Körper hinein, bis dieser ganz davon erfüllt ist. Sie können beim Atmen auch innerlich das Wort für Ihre Qualität wie ein Mantra wiederholen, während Sie sich gefühlsmäßig darauf einschwingen oder einen kurzen Satz bilden: »Ich fühle mich heiter und leicht.« Verkörpern Sie die gewählte Qualität in Ihrem ganzen Sein, und lassen Sie alle Zellen davon durchdrungen werden.

Wie fühlen Sie sich nach diesem Prozess? Wie hat sich Ihre Energie gegenüber der Anfangssituation verändert? Vielleicht wird irgendein Impuls in Ihnen wach.

Auf diese Weise vermögen Sie, Ihre energetische Schwingung zu erhöhen. Sie können diese Praxis gezielt im Alltag anwenden:

Atmen Sie

- Ruhe und Gelassenheit ein, wenn Sie in einen Strudel der Hektik geraten;
- Leichtigkeit und Beschwingtheit ein, wenn eine anstehende Aufgabe Sie Überwindung kostet;
- Verständnis und Mitgefühl ein, wenn etwas schiefgelaufen ist;
- Harmonie ein, wenn Sie in einem Verkehrsstau stecken.

Das nährende Atmen ist eine wertvolle Möglichkeit, sich mit positiver Energie aufzuladen; »maßgeschneidert« vermögen wir uns auf die Qualität einzustimmen, die in der jeweiligen Situation förderlich erscheint.

Es ist sinnvoll, im Alltag immer wieder einmal eine Besinnungsminute einzulegen und sich zu fragen: »Wie geht es mir gerade? Benötige ich etwas, um in Balance zu sein?« Wollen wir uns selbst liebevoll unterstützen, dann ist es in bestimmten Momenten angebracht, etwas Konkretes zu tun – und in anderen haben wir primär Nahrung von innen nötig.

Um uns aufzuladen, können wir immer wieder in die »Schatztruhe« in unserem Herzen greifen, in der alle Qualitäten vorhanden sind. Nutzen Sie das nährende Atmen vor allem, wenn Sie merken, dass in Ihrem Inneren ein ungutes Klima herrscht. Es ist ein einfaches Mittel, um die eigene Energie umzupolen und unsere energetische Schwingungsfrequenz zu erhöhen; und je mehr wir uns in diesem Prozess üben, desto schneller und leichter gelingt er.

Wenn wir uns zum Beispiel schwer und lustlos fühlen, können wir uns unterstützen, indem wir uns bewusst auf die Energie der Leichtigkeit einstimmen. Auf dieser Schwingungsfrequenz werden uns vermutlich auch die anstehenden Tätigkeiten leichter von der Hand gehen.

Sollten wir uns irgendwann im Mangeldenken und Mangelfühlen verstrickt haben, ist das nährende Atmen ebenfalls eine wertvolle Möglichkeit, wieder in unsere Mitte und in unsere Kraft zu finden.

Es ist bereichernd, zu erkennen, wie viel wir uns selbst geben können und wie wir bewusst unsere energetische Schwingung beeinflussen können. Ich möchte Sie einladen, in Ihrem Alltag damit zu experimentieren. Praktizieren Sie die Übungen zuerst eine Weile in einer eigenen Übungszeit, um sich mit dem Prozess vertraut zu machen. Später integrieren Sie diese Praxis Schritt für Schritt in den Alltag, um sich in schwierigen und herausfordernden Situationen unterstützen zu können.

3. Die Fülle im eigenen Inneren

Das Reich der Fülle

In der Natur ist die Fülle vielleicht am deutlichsten zu sehen. Denken Sie an die Blütenpracht im Frühling oder die Vielfalt der bunten Früchte im Herbst.

Nehmen Sie sich einen Moment Zeit, um sich an einen Ort zu erinnern, an dem Sie die Fülle erfahren haben – vielleicht in den Ferien, bei einem wunderschönen Fest oder beim Einkaufen auf einem Wochenmarkt. Schließen Sie die Augen, und tauchen Sie erneut in dieses Erleben ein. Kosten Sie die Sinfonie der Eindrücke mit allen Sinnen, und lassen Sie das Reich der Fülle in Ihrem Inneren gegenwärtig werden.

Die Natur hat eine große Kraft. Vielleicht können Sie sich an die Ruine eines Hauses erinnern oder ein nicht mehr benutztes Bahngleis: Die Natur überwuchert nach einiger Zeit solche Plätze mit ihrem Grün und erobert sie sich zurück. Werden ein Baum oder Strauch stark zurückgeschnitten, erschrecken wir vielleicht manchmal über den kahlen Stumpf. Aber schon nach kurzer Zeit sprießt das Grün erneut; die Wachstumskraft wurde angeregt, und es entsteht neue Fülle.

Das Reich der Fülle existiert ebenfalls in unserem Inneren. Jeder von uns ist mit wunderbaren Talenten ausgestattet. Oft sind wir uns all dieser Schätze jedoch gar nicht voll bewusst. Vor Kurzem hörte ich dazu eine schöne Geschichte:

Eines Tages hielt ein Bettler am Straßenrand einem vorbeigehenden Fremden wie üblich seine alte Mütze hin. Er murmelte: »Hast du mal ’nen Euro?« Der Mann antwortete: »Ich habe dir nichts zu geben.« Darauf fragte er den Bettler: »Auf was sitzt du da eigentlich?« – »Ach, das ist eine alte Kiste, da sitze ich schon 30 Jahre drauf.« Der Mann fragte, ob er denn schon mal in die Kiste hineingeschaut habe. »Nein – da ist ja doch nichts drin«, antwortete der Bettler. Der Fremde drängte ihn, die Kiste trotzdem einmal zu öffnen. Als der Bettler die Kiste aufbrach und den Deckel hob, entdeckte er zu seinem Erstaunen, dass sie bis an den Rand mit Gold gefüllt war.

Oftmals warten wir darauf, dass andere uns etwas geben: Wir »betteln« um Liebe bei unserem Partner oder um Anerkennung bei unserem Chef. Haben Sie den Deckel Ihrer Kiste schon einmal geöffnet und all den Reichtum in Ihrem Inneren entdeckt?

Die Kraft der Wertschätzung

Die wichtigste Beziehung im Leben ist die Beziehung zu uns selbst. Oft ist diese jedoch nicht sehr innig – wir schätzen andere Menschen weit mehr. Vielfach haben wir eine Brille auf, die uns unsere Unvollkommenheiten scharf zeigt, unsere Talente und unsere Stärken haben wir jedoch weit weniger im Blick. Ich möchte Sie einladen, mit der folgenden Übung Ihre Aufmerksamkeit auf diese Fülle im Inneren zu richten.

Meine Schatztruhe ♥

Welche wertvollen Fähigkeiten, Eigenschaften oder Talente haben Sie mitbekommen?

- ♥ Lassen Sie in Ihrem Bewusstsein verschiedene Situationen auftauchen, in denen Sie Ihre Gaben eingesetzt haben und so das Leben bzw. andere Menschen bereichert haben – und notieren Sie sich diese Qualitäten.
- ♥ Vielleicht spüren Sie auch Talente, die noch in Ihnen schlummern und die Sie noch kaum ausgelebt haben. Schreiben Sie auch diese auf.

Es kann sein, dass Sie eine gewisse Scheu erleben, all Ihre Schätze ans Licht zu bringen. In diesem Fall hilft es, wenn Sie sich selbst eher wie ein Gegenüber anschauen – und wahrnehmen, welch wundervoller Mensch da vor Ihnen steht.

Schließen Sie die Übung ab, indem Sie all Ihre Qualitäten bewusst wertschätzen und genießen. Vielleicht vermögen Sie im Laufe der Zeit, den Diamanten in Ihrem Inneren zu erspüren – mit seinen vielen Facetten.

Es ist wohltuend, sich immer wieder den eigenen inneren Reichtum bewusst zu machen. Die Liste Ihrer Schätze brauchen Sie nicht an einem Tag zu erstellen. Lassen Sie sich ruhig 2–3 Wochen Zeit, und fügen Sie immer wieder einen Punkt hinzu, wenn Sie gerade eine Qualität in Aktion erlebt haben oder Ihnen eine neue einfällt. Scheuen Sie sich nicht, Ihre Liste lang und ausführlich werden zu lassen – bei der Fülle aller wertvollen Eigenschaften kann dies leicht geschehen.

Was macht es mit Ihnen, wenn Sie noch einmal nachlesen, was Sie bei der Übung aufgeschrieben haben? Entsteht vielleicht das Empfinden: »Schön, dass es mich gibt«, oder: »Ich schätze mich – ich mag mich«? Wie fühlt es sich an, solch einen Satz zu sich selbst sagen?

In der Hoffnung, diese oder ähnliche Sätze von anderen Menschen zu hören, setzen wir oft erstaunlich viel ein. Unter Umständen gehen wir dafür sogar über unsere Grenzen, missachten eigene Bedürfnisse und bezahlen einen ziemlich hohen Preis. Warum tun wir das? Weil wir uns zutiefst nach Wertschätzung sehnen.

Selten sagen wir jedoch solche kostbaren Sätze zu uns selbst – und lassen diese Gefühle uns selbst gegenüber zu. Ich möchte Sie einladen, sich das Geschenk der Selbst-Wertschätzung öfter zu machen.

Ausrichtung auf Fülle

Fülle wahrnehmen und empfangen

Die Ausrichtung unserer Wahrnehmung bestimmt, wie wir die Welt erleben. Ein und dasselbe Glas erscheint dem einen halb voll, dem anderen halb leer. Wir können uns entscheiden, welche Brille wir aufsetzen möchten.

Wenn wir aus dem Mangelbewusstsein heraus leben, werden wir vielfach wahrnehmen, was nicht da ist, was schiefläuft. Je mehr wir in das Bewusstsein der Fülle eintauchen, desto häufiger sehen und erfahren wir Fülle und Schönheit.

Auf dem Weg zur Arbeit können wir achtlos durch die Straßen laufen – versunken in unsere Gedanken. Wir können jedoch auch präsent im Hier und Jetzt sein: die schönen Blumen in den Vorgärten oder einer Grünanlage bemerken; genießen, dass heute ein sonniger Tag ist; uns daran freuen, wenn uns ein Kind anlächelt.

Unsere Wahrnehmung prägt unsere Stimmung und unsere Gefühle. Sind wir offen und empfänglich für die Fülle dieser kleinen Geschenke im Alltag, dann werden Dankbarkeit, Freude und ein allgemeines Wohlgefühl in uns wach. Anstatt, wie viele es tun, auf das »große Glück« zu warten, können wir uns an den vielen kleinen Glücken jedes Tages erfreuen.

Hierzu eine Geschichte von Omraam Mikhael Alvanhov:[15]

Der kleine Nachtwächter eines unbedeutenden Dorfes findet im Mondschein ein vierblättriges Kleeblatt. Er weiß, dass dies Glück bedeutet. Aus Freude darüber bläst er in sein Horn und ruft die Dorfbewohner zusammen. Der Poet, die Marktfrauen, der Schmied, das Blumenmädchen und der Lausejunge kommen herbeigeeilt. »Das Glück besucht mich heute Nacht«, verkündet der kleine Nachtwächter freudestrahlend. Und alles setzt sich nieder und wartet auf das Glück, das sich im Kleeblatt angekündigt hat. Es wird ganz ruhig, alle lauschen in die Nacht hinaus. Der Wind raschelt leise in den Blättern, die Nachtigall singt im nahen Wald, ab und zu schwirrt eine Fledermaus vorbei – sonst aber ist nichts zu vernehmen, die Nacht hat sich ausgebreitet mit ihrer tiefen Ruhe. »Wann kommt endlich das Glück?«, ruft der Lausejunge. Der Poet aber, die Marktfrau, der Nachtwächter und das Blumenmädchen – sie alle

15 Aivanhov, Omraam Mikhael: Saaten des Glücks. Prosveta, Rottweil 1994.

verstehen, dass das Glück bereits eingezogen ist. Sie sitzen da und hören und lauschen bis zur Morgendämmerung.

Ich möchte Sie einladen, bewusst Ihre Antennen auf »Empfang« zu stellen und sich für nährende Energien zu öffnen – und diese bewusst zu genießen. Oft haben wir fest umrissene Ideen davon, wie das nährende Element in unserem Leben aussehen sollte: Unser Partner bzw. unsere Partnerin sollte bestimmte Dinge sagen oder tun, wir erhoffen uns eine Gehaltserhöhung etc. Versuchen Sie, bedingungslos offen zu sein und sich überraschen zu lassen, in welcher Form das Leben Ihren heutigen Tag bereichern wird.

Wenn wir im Fahrwasser von »Müssen« und »Machen« sind, übersehen wir vielfach durch das relativ hohe Tempo des Alltags die kleinen Dinge, die uns aus dem Reich der Fülle geschenkt werden: Sie erhalten eine schöne Ansichtskarte aus dem Urlaub eines Freundes oder in der Kantine gibt es heute Ihr Lieblingsessen.

Um Ihr Bewusstsein hierfür zu erhöhen, schlage ich Ihnen vor, eine Woche lang darüber Tagebuch zu führen. Je mehr wir in eine Haltung innerer Empfänglichkeit finden, desto bewusster vermögen wir, die Geschenke des Lebens wahrzunehmen, uns von ihnen berühren und bereichern zu lassen.

Mit offenen Händen empfangen

Setzen Sie sich an einen ruhigen Platz, und fühlen Sie sich in Ihren Körper hinein. Sie legen Ihre Hände mit den Handflächen auf die Oberschenkel und nehmen wahr, wie sich diese Handhaltung für Sie anfühlt. Wie erleben Sie den Kontakt mit sich selbst – wie ist die Verbindung mit der Umwelt?

Reiben Sie nach einer Weile Ihre Handflächen ein paar Mal kräftig gegeneinander, und legen Sie sie dann geöffnet auf die Oberschenkel, sodass die Handflächen zur Decke zeigen. Fühlt sich diese Haltung anders an als die erste?

Die Hände ruhen wie zwei kleine Schüsselchen auf den Oberschenkeln – offen und bereit, zu empfangen. Erlauben Sie Ihrem Kiefer, sich zu lösen und die Spannungen von Wollen, Machen, Durchhalten oder Durchbeißen loszulassen. Lassen Sie sich innerlich in Ihrem Becken nieder; auch dieses hat die Form einer Schale. Sie können sich vorstellen, in Ihrer »Beckenschale« zu sitzen wie ein Ei in einem Eierbecher.

Verbinden Sie sich bewusst mit Ihrer weiblichen, rezeptiven Kraft. Die Form der Schale ist ein Ursymbol für unsere Empfänglichkeit. Spüren Sie sich ganz von innen in die empfangende Gebärde Ihrer Hände hinein. Wie erleben Sie dabei den Kontakt zu sich selbst – und zu Ihrer Umwelt?

Das Maß unserer Empfänglichkeit ist entscheidend, wollen wir das Reich der Fülle erfahren. Es können die Engel mit Geschenken neben uns stehen, doch vermögen wir nicht, diese entgegenzunehmen, wenn wir nicht wirklich offen sind.

Unsere innere Empfänglichkeit kann auf der einen Seite durch zu viel »Machen« und übermäßige Willenskraft blockiert sein; dann ist in den Händen meist viel Spannung zu bemerken – bis hin zu geballten Fäusten, mit denen sich Menschen durchs Leben boxen. Auf der anderen Seite können die Hände auch zu wenig Grundspannung haben, sodass sie schlaff neben dem Körper hängen. Dies kann z. B. die Folge von Gemütszuständen wie Lustlosigkeit, Frustration, Traurigkeit, Resignation oder Depression sein.

Über den Tonus unserer Hände können wir also in den Raum der inneren Empfänglichkeit finden. »Offene« Hände und ein »leerer« Geist bilden eine gute Voraussetzung dafür, Fülle in unser Leben einzuladen. (»Leer« bezieht sich hier auf das Loslassen all unserer Vorstellungen, in welcher Form und zu welchem Zeitpunkt wir die Geschenke des Lebens erhalten.)

Sie können obige Übung auch erweitern und sich in den Zustand einfühlen, in dem Sie die Fülle bereits empfangen haben. Ich lege dazu gern zwei Kugeln aus Halbedelstein (z. B. aus Rosenquarz) in meine geöffneten Hände. Dies kann zu einer Erfahrung des Beschenktwerdens führen und das Gefühl von Dankbarkeit wachrufen.

Auch der Atem ist ein wunderbares Medium, über das wir unsere empfangende Seite stärken können. Atem bedeutet Austausch zwischen innen und außen.

Atempsychologisch gesehen überwiegt in unserem Alltag häufig das Ausatmen, d. h. die Bewegung nach außen. Wir rennen vielfach von einem Termin zum nächsten und sind von morgens früh bis abends spät geschäftig. Es gibt wenig Raum zum Auftanken, zum Empfangen – d. h. für die Energiebewegung von außen nach innen. Oft sind wir gefangen in einer gewissen »Macher-Mentalität«. Wir sehnen uns zwar nach Fülle, aber wir nehmen uns vielfach nicht die Zeit, unsere inneren Türen zu öffnen und die Fülle einzuladen.

Ein Beispiel: Marlies befindet sich gerade in einer schwierigen Lebensphase. Nach vielen Ehejahren hat sie sich von ihrem Mann getrennt. Sie steht am Beginn eines neuen Lebens, und da das gemeinsame Haus bisher noch nicht verkauft ist, sind ihre Finanzen gerade sehr knapp.

Phasen, in denen sie sich große Sorgen ums Geld und die Arbeitssuche macht, wechseln sich ab mit Momenten des Vertrauens und des Gebets. Sie hätte die Möglichkeit, von einem wohlhabenden Freund Geld zu leihen, der ihr dies bereits im letzten Krisenjahr der Ehe angeboten hatte. Aber sie ist zu stolz, ihn jetzt darum zu bitten. Diesen Schritt empfindet sie als demütigend, und ihr Verstand erfindet alle möglichen Argumente, um ihr diesen Weg zur vorübergehenden Lösung ihrer Geldnöte auszureden.

In Gesprächen mit ihr bekomme ich den Eindruck, dass sie in der Tiefe nicht wirklich offen und empfangsbereit dafür ist, sich vom Leben helfen zu lassen – egal, aus welcher Richtung eine Lösung kommen mag. Ihr Verstand hat sich für einige Möglichkeiten geöffnet, andere jedoch als inakzeptabel deklariert und vom Tisch gefegt.

Kurz darauf nimmt sie an einem Meditationsseminar teil. Dort eröffnet sich ihr ein Raum tiefer Empfänglichkeit. Auf dem Rückweg nach Hause besucht sie alte Nachbarn, die sie lange nicht gesehen hat. Sie spricht unter anderem kurz über ihre jetzige Lebenssituation und ihre Finanzen – jedoch sehr gelassen und ohne jeden dramatischen Unterton.

Am folgenden Tag rufen die Freunde sie an und sagen: »Nach dem, was du gestern angedeutet hast, bekamen wir den Eindruck, dass du gerade in einer recht herausfordernden Situation bist. Wir möchten dich gern finanziell unterstützen und dir einen Betrag überweisen. Gib uns doch bitte deine Kontonummer. Irgendwann, wenn euer Haus verkauft ist und du keine Finanzprobleme mehr hast, kannst du uns das Geld ja zurückgeben.«

Marlies ist völlig überrascht und tief gerührt von diesem unerwarteten Geschenk des Lebens, das sie mit Dankbarkeit annimmt. Gleichzeitig ist ihr klar, dass ihre eigene bedingungslose Empfänglichkeit diese Umstände angezogen und möglich gemacht haben.

Im Folgenden möchte ich Ihnen eine Atemübung anbieten. Aus atempsychologischer Perspektive ist die Einatmung diejenige Phase, in der wir uns öffnen für die Welle des Lebens, die auf uns zukommt. Folgende Praxis kann uns helfen, uns verstärkt auf diese Richtung des Energieflusses einzustimmen.

Die Meereswelle

Stellen Sie sich vor, am Meer zu sein. Sie sitzen gemütlich am Strand oder auf einer Düne und fühlen den warmen Sand unter sich. Von Ihrem Platz aus beobachten Sie das Spiel der Wellen: das Kommen und Gehen einer ruhigen Brandung. Auch Ihr Atem schwingt in diesem Urrhythmus. Verfolgen Sie eine Weile achtsam die Bewegung der Atemwellen in Ihrem Inneren.

Nach einer Weile verbinden Sie Ihren Atem mit der Bewegung der Meereswellen. Jedes Mal, wenn eine Welle auf Sie zukommt, lassen Sie den Atem einströmen; wenn sie sich wieder zurückzieht, atmen Sie aus. Trinken Sie bewusst bei jedem Einatmen die Lebensenergie in sich herein. Aber beginnen Sie nicht, zu »schnaufen«: Atmen ist keine Aktion, Atmen ist ein Geschehen. Es genügt, dass wir uns lediglich innerlich öffnen; der Atem kommt wie Wasser von selbst überall hin, wo Raum ist. Seien Sie ganz empfänglich, und lassen Sie sich von jeder neuen Welle berühren.

Das Leben kommt auf Sie zu. Genießen Sie eine Weile diese nährende Bewegung. Sie empfangen mit jeder Einatmung das Geschenk des Lebens aufs Neue.

Wenn Sie diese kleine Atemmeditation regelmäßig machen, wird sich vielleicht Ihr Vertrauen stärken, dass das Leben jederzeit für Sie sorgt. Wir brauchen uns nicht übermäßig anzustrengen. Wenn wir loslassen und in Kontakt mit unserem Vertrauen und unserer Empfänglichkeit finden, werden wir bemerken, dass im richtigen Moment die richtigen Menschen und Umstände auf uns zukommen. Seien Sie bedingungslos offen – und lassen Sie sich überraschen, was die nächste Welle bringt, welche Geschenke, welche Wunder.

Wir können verschiedene Bilder benutzen, um uns auf die Energiewelle, die auf uns zukommt, einzustimmen. Sie können sich auch vorstellen, in der Sonne zu sitzen und bewusst das Licht und die Wärme der Sonnenstrahlen mit jedem Atemzug in sich aufzusaugen. Die Sonne schenkt uns permanent Energie und nährt uns. Öffnen Sie all Ihre Poren, und trinken Sie mit jedem Einatmen das Licht in sich herein.

Am Fluss

Um eine kontinuierliche Bewegung zu erfahren, die auf Sie zukommt, können Sie sich auf eine Brücke über einen Fluss oder Bach stellen und das auf Sie zuströmende Wasser beobachten: panta rhei, alles fließt.

Lassen Sie alle Gedanken des Mangels los; »atmen« Sie sie aus, und übergeben Sie sie an den Bach oder den Fluss. Er wird sie mit dem Wasser forttragen. Dann öffnen Sie sich für die Fülle, die auf sie zukommt. Das Wasser des Lebens nährt sie. Empfangen Sie die Geschenke des Universums mit offenem Herzen und offenem Geist.

Sie können diese Übung selbstverständlich auch jederzeit als Imagination machen.

Gelegentlich gibt es im Außen »magere« Zeiten, in denen wir unter Umständen meinen, das Leben habe uns vergessen. Das Erlebnis des strömenden Wassers kann in solchen Momenten eine Hilfe sein, darauf zu vertrauen, dass auf einer tieferen Schicht dennoch permanent für uns gesorgt wird.

Die Eintrittskarte ins Reich der Fülle sind unser Vertrauen und die innere Offenheit, die Fülle zu empfangen. Das feinfühlige Zulassen einer vollständigen Einatmung ist auf diesem Weg immer wieder eine wunderbare Übung; sie kann unsere inneren Türen öffnen. Was dann passiert, ist eine Überraschung – denn das Leben ist ein Mysterium.

Aus der Fülle schöpfen

Wenn wir das Mangelbewusstsein Schritt für Schritt verlassen und ins Bewusstsein der Fülle eintauchen, eröffnen sich neue Perspektiven in zwei Richtungen: Auf der einen Seite nehmen wir Fülle um uns herum wahr, »atmen« sie ein und dürfen sie genießen. Auf der anderen Seite erfahren wir die Präsenz der Fülle auch im eigenen Inneren; wir können sie »ausatmend« verströmen und andere damit beschenken.

Wird das Thema »Fülle« angeschnitten, kommt bei vielen als Erstes der Gedanke auf: Ja, auch ich will Fülle haben. Und meist wird dabei an die materielle Ebene gedacht.

Fülle allein im Außen macht jedoch nicht wirklich glücklich. Menschen können viel Geld haben, eine Villa und zusätzlich ein Ferienhaus, mehrere Autos, genügend Mittel für einen luxuriösen Lebensstil und einige Urlaube im Jahr ... und doch sind sie nicht erfüllt und zufrieden. Gelegentlich herrscht Fülle im Materiellen, aber Mangel auf der geistigen Ebene: Mangel an Wertschätzung, Aufmerksamkeit, Liebe – von anderen und vor allem von sich selbst. In solch einer Situation streben Menschen vielfach nach immer mehr materiellen Gütern, in der Hoffnung, dass eines Tages aus dem Haben Erfüllung und Glück erwachsen.

Aber es geht letztlich nicht darum, Fülle zu haben, sondern, Fülle zu »sein«. Nur die Fülle im eigenen Inneren führt zu echtem Erfülltsein.

Mit der Übung »Meine Schatztruhe« (S. 87) haben Sie sich bereits Ihrer inneren Fülle zugewandt. Ich möchte Sie einladen, sich mit der folgenden Übung bewusst zu machen, welche Schätze Sie im Alltag zu verschenken haben.

Schenken aus der inneren Fülle ♥

Es ist etwas sehr Beglückendes, aus der Fülle heraus zu geben. Schon in der Bibel heißt es: »Geben ist seliger denn nehmen.«

Welche Geschenke machen Sie Ihren Mitmenschen durch Ihr Dasein, durch Ihre Worte, Ihr Handeln? Stellen Sie eine Liste zusammen von all Ihren kleinen und großen Gaben. Sie können sich den gestrigen Tag unter diesem Aspekt anschauen oder heute Ihre Aufmerksamkeit speziell auf dieses Thema richten.

Vielleicht schenken Sie Ihr Lächeln, Ihr Zuhören oder Ihr verständnisvolles Herz.

....

Oder Sie schenken jemandem Ihre Zeit, Ihre Aufmerksamkeit, Ihr Mitgefühl, Ihre nicht urteilende Präsenz.

....

Sie schreiben einem kranken Bekannten eine mit Liebe ausgesuchte Ansichtskarte oder ein Gedicht, bieten Ihren Sitz im Bus einer älteren Dame an oder helfen ihr beim Aussteigen.

....

Was geben und schenken Sie alles in Ihrem Beruf oder in Ihrer Familie?

....

Sie sind ein Geschenk für Ihre Mitmenschen.

Entdecken Sie die Freude des Gebens – im bewussten Geben wird Fülle erfahrbar.

Das Erleben des Schenkens kann eine große Bereicherung sein – insbesondere, wenn man gleichzeitig das Geschenk bewussten Annehmens erfährt.

Ich fühle mich ungemein beschenkt,
wenn du etwas von mir annimmst,
wenn du an der Freude teilhast, die in mir ist,
sobald ich dich beschenke.
Und du weißt, ich gebe nicht in der Absicht,
dich in meine Schuld zu bringen,
sondern weil ich die Zuneigung leben möchte,
die ich für dich empfinde.

Annehmen mit Würde
ist vielleicht das größte Geschenk.
Unmöglich kann ich die beiden Seiten
voneinander trennen.
Wenn du mich beschenkst,
schenke ich dir mein Annehmen.
Wenn du von mir nimmst,
fühle ich mich sehr beschenkt.

(»Given to« von Ruth Bebermeyer)[16]

16 Rosenberg, Marshall B.: Gewaltfreie Kommunikation – Eine Sprache des Lebens. Junfermann, Paderborn 2004. S. 20.

Die Kraft der Dankbarkeit

Wenn wir im Bewusstsein der Fülle leben – sie wahrnehmen, genießen und schenken –, entsteht Dankbarkeit. Strahlen wir Dankbarkeit und innere Freude aus, befinden wir uns auf einer hohen Energiefrequenz, und gemäß dem Gesetz der Resonanz ziehen wir in solch einem Zustand mehr Erfahrungen von Fülle an. Dankbarkeit ist ein Tor zu unserem Herzen. Ich möchte Sie einladen, diesem Gefühl bewusst Raum zu geben.

Im Mangelbewusstsein nehmen wir vor allem wahr, was nicht da ist; wir rufen mit dem Blick durch diese Brille Gefühle wie Unzufriedenheit, Frust oder Traurigkeit wach. Es herrscht vielfach die Tendenz, Dinge, an denen es mangelt oder die schieflaufen, unmittelbar zu bemerken – und sich darüber zu beklagen. Dinge, die da sind und gut laufen, werden hingegen als selbstverständlich betrachtet. Es tut uns und auch unseren Mitmenschen gut, wenn wir unsere Brille wechseln und unsere Wahrnehmung primär auf das richten, was positiv ist, was glatt und erfolgreich läuft, und unsere Wertschätzung dafür äußern. Wir können es uns zu einer Gewohnheit machen, all diesen Umständen bewusst mit Dankbarkeit zu begegnen. Es macht reich, ein Herz voll Dankbarkeit und Wertschätzung zu haben.

Wie viel Raum geben Sie dem Gefühl der Dankbarkeit in Ihrem Leben?

Um das Bewusstsein für die Fülle in unserem Leben zu kultivieren, kann eine abendliche Rückschau auf die Ereignisse des Tages eine gute Unterstützung sein.

Dankbarer Rückblick ♥

Lassen Sie den Tag noch einmal an sich vorüberziehen, und richten Sie Ihre Aufmerksamkeit auf all die kleinen und großen Geschenke, die Sie aus dem Reich der Fülle erhalten haben: Unterstützung bei einer schwierigen Arbeit, eine herzliche Begegnung, ein wunderbares Abendrot.

Vergessen Sie auch die kleinen Dinge nicht, die oft so selbstverständlich erscheinen: ein angenehmes Zuhause, sie sind gesund, haben genug zu essen. Vergegenwärtigen Sie sich all diese Erfahrungen noch einmal, und lassen Sie sich erneut davon berühren.

Dinge, die wir empfangen haben, vermögen Dankbarkeit zu wecken – ebenso Dinge, die wir gegeben haben. Mit welchen Geschenken aus Ihrer inneren Fülle konnten Sie heute zum Wohlbefinden anderer Menschen beitragen?

Wenn Sie den Tag noch einmal vor Ihrem inneren Auge vorbeiziehen lassen mit einem selektiven Blick für das Gute, Schöne, Nährende und Bereichernde, das Sie erlebt haben, dann werden Sie sicherlich wahrnehmen, dass das Reich der Fülle auch in Ihrem Leben präsent ist. Öffnen Sie Ihr Herz für all diese Geschenke, und lassen Sie das Gefühl der Dankbarkeit in Ihrem Inneren wach werden.

Beschränken Sie sich nicht auf den Gedanken daran, sondern kosten Sie das Gefühl aus, bis hinein in Ihren Körper. Welche Empfindungen weckt es in Ihnen? Vielleicht wird es Ihnen warm ums Herz, erfahren Sie innere Weite, bekommt Ihr Atem mehr Raum? Bleiben Sie eine Weile in Kontakt mit dieser Energie, und lassen Sie sie von Ihrem Herzen aus durch Ihren ganzen Körper strömen. Dankbarkeit lässt uns von innen mild und weich werden.

Sollten wir – aus alter Gewohnheit – wieder ins Mangelbewusstsein gerutscht sein und uns in Mangelgefühle verstrickt haben, kann die bewusste Ausrichtung auf das Gefühle der Dankbarkeit uns erneut in eine höhere Schwingungsfrequenz bringen und die Tür zu unserem Herzen wieder öffnen.

Dankbarkeit wecken

Um die Brille des Mangels abzulegen, kann es Ihnen helfen, sich drei Dinge zu vergegenwärtigen, die in diesem Moment präsent sind und für die Sie dankbar sind; es müssen keine großen Dinge sein.

Sie können sich auch ein angenehmes Ereignis der letzten Zeit mithilfe Ihres emotionalen Gedächtnisses erneut vergegenwärtigen (siehe

S. 79). Tauchen Sie für ein paar Minuten in es ein, genießen Sie die Situation aufs Neue – und geben Sie Herzensgefühlen wie Dankbarkeit und Freude Raum. Unsere Gefühle beeinflussen unsere Wahrnehmung; nach solch einem kleinen »Ausflug« sehen Sie die Welt vermutlich schon wieder durch eine andere Brille.

Sollte es im Leben auf der materiellen Ebene einmal recht bescheiden zugehen, neigen die meisten dazu, sich »arm« zu fühlen. Leicht breiten sich diese Gefühle dann auf allen Ebenen des Seins aus. Gerade in solchen Zeiten ist es hilfreich, sich der inneren Fülle bewusst zu sein und das Augenmerk auf die vielen kleinen Geschenke im Alltag zu richten. Pflegen wir auch in solchen Phasen bewusst Gefühle von Dankbarkeit und Wertschätzung, bleiben wir stets in Verbindung mit dem Reich der Fülle.

Es kann auch unterstützend sein, ein Tagebuch mit dem Titel »Danke« zu führen. Insbesondere, wenn wir in eine negative Gefühlsspirale gerutscht sind, kann es helfen, dieses Buch zur Hand zu nehmen und die Erinnerung daran aufzufrischen, welche Geschenke wir in der letzten Woche bzw. im letzten Monat empfangen haben. Solch ein »Buch der Dankbarkeit« ist meist durchdrungen von diesem Gefühl, und allein durch das Lesen ergibt sich eine Möglichkeit, mit dieser Frequenz wieder in Resonanz zu kommen.

Wenn das einzige Gebet,
das Sie in Ihrem ganzen Leben sprechen,
»danke« heißt –
dann ist das genug.
(Meister Eckhart, 1260–1328)

Üblicherweise bitten wir um etwas, und wenn wir es erhalten haben, äußern wir unsere Dankbarkeit. Sie können auch einmal damit spielen, die Erfüllung eines Wunsches bereits in der Gegenwart zu fühlen und sich schon jetzt dafür zu bedanken. Vor einem Flug bitten Sie z. B. nicht: »Lasse bitte dieses Flugzeug, seine Besatzung und alle Passagiere sicher in London ankommen«, sondern danken vor dem Abflug: »Danke, dass ich und alle anderen Insassen dieser Maschine sicher in London gelandet sind.« Dann können Sie sich gefühlsmäßig schon nach London bewegen und genießen, wie Sie dort in Ihrem Lieblingspub sitzen. Sie sind bereits angekommen.

Je mehr wir uns darin üben, die Erfüllung eines angestrebten Ziels auf der Gefühlsebene bereits jetzt zu erfahren, desto natürlicher wird es, sich auch schon jetzt dafür zu bedanken. Dies ist eine Art des »aktiven Glaubens«; es gibt im Inneren keinen Zweifel, dass es so geschehen wird. Wir sind ganz im Vertrauen und senden so eine positive Schwingungsfrequenz aus.

Bei dieser Praxis können übrigens recht schnell die Gegenstimmen aus unserem Unterbewussten auftauchen, die aus dem Mangelbewusstsein stammen. Es ist wertvoll, sie klar zu sehen, sodass sie nicht unbeachtet ihre Wirkung aus dem Untergrund entfalten. Wenn wir ihnen ins Auge schauen, können wir uns die Frage stellen: »Will ich diesen Gedanken glauben? Will ich weiterhin solchem Denken Energie geben und mich daran orientieren?« Das Auftauchen von Mangelgedanken gibt uns die Chance zu einer bewussten Wahl, zu einer mentalen Kurskorrektur und einer klaren Ausrichtung auf unser angestrebtes Ziel.

Verbindung zum Kern

Im Pflanzenreich ist die Entfaltung der Fülle wunderbar zu beobachten, und dieser Prozess berührt mich immer wieder aufs Neue. Auch Menschen können sich wie Blüten entfalten und in ihre volle Schönheit hineinwachsen. Öfters wird diese Entwicklung jedoch durch innere Blockaden und negative Glaubenssätze behindert. »Ich kann das nicht – das darf man nicht – das steht mir nicht zu.«

Ich möchte Sie einladen, in das Reich der Fülle in Ihrem Inneren einzutreten. In der Übung »Meine Schatztruhe« (S. 87) haben Sie schon einen Schritt in diese Richtung gemacht. Lesen Sie sich die Liste Ihrer Schätze noch einmal durch.

Welche Person schlummert in Ihnen, die vielleicht noch nicht wirklich zum Leben erwacht ist? Oft kennen wir verschiedene Aspekte von ihr und haben bereits Situationen erlebt, in denen sie auf der Bühne des Lebens in Erscheinung getreten ist. Aber dieser schöne »Schmetterling« im Inneren hat sich noch nicht vollständig entfaltet und lebt noch nicht selbstverständlich im Vordergrund.

Es kann auch sein, dass wir uns selbst schon ziemlich gut kennen, es jedoch in unserem Leben gerade einen existenziellen Einschnitt gab, der uns auffordert, neue Seiten unserer Seele zu entwickeln und uns in noch tieferen Schichten mit unserem Kern zu verbinden. In solchen Umbruchszeiten (wie nach einer langen Krankheit, einer Scheidung, während der Aufbauphase in einem neuen Beruf oder in einem neuen Land) kann es hilfreich sein, innerlich bewusst mit dem inneren Schmetterling fühlenden Kontakt aufzunehmen.

Die Raupe und der Schmetterling ♥

Setzen Sie sich an einen ruhigen Platz, und schließen Sie Ihre Augen. Sie kommen im Hier und Jetzt an, indem Sie die Wellen Ihres Atems verfolgen. Dann verbinden Sie sich mit dem Raum Ihres Herzens und lassen ihn sanft vom Atem durchfluten. Nehmen Sie sich Zeit, eine tiefe Herzensverbindung entstehen zu lassen. Sie können zur Einstimmung auch Ihre Lieblingsübung aus Kapitel 2 machen.

Danach wenden Sie sich Ihrem »inneren Schmetterling« zu. Vielleicht verweilt er zur Zeit noch im Raupenstadium in Ihrem Herzen. Wer sind Sie in Ihrer Tiefe? Welche Qualitäten gehören zu Ihrem Wesen, die momentan noch in Ihrem Inneren schlummern und sich entfalten wollen?

Vergegenwärtigen Sie sich einige Situationen, in denen Sie ganz Sie selbst waren und in denen Ihr innerstes Wesen zum Vorschein kam. Meist sind dies Momente, die mit einem Glücksgefühl verbunden sind.

Halten Sie einige wesentliche Erfahrungen jeweils in einem Bild fest und erstellen Sie so eine Art Fotogalerie. Hier können verschiedene Facetten und Qualitäten sichtbar werden, die zu Ihnen gehören.

Geben Sie jedem Bild einen Titel.

....

....

....

Ihre »Fotoserie« kann Ihnen beim Wiederholen dieser Übung dabei helfen, relativ schnell einen Gefühlskontakt zu Situationen zu bekommen, in denen sich Ihr Schmetterling bereits gezeigt hat. Jedes Mal, wenn Sie obige Erfahrungen erneut im Jetzt aktivieren, bahnen Sie den Weg zu dem Wesen, das Sie in der Tiefe sind. Sie können ihm einen Namen geben:

- Die/der eigentliche .... (eigener Name),
- die/der neue .... (eigener Name)
- oder einen Fantasienamen, der charakteristische Qualitäten widerspiegelt.

Lernen Sie diese Person gut kennen, und erspüren Sie ihre Energie:

Wie bewegt sie sich? Wie fühlt sie sich in ihrem Körper?

....

Wie ist ihr Kontakt zu sich selbst – und zu anderen?

....

Mit welcher Energie tanzt sie durchs Leben?

....

Wo hält sie sich gern auf? Welche Dinge liebt sie, welchen Aktivitäten geht sie in ihrer Freizeit nach?

....

Wie sehen ihre Kontakte aus – und wie fühlt sie sich in diesem Umfeld?

....

Wie gestaltet sich ihre berufliche Tätigkeit? Mit welcher Energie und welchen Gefühlen ist sie präsent, wenn sie ihrer Arbeit nachgeht?

....

Versuchen Sie, mit allen Zellen dieses Wesen jetzt zu erspüren und es in Ihrem Inneren lebendig werden zu lassen. Wie fühlt es sich an, ... (selbst gewählter Name) zu sein? Welche Energie beginnt in Ihnen zu strömen? Vielleicht fühlen Sie sich leicht, beschwingt, voll Freude?

Laden Sie dieses Wesen in Ihr Leben ein. Wenn Sie sich bewusst auf die Schwingungsfrequenz des Schmetterlings einstimmen, unterstützen Sie ihn, sich in Ihrem Leben zu manifestieren, das heißt, sein Raupenstadium zu verlassen und allmählich seine Flügel auszubreiten.

Machen Sie sich nach Abschluss obiger Übung ein paar Notizen über die energetischen Qualitäten, die Sie dabei entdeckt haben.

Goethe sagte:

Wenn wir die Menschen nehmen, wie sie sind,
machen wir sie schlechter.
Wenn wir sie nehmen, als wären sie, was sie sein sollten,
bringen wir sie dahin, wohin sie zu bringen sind.
(aus: Wilhelm Meisters Lehrjahre)

Ich sage diesen Satz auch gern in der Ich-Form: Wenn ich mich nehme, wie ich sein könnte, führe ich mich dorthin. Indem wir unser Potenzial erfühlen und verwirklichen, senden wir die dementsprechende Schwingungen aus; nach dem Gesetz der Resonanz werden sich dann auch (früher oder später) Umstände im Außen ergeben, die dazu passen.

Es reicht nicht, uns das Neue lediglich vorzustellen. Wir müssen es verkörpern, müssen es sein, damit das Resonanzgesetz in Kraft treten kann. Wenn wir den Schmetterling bis in die Körperebene hinein erleben, werden neue Gefühle geweckt, und es verändert sich unsere Biochemie. Hier beginnt der Prozess des Manifestierens. Die neue energetische Schwingungen vermögen wir im Inneren zu spüren, und gleichzeitig senden wir sie in unser Umfeld aus. So verändert sich im Laufe der Zeit unsere Wahrnehmung, unser Erleben – und auch das, was auf uns zukommt.

Nehmen Sie sich jeden Tag ungefähr zehn Minuten Zeit für ein Rendezvous mit dieser Frau/diesem Mann, die/der sich gerade in Ihnen entpuppt und sich ins Leben hineinentwickeln möchte. Nutzen Sie die Kraft der Vision – die Zugkraft der Zukunft. Sie ist stärker als die Konditionierungen aus der Vergangenheit. Unter Umständen gilt es, einiges loszulassen und aufzuräumen. Wenn wir über die Herzenskraft Wunden aus der Vergangenheit heilen, bereiten wir den Boden, damit uns das Leben dorthin ziehen kann, wo unser Platz ist.

Je mehr wir das Gesetz der Anziehung erfahren, desto stärker bemerken wir vermutlich, dass wir im Außen weniger »machen« müssen und dass es leichter geht, als wir bisher dachten. Allerdings ist es wichtig, anstehende

Aufräumarbeiten in unserem Inneren anzugehen (mehr dazu in Kap. 7) und den Weg frei zu machen, sodass die Dinge, die uns gemäß sind, auf uns zukommen können.

Eine Möglichkeit dazu bietet obige Übung. Wir können die Sprache der Gefühle zielgerichtet einsetzen und erspüren, wie wir uns fühlen werden, wenn unser Potenzial zum Leben erwacht. Wir holen die Zukunft in die Gegenwart, d. h., wir werden uns der Samen bewusst und erspüren bereits die sich entfaltende Blüte. Tun wir dies regelmäßig, wird die Saat aufgehen und werden die Blumen in ihrer vollen Schönheit erblühen. Durch die Schwingung, die wir aussenden, tragen wir entscheidend dazu bei, wie sich unser Leben entwickeln wird.

Das Tor zur Fülle:
Das Leben lieben,
die Liebe leben.

Die Kraft der Freude

Wenn wir tief in die Fülle im eigenen Inneren eintauchen, kommen wir in Kontakt mit einer kostbaren Energie: Freude.

Freude, am Leben zu sein;
Freude über die Schönheit, die wir wahrnehmen;
Freude über die kleinen und die großen Geschenke, die wir vom Leben erhalten;
Freude an wundervollen Menschen, die uns in unserem Alltag umgeben;
Freude an Begegnungen von Herz zu Herz;
Freude an dem, was wir tun;
Freude daran, aus der Fülle zu geben und das Leben anderer dadurch zu bereichern;
Freude über uns selbst, über die Schätze in unserem Inneren und die Erfahrung, diesen Reichtum fließen zu lassen.

Freude strömt vielfach zusammen mit Dankbarkeit. Manchmal ist es eine stille Freude – manchmal eine expressivere. Die Freude, die aus unserem Wesenskern kommt, prägt unsere Ausstrahlung. Sie wirkt wie eine kleine Sonne im Inneren. Unsere innerste Natur ist Freude.

Friedrich Schillers »Ode an die Freude« entspringt dieser tiefen Quelle von Liebe und Freude im Herzen. Diese Energie fließt über und verschenkt sich: »Seid umschlungen, Millionen ... diesen Kuss der ganzen Welt.« Und wenn wir in der Vertonung, Beethovens neunter Sinfonie, den Schlusschor »Freude schöner Götterfunken« hören, dann transportiert der Klang die Schwingung von Freude und Fülle. Er vermag, unser Herz zu berühren, und wenn der »Funke« überspringt, uns zum Mitjubeln zu animieren. Nutzen Sie Ihre Lieblingsstücke, um die Energie der Freude immer wieder gezielt über die Musik in Ihrem Herzen zu wecken. Musik ist Schwingung – oft kann sie unmittelbar die korrespondierende »Saite« in unserem Inneren zum Klingen bringen und unsere Energiefrequenz heben.

Bei kleinen Kindern können wir die Energie der Freude wunderbar beobachten. Freude ist eine starke Energie, die sich oft auch körperlich zeigt: Kinder hüpfen vor Freude, sie schmeißen ihre Ärmchen in die Höhe, führen einen wahren Freudentanz auf, sprudeln über vor Freude. Freude hat eine hohe energetische Schwingung, sie lässt unser Herz hüpfen und lädt alle unsere Zellen auf. Freude und Glücklichsein gehen meist Hand in Hand.

Und: Freude ist ansteckend. Sie haben vermutlich schon einmal erfahren, dass Sie in einer eher gedämpften Gemütslage jemandem begegnet sind, der voll Freude war – und nach kurzer Zeit war auch Ihre Stimmung gehoben.

Wenn ich im Alltag die Menschen auf der Straße, in öffentlichen Verkehrsmitteln oder in Geschäften anschaue, sehe ich überwiegend ernste Gesichter; viele strahlen Anstrengung, Müdigkeit, Lustlosigkeit oder Frust aus. Anders bei Kindern: Da sprudeln Freude, Lebenslust, Spieltrieb, Bewegungs- und Entdeckungsdrang. Sobald Menschen erwachsen werden und der »Ernst des Lebens« beginnt, scheinen die Freude und die freudige Ausstrahlung deutlich seltener zu werden.

Natürlich haben wir als Erwachsene Verpflichtungen, müssen unseren Lebensunterhalt verdienen, tragen Verantwortung etc. Und doch gibt es viele, viele kleine und große Dinge, die Anlass zur Freude geben. Es liegt an der Ausrichtung unserer Aufmerksamkeit, ob wir diese bewusst wahrnehmen und genießen und die Freude darüber erwachen lassen.

Wie viel Freude und Genuss gibt es in Ihrem Leben? Richten Sie Ihren Blick einmal gezielt auf die genüsslichen Momente im Alltag – von kleinen bis großen. Wecken diese Freude in Ihrem Herzen?

Es ist eine schöne Angewohnheit, jeden Tag bewusst etwas zu tun, was einem Freude bereitet; dies können ganz einfache Dinge sein. Vielleicht verspüren Sie Lust, dies eine Woche lang zu praktizieren – oder länger.

Auch die Vorfreude kann unseren Energiepegel bereits im Jetzt erhöhen und unsere Stimmung anheben. Freude ist ein nährendes Element – für die Seele sowie für den Körper, in dem die Glückshormone zu fließen beginnen. Wo Freude ist, da kommt vielfach ein Lächeln auf – es geht die Sonne auf.

Und vergessen wir nicht die Mitfreude. Es gibt immer wieder Anlässe, uns an freudigen Ereignissen, die unseren Mitmenschen widerfahren, gefühlsmäßig zu beteiligen: eine Freundin, die sich verliebt hat; ein Nachbar, der einen interessanten, neuen Job bekommen hat; ein Kollegin, die nach langem Versuchen schwanger geworden ist.

Geben Sie der Freude und Ihrem inneren Kind Raum in Ihrem Herzen. Und Sie können sich immer wieder bewusst entscheiden, alltägliche Tätigkeiten aus der Energie der Leichtigkeit und Freude zu verrichten (siehe Kap. 6).

Freude ist eine Haltung, und sie hat mit der Ausrichtung unserer Aufmerksamkeit zu tun. Üben Sie sich darin, Freude zu kultivieren und immer wieder Ausschau nach Futter für Ihr Freudenfeuer zu halten – und wenn es nur ein kleiner Span ist. Sie werden ihn finden.

Freude fühlt sich gut an – auch für unseren Körper, der in dieser Stimmung verstärkt Glückshormone produziert. Freude ist ein Jungbrunnen.

Das innere Licht leuchten lassen

Marianne Williamson[17] sagt:

Unsere tiefgreifendste Angst ist nicht, dass wir ungenügend sind.
Unsere tiefgreifendste Angst ist, über das Messbare hinaus kraftvoll zu sein.
Es ist unser Licht, nicht unsere Dunkelheit, die uns am meisten Angst macht.
Wir fragen uns: Wer bin ich, mich brillant, großartig,
talentiert, phantastisch zu nennen?
Aber wer bist du, dich nicht so zu nennen?
Du bist ein Kind Gottes. Dich selbst klein zu halten, dient nicht der Welt.
Es ist nichts Erleuchtetes daran, sich so klein zu machen,
dass andere um dich herum sich nicht unsicher fühlen.
Wir sind alle bestimmt, zu leuchten, wie es Kinder tun.
Wir sind geboren, um den Glanz Gottes, der in uns ist, zu manifestieren.
Er ist nicht nur in einigen von uns, er ist in jedem Einzelnen.
Und wenn wir unser eigenes Licht scheinen lassen,
geben wir unbewusst anderen Menschen die Erlaubnis, dasselbe zu tun.
Wenn wir von unserer eigenen Angst befreit sind,
befreit unsere Gegenwart automatisch andere.

Inwieweit lassen Sie Ihr inneres Licht leuchten? Wann neigen Sie dazu, es unter den Scheffel zu stellen oder zu dimmen?

Um in Kontakt mit unserem Kern und dem eigenen Licht im Inneren zu kommen, sind Atem- und Lichtübungen ein hilfreicher Weg.

Baden im Licht

Sie können diese Übung an einem sonnigen Platz in der Natur machen oder als Imagination. Bei der zweiten Version vergegenwärtigen Sie sich einen genussvollen Moment an einem sonnendurchfluteten Ort.

Öffnen Sie all Ihre Sinne, und tauchen Sie in die Atmosphäre der schönen Umgebung ein. Spüren Sie das Licht, das Sie umhüllt; es um-

17 Williamson, Marianne: Rückkehr zur Liebe. Harmonie, Lebenssinn und Glück durch »Ein Kurs in Wundern«. © Arkana Verlag, München, in der Verlagsgruppe Random House GmbH. Übersetzung: Susanne Kahn-Ackermann.

gibt Sie von allen Seiten: von oben, von vorn und hinten, von rechts und links.

Fühlen Sie, wie die wärmenden Sonnenstrahlen Ihre Haut berühren? Alle Poren öffnen sich, woraufhin das Licht nach innen zu dringen vermag – bis in die Muskeln und die Knochen. Lassen Sie zu, dass es durch Ihren gesamten Rumpf strömt, sodass alle Organe gestärkt werden.

Mit jeder Einatmung trinken Sie das Licht und die Wärme in sich herein; beim Ausatmen lassen Sie die Energie wie eine angenehme Dusche durch Ihren gesamten Körper fließen: in den Brustraum, die Körpermitte, den Bauch; sie strömt in Ihre Beine und in Ihre Arme. Laden Sie alle Zellen mit Licht auf, und lassen Sie Ihren Körper von innen strahlend licht werden. Zum Schluss wenden Sie sich Ihrem Kopf zu und »schalten« auch in diesem Raum das Licht an. Vielleicht kommt dabei spontan ein Lächeln auf Ihr Gesicht.

Genießen Sie eine Weile still dieses Lichtbad. Wie fühlen Sie sich danach?

Je nach Bedürfnis ist es möglich, mit dem wärmenden Licht der Sonne oder mit dem kühlen Mondlicht zu üben. Das Zweite eignet sich z. B. bei innerer Unruhe.

Mit der folgenden Meditation können Sie obige Übung fortsetzen und vertiefen.

Das Licht im Herzen anzünden ♥

Spüren Sie Ihren gesamten Körper, vom Kopf bis zu den Füßen, wie er von Licht umhüllt und durchflutet ist. Dann lenken Sie Ihre Aufmerksamkeit zum Herzzentrum und lassen das Licht gezielt in Ihr Herz leuchten. Sie können unterstützend Ihren Atem einsetzen und mit jedem Atemzug das Licht in sich hereintrinken. Es wärmt und nährt Sie – und zündet die Flamme in Ihrem Herzen an.

Meister Eckhart spricht vom »göttlichen Funken«, den wir alle in uns tragen. Lassen Sie Ihr Herz zu einer strahlenden Flamme werden; beim Ausatmen fließt das Licht in Ihre Umgebung. Sie atmen mit dem Herzen Licht ein und aus. Sie können sich vorstellen, dass Ihr Herz allmählich zu einer Sonne wird. Diese nährt Sie von innen und sendet ihre Lichtstrahlen über alle Poren nach außen: in Ihre Aura, in Ihr Umfeld, zu anderen Menschen.

Sie sind ein Wesen aus Licht; lassen Sie Ihr Licht leuchten. Von innen her wird sich Ihre Ausstrahlung durch diese Übung verändern. Lassen Sie sich überraschen, wie Ihre Umwelt darauf reagiert.

Wenn Sie im Umgang mit dem Atem bereits einige Erfahrung haben, können Sie obige Übung auch etwas variieren. Stellen Sie sich vor, dass Sie das Licht über Ihr Scheitelzentrum (Kronenchakra) einatmen und es weiter bis hinunter in Ihr Herzzentrum fließt. Mit der Ausatmung lassen Sie es dann nach außen strahlen. Bei dieser Form der Übung ist es wichtig, gut auf die eigene Erdung zu achten, d. h. auf die Präsenz im Becken sowie in den Füßen.

Wie fühlen Sie sich nach dieser Übung? Hat sich gegenüber dem Beginn etwas verändert – auf der körperlichen, auf der seelischen Ebene?

Sie öffnen nun langsam Ihre Augen; dabei bleiben Sie in Kontakt mit dem Licht in Ihrem Herzen und lassen es leuchten. Erlauben Sie ihm, auch durch Ihre Augen zu strahlen.

Halten Sie die Verbindung mit dem inneren Raum, der sich durch die Übung geöffnet hat, wenn Sie jetzt wieder in Ihren Alltag gehen.

Ich fand dich als Perle in der Muschel meines Herzens.
(Hazrat Inayat Khan)

Ich möchte Sie einladen, in den kommenden vier Wochen Situationen, in denen Ihr inneres Licht von selbst zu leuchten beginnt, besondere Achtsamkeit zu schenken. Und umgekehrt auch wahrzunehmen: In welchen Momenten ist Ihr Licht gedimmt, stellen Sie es unter den Scheffel? Beobachten Sie genau, wie Sie dies machen: Welche Gedanken denken Sie dann, welche Gefühle werden dadurch ausgelöst – identifizieren Sie sich damit?

Es ist aufschlussreich, zu beobachten, was uns davon abhält, das strahlende Wesen zu sein, das in obiger Übung erfahrbar werden kann.

Gelegentlich nehme ich wahr, wie ich indifferent durchs Leben laufe. Sobald ich dies bemerke, sage ich etwas verwundert zu mir: »Warum schaltest du dein inneres Licht nicht an? Dann fühlt sich das Leben doch viel schöner an.« Oft reicht schon die achtsame Wahrnehmung meines energetischen Zustandes, und ohne großes Zutun legt sich der Lichtschalter beinahe automatisch um. Wenn es im Inneren wieder lichter wird und sich die Schwingungsfrequenz erhöht, verändert sich auch unmittelbar meine Gefühlslage: Leichtigkeit, Beschwingtheit oder Freude kommen auf, und vielfach entsteht ein spontanes Lächeln auf meinem Gesicht. Gelegentlich fühle ich mich wie ein leuchtendes Blatt in der Herbstsonne.

Ich möchte Sie einladen, Ihren inneren Lichtschalter bewusst zu benutzen. Zu Beginn ist es ratsam, Lichtübungen wie die oben beschriebene regelmäßig zu praktizieren. Sobald Sie mit Ihrem innerem Lichten vertraut sind, werden Sie es immer schneller »anschalten« können, falls Mangelgedanken gerade wie eine Wolke um Sie hängen.

Die Kraft der Liebe

Die meisten Menschen haben das Reich der Fülle bisher vermutlich am deutlichsten über eine Erfahrung der Liebe gespürt: in einer Phase intensiver Verliebtheit, wenn sie Ihr Baby voll inniger Liebe im Arm hielten ... Sind wir von der Kraft der Liebe erfüllt, dann fließen die Glückshormone, und die Welt sieht wunderbar aus.

Hier wird deutlich sichtbar, wie unsere Gefühle die Wahrnehmung und unsere Erfahrungen prägen. Im Zustand des Verliebtseins haben wir eine rosa Brille auf: Wir sehen verstärkt die Schönheit und das Gute in unserer Umgebung, wir strahlen Liebe aus und begegnen mehr denn je freundlichen Menschen. Wir sind in einem Zustand des Flow, das bedeutet: Was wir auch tun, es geht leicht und mühelos. Unser Denken ist beflügelt, wir fühlen uns beschwingt und sind voll Freude. Sie werden diese Erfahrungen kennen. Im Zustand des Verliebtseins fühlen wir uns auf der Sonnenseite des Lebens. Die Kraft der Liebe gleicht einer Eintrittskarte ins Reich der Fülle.

Geliebt zu werden und Liebe im eigenen Herzen zu spüren sind wohl die kostbarsten Erfahrungen des Lebens. Oft warten Menschen vor allen darauf, Liebe zu »bekommen«, endlich den richtigen Partner zu finden etc. – und so in die Erfahrung der Liebe einzutauchen. Unter Umständen erfüllt sich ihr Wunsch nicht in dieser Weise. Doch die Liebe wohnt in unseren Herzen, und unabhängig von äußeren Umständen ist es möglich, jederzeit Zugang zu dieser kostbaren Quelle zu bekommen.

Es kann eine Hilfe sein, sich eine Erfahrung bedingungslosen Geliebtseins zu vergegenwärtigen, um auf diese Weise die Türen nach innen zu öffnen.

Baden in der Energie der Liebe ♥

Setzen Sie sich in einer angenehmen Haltung an einen ruhigen Platz, und nehmen Sie sich eine Weile Zeit, aus dem Denken ins Fühlen zu finden. Spüren Sie in Ihren Körper hinein: Sie erlauben Ihrer Stirn und

Ihrem Kiefer, sich zu lösen, Sie wandern mit Ihrer Aufmerksamkeit nach unten zu Ihrem Becken und bis zu Ihren Füßen. Um sich in Ihrem Herzen zu zentrieren, können Sie eine Hand auf Ihre Brust legen: Sie begrüßt liebevoll Ihr Herz, und ihre Wärme strömt in den Herzraum hinein. Vielleicht spüren Sie die Bewegung des Atems unter Ihrer Hand; jene vermag, Ihr Herz sanft von innen zu streicheln.

Vergegenwärtigen Sie sich eine konkrete Situation, in der Sie tiefe Liebe oder Wertschätzung erfahren haben (von einem Kind, Partner, Lehrer ...). Es kann hilfreich sein, einen Moment mit direktem Augenkontakt zu wählen. Spüren Sie die Energie und die Ausstrahlung Ihres Gegenübers, und lassen Sie Ihr Herz davon berühren.

Trinken Sie die Zuneigung, die Ihnen entgegenströmt, mit jedem Atemzug in sich herein. Sie können sie mit allen Poren aufsaugen wie ein Schwamm, sodass Ihr ganzer Körper davon erfüllt wird. Vielleicht erfahren Sie ebenfalls, wie Liebe und Wohlwollen Sie umhüllen; Sie werden davon umarmt wie ein Kind von seiner Mutter. Erlauben Sie sich, eine Weile in dieser kostbaren Energie zu »baden«.

Wie antwortet Ihr Herz auf diese Begegnung? Welche Gefühle werden in Ihnen wach? Vielleicht wird es Ihnen warm und weit ums Herz. Ist es möglich, in Kontakt mit der Liebe in Ihrem Inneren zu kommen, die Sie selbst für Ihr Gegenüber bei dieser Erinnerung empfinden? Wenn die Schale unseres Herzens gefüllt ist, läuft sie von selbst über – die Liebe beginnt, zu fließen und sich zu verströmen.

Vielleicht können Sie im Laufe der Zeit erfahren, dass wir letztlich nicht Liebe empfangen und schenken, sondern dass wir in der Tiefe unseres Wesens Liebe sind. Wenn wir in einen anderen Menschen verliebt sind, sind wir letztlich verliebt in die LIEBE.

Spüren Sie die Flamme der Liebe in Ihrem Herzen, und fachen Sie dieses Feuer mit jedem Atemzug an. Sie lassen die Energie der Liebe durch Ihren ganzen Körper strömen, sodass jede Zelle davon erfüllt wird. Und es kann sein, dass Ihre Zellen mit einem Lächeln darauf antworten.

Der Liebende, der Geliebte und die Liebe sind eins.
(Ausspruch der Sufis)

Die Quelle der Liebe ist in unserem Herzen; dringen wir tief in diesen Raum ein, können wir erfahren, dass Liebe im Überfluss vorhanden ist. Wir tragen die Fülle in uns.

Aus dieser Perspektive ändert sich der Blick auf unsere Lebensumstände wesentlich. Sind wir z. B. ein Single und wünschen uns einen Partner, so denken und fühlen wir aus dem Mangelbewusstsein unter Umständen Folgendes: »Ich bin traurig, ich bin so allein, und ich wünsche mir sehnlichst jemanden, der mich mag, dessen Liebe mich nährt und trägt ... hätte ich doch ... wieso finde ich niemanden ....?«

Aus dem Raum der Fülle betrachtet, wird dieselbe Situation sich vermutlich anders anfühlen. Wir vermögen, aus dem Herzen heraus anzunehmen, dass zur Zeit kein Partner an unserer Seite ist. Wir fühlen uns nicht bedürftig und »brauchen« niemanden, um uns zufrieden und glücklich zu fühlen. Wir wünschen uns vermutlich immer noch einen Partner, aber nicht, weil wir etwas »haben« wollen und jemand suchen, der die empfundene innere Leere füllt. Sondern wir sind offen für einen Partner, um mit ihm unsere Fülle zu teilen. Spüren wir die Fülle in unserem Inneren, werden wir weitaus unabhängiger von äußeren Bedingungen. Es ist wunderbar, wenn ein Partner in unser Leben kommt – aber es ist auch in Ordnung, wenn keiner da ist.

Zwischen Fülle »haben wollen« und in der Fülle »sein« liegen Welten.

Auch andere Lebenssituationen (egal, ob im Bereich Partnerschaft, Arbeit, Gesundheit, Familie, Wohnen) sehen wir aus der Perspektive der Fülle mit anderen Augen. Gelegentlich wäre es auf der praktische Ebene bequemer, wenn die Umstände anders wären. Gleichzeitig sind wir fähig, aus dem Raum der inneren Fülle heraus, die Gegebenheiten anzunehmen, so, wie sie jetzt sind. Wir sind im Frieden damit. Aus der Kraft des Herzens, verbunden mit unserer Intuition und unserer Kreativität, gehen wir den Weg, der sich jetzt gerade öffnet. Tauchen wir in die Fülle im Inneren ein, gelangen wir in einen Raum innerer Freiheit.

In diesem Kapitel habe ich verschiedene Zugänge aufgezeigt, über die wir uns dem Reich der Fülle im eigenen Herzen nähern können. Wählen Sie die Übungen, die Ihnen im Moment am leichtesten zugänglich erscheinen; ich empfehle Ihnen, eine oder mehrere regelmäßig über einen längeren Zeitraum zu praktizieren. Es ist ein innerer Entwicklungsprozess, immer mehr in die Fülle einzutauchen – dieser braucht Zeit. Gönnen Sie sich täglich 15 Minuten oder eine halbe Stunde, um kontinuierlich die Türen zu dieser neuen Welt zu öffnen. Beobachten Sie gleichzeitig im Alltag sehr präzise, wann und wie Sie sich durch Mangelgedanken wieder aus dem »Paradies« vertreiben.

Gedanken des Mangels mögen in uns auftauchen; dies ist an sich kein Problem. Denn wir können wählen: ob wir ihnen Glauben schenken, ihnen Energie geben und unser Handeln nach ihnen ausrichten wollen – oder nicht. Es verlangt eine große innere Wachheit, im Alltag immer wieder diese kleinen »Teufelchen« zu erkennen, die uns herunterziehen und uns in einer Welt des Mangels gefangen halten.

Abmachung mit sich selbst

In den Schriftrollen der Essener, die in vorchristlicher Zeit erstellt und um 1960 in Felsspalten am Toten Meer gefunden wurden, wird folgendermaßen über das Reich der Fülle in unserem Inneren gesprochen:

Alle Menschen wollen das Gefühl haben, »Es macht etwas aus,
dass ich lebe«. … Dieses Bedürfnis nach Anerkennung der Tatsache,
dass ich wichtig bin, ist nichts anderes als der Wunsch, geliebt zu werden.
Wenn ich geliebt werde, so weiß ich, dass ich von Bedeutung bin,
dass meine Existenz für den oder die Menschen,
die mich lieben, wichtig ist. …
Ob ich mich geliebt weiß, ist meine Entscheidung und meine Verantwortung.
Ich akzeptiere die Verantwortung, all das zu lieben, was ICH BIN.
Jeden Tag will ich mehrmals daran denken, dass ich geliebt bin.
Ich selber liebe mich. Ich bin mir selber wichtig. …
Ich möchte gewiss von anderen geliebt werden;
wenn mich aber auf der ganzen Welt niemand liebt,
bin ich doch goldrichtig. …
Der empfindlichste Mangel in der Welt ist der Mangel an Liebe.
Der Hunger nach Liebe ist die Wurzel aller Verbrechen,
auch der Grund aller Schmerzen und Leiden.
Mangel an Liebe und Anerkennung ist auch der tiefere Grund aller Kriege. …
Ich will mithelfen, die Welt zu verändern.
Ich kann schon heute im Himmelreich leben.
Es ist dies ein Bewusstseinszustand, in welchem ich mich geliebt weiß
und andere vorbehaltlos liebe. …
Heute entlasse ich meine Familie, meine Freunde und meinen Ehepartner
aus der Tyrannei meines Hungers nach Liebe.
Nicht länger werde ich ihnen durch Worte oder mein Verhalten
zu verstehen geben: »Ich brauche deine Liebe;
ich bin verletzt und werde böse, wenn du mich nicht liebst.«
Ich liebe mich. Ich bin geliebt.
Weil ich mich liebe, bin ich frei, dich zu lieben.

(The Solomon Foundation, 3. Schriftrolle)

Versprechen an mich

Von heute an entscheide ich mich für eine liebevolle Beziehung zu mir selbst.

Aus ganzem Herzen sage ich zu mir:

	ich schätze dich.
....................,	ich nehme dich an, so, wie du bist.
(eigener Name)	ich sage voll und ganz Ja zu dir.
	ich liebe dich.

Ich bin mir selbst mein bester Freund/meine beste Freundin und unterstütze mich liebevoll in allen Situationen.

- Ich lasse los, was nicht förderlich für mich ist oder mir schadet.
- Ich pflege, was mir guttut, mich nährt und bereichert.
- Ich sage Ja zum Leben – auch in schwierigen Zeiten.
- Ich nehme mich an die Hand; ich nehme mein Leben in die Hand und gestalte es bewusst zu meinem Besten.

Ab heute entschließe ich mich zu einer täglichen Zeit der Stille für ein Rendezvous mit mir selbst. Ich verbinde mich mit dem Raum der Liebe und Fülle in mir – und lebe aus dem Bewusstsein der Fülle. Ich wähle, immer zu mir zu stehen und aktiv gut für mich zu sorgen.

Heute, am ...., verspreche ich mir dieses neue Leben.

....
(Vorname)

Versprochen ist versprochen.

Um eine liebevolle Beziehung mit uns selbst zu kultivieren, ist es ratsam, uns diese Absicht täglich zu vergegenwärtigen, um sie anschließend aktiv in die Praxis umzusetzen. »Ich kann schon heute im Himmelreich leben«, sagt der Text der Essener. Wenn es Ihnen am Herzen liegt, dieses neue Zeitalter am heutigen Tag beginnen zu lassen, schlage ich Ihnen vor, sich dies verbindlich zu versprechen.

Obige Formulierungen sind als Anregung gedacht, Sie können diese durch eigene, für Sie stimmige ersetzen. Eine derartige Abmachung mit sich selbst, können Sie als Ritual gestalten und damit bewusst eine neue Phase in Ihrem Leben einleiten.

Wir haben die Freiheit der Wahl: welche Energie in uns schwingt, welche Energie wir in unser Umfeld ausstrahlen – und können damit einen Beitrag leisten, in welche Richtung sich unser Leben und unsere Welt entwickeln.

4. Die annehmende Kraft des Herzens

Die Beziehung zu unseren Erfahrungen

»Nein, so will ich es nicht!« – »Bloß weg hier!« Kennen Sie solche Stimmen? Sie tauchen meistens auf, wenn wir Erfahrungen machen, die unser Verstand mit dem Etikett »unangenehm« versehen hat; wenn wir etwas erleben, was Frust, Traurigkeit, Angst, Wut etc. in uns auslöst. In Bewegung übersetzt passiert dann Folgendes: Wir strecken die Hände in einer abweisenden Bewegung nach vorn und signalisieren solchen Erfahrungen: »Bleib mir vom Leib! Das will ich nicht fühlen.« (Siehe Foto auf S. 143.) Wir trennen uns von unserer momentanen Erfahrung, und es entsteht eine innere Spannung. Wir wollen nicht hier sein, nicht präsent im gegenwärtigen Augenblick, sondern dort, wo es anders, angenehmer, besser ist.

»Ich will nicht diese Rückenschmerzen.« – »Ich will nicht diesen Ärger mit dem Nachbarn.« – »Ich will nicht diese ständigen Sorgen um die Zukunft, um meinen Arbeitsplatz.« Egal, ob es sich um Körperempfindungen, Gefühle oder Gedanken handelt, immer wieder begegnen wir diesem »Nein, so nicht!« Es ist der klassische Satz des Widerstandes. Hier treffen wir auf Mephisto, der in Goethes Faust als »der Geist, der stets verneint« bezeichnet wird. Er ist die Gegenstimme zu unserem Herzen, das fähig ist, alles zuzulassen, anzunehmen und zu umarmen. Wenn wir bemerken, dass wir uns in einer Vermeidungshaltung befinden, stellt sich die Frage: Wie kommen wir vom Nein zu einem Ja?

Wollen wir im Raum der Fülle leben, gehört dazu ebenfalls, die Fülle unserer Gefühle willkommen zu heißen, die gesamte Palette mit all ihren Farben. Warum fällt uns das oft so schwer? Unser wertender Verstand hat zwei Schubladen und teilt unsere Gefühle ein in »positiv, angenehm«, wenn die Grundbedürfnisse in unserem Leben erfüllt werden; und in »negativ, unangenehm«, wenn diese Bedürfnisse nicht oder nur teilweise befriedigt sind. Werden Gefühle aus der zweiten Gruppe in uns wach, gehen wir leicht in Widerstand. Dies wird von unserem Denken und seinen Urteilen ausgelöst. Und wie kommen wir aus solchen Situationen wieder in den Raum des Herzens, in den Raum des Nichtwertens?

Wenn Gefühle auftauchen, haben wir im Allgemeinen die Neigung, uns damit zu identifizieren. Haben unsere Gefühle uns im Griff (»Ich bin sauer« – »Ich bin traurig« – »Ich bin enttäuscht« – »Ich bin schockiert«), ist es beinahe unausweichlich, dass wir in eine Vermeidungshaltung kommen. Es ist eine natürliche Reaktion, Schmerz aus dem Weg zu gehen. Identifizieren wir uns mit negativ geladenen Gefühlen, kann dies – je nach ihrer Art und Intensität – eine Fahrkarte in die Hölle bedeuten.

Es ist jedoch nicht das Gefühl an sich, das uns dorthin bringt, sondern unsere Beziehung zu ihm. Anstatt uns mit einem Gefühl zu identifizieren, ist es auch möglich, inneren Abstand zu ihm zu schaffen, sodass wir es anschauen können: Da ist Enttäuschung, da ist Angst, da ist Traurigkeit; so wird es wesentlich leichter, konstruktiv mit ihnen umzugehen. Wie ist es nun möglich, uns aus der Identifikation zu lösen und eine andere Form der Beziehung zu einem »unangenehmen« Gefühl zu finden?

Hier kann das Bild vom Film oder vom Theater helfen. Auf der Bühne unseres Lebens spielen sich täglich vielerlei Szenen ab. Identifizieren wir uns mit unseren Erfahrungen, gehen wir ganz in der Rolle des Darstellers auf und »versinken« in unseren Gefühlen. Vergegenwärtigen Sie sich bitte kurz eine emotionale Situation aus der letzten Zeit, und benennen Sie ein für Sie unangenehmes Gefühl, das auftauchte. Dann stellen Sie sich die folgende Frage: Bin ich dieses Gefühl – oder bin ich größer als das Gefühl? Vermutlich wird Ihre Antwort sein: Ich kann es sehen, also bin größer als mein Gefühl. Auf der einen Seite spüren Sie es, bis in Ihren Körper hinein – und gleichzeitig sind Sie der Zeuge, der das Gefühl wahrnehmen kann.

Sind wir in unsere Gefühle verstrickt (zum Beispiel, wenn die Angst uns im Griff hat, die Wut uns gepackt hat oder wir in Traurigkeit versinken), dann vergessen wir unsere Fähigkeit, auch Zuschauer zu sein. In solchen Momenten kann es helfen, bewusst einen Schritt zurückzutreten, um inneren Abstand zu gewinnen; sich – bildlich gesprochen – einen Platz im Zuschauerraum zu suchen. Setzen Sie sich hin, lehnen Sie sich in Ihrem Sessel zurück, und schauen Sie aus dieser Position des Beobachters auf die Bühne Ihres Lebens. Welche Szene spielt sich da gerade ab? Wie fühlt sie sich aus Ihrer jetzigen Perspektive an?

Gefühle tauchen auf unserer inneren Bühne auf, tanzen ihren Tanz, und dann verschwinden sie wieder. Es entsteht Raum für ein neues Gefühl; und so geht das Spiel den ganzen Tag. Das Hauptanliegen ihrer Darbietung ist, gesehen zu werden; sie wollen unsere Aufmerksamkeit. Bekommen sie diese, sind die Chancen relativ groß, dass sie bald weitertanzen. Stoßen sie jedoch auf Widerstand, dann können sie hartnäckig auf der Bühne bleiben. Im Englischen gibt es eine wunderbar kurze Formulierung für diese Dynamik: »What you resist, persists« – »Wogegen du Widerstand leistest, das bleibt bestehen.«

Wir können letztlich nicht an unseren Gefühlen vorbei. Selbst wenn es uns gelingt, sie zeitweise zu verdrängen und in den Keller, ins Unterbewusste abzuschieben, werden sie eines Tages wieder auftauchen und an unsere Tür klopfen – sobald sich erneut ähnliche Umstände einstellen.

Aus dem Raum des Zuschauers werden wir fähig, unseren Gefühlen ins Auge zu blicken. Durch den inneren Abstand wird es auch möglich, Gefühle und Verhaltensmuster nicht persönlich zu nehmen. Identifizieren wir uns, entsteht die Erfahrung von »ich« und »mein«: Ich bin ärgerlich, mein Ärger mit dem Chef. Aber wir sind nicht der einzige Mensch, der Ärger erlebt. Dies ist ein Gefühl aus der Vielfalt menschlichen Erlebens. Wir erfahren im Moment eine der 1001 Farben aus dem Repertoire des Menschseins: Da gibt es Rot, da gibt es Blau, da gibt es Ärger, da gibt es Ungeduld ... Diese eine Farbnuance will jetzt gerade gefühlt werden. Als Zuschauer wird es möglich, alle Facetten willkommen zu heißen. Identifizieren wir uns jedoch mit unserem Gefühl, verstricken wir uns unter Umständen in ein persönliches Drama, zu dem der Verstand eine entsprechende Geschichte liefert; sie bekommt Nahrung aus ähnlichen Erfahrungen der Vergangenheit oder aus Befürchtungen über eine mögliche Zukunft. Solch ein »Auftritt« kann dann unter Umständen ziemlich lang dauern – und viel Energie kosten.

Wenn wir der jeweiligen Gefühlsfarbe aus der Rolle des achtsamen Beobachters begegnen, ersparen wir uns die Phase des Kämpfens. Denn: Was ist, ist da – ob wir es wollen oder nicht. Und wie folgendes Beispiel zeigt, ist es möglich, dass sich ein Gefühl verwandelt, wenn wir es annehmen.

Marcel ist ein Mann mit breit gefächerten Interessen und vielen Talenten. Immer wieder passiert es, dass ihm sein Programm zu viel wird, und dann entsteht innere Unruhe. Er sagt: »Ich will diese Unruhe loswerden, will endlich ruhig werden und ein ruhigeres Leben führen.« Er bittet mich, ihm einige Atemübungen zu zeigen, die ihn zur Ruhe bringen. Ich spüre in seinen Worten, wie groß seine Ablehnung der Unruhe gegenüber ist. Marcel ist schon einige Jahre auf einem inneren Weg und kennt bereits vielerlei Übungen. Und so entscheide ich mich, ihn zu einer Begegnung mit seiner Unruhe einzuladen, anstatt ihm eine Übung gegen die Unruhe anzubieten. Aber davon will er nichts wissen, er will die Unruhe überwinden, sich weiterentwickeln. Er äußert die Besorgnis, dass seine Unruhe womöglich erhalten bleibt, sobald er ihr gezielte Aufmerksamkeit schenkt. Im Gespräch wird ihm sein Widerstand allmählich deutlich; und er ahnt, dass er vermutlich nicht ruhiger werden wird, solange er so viel Energie in Vermeidung und Kampf investiert.

Ich bitte ihn, zu fühlen, wie sich seine Unruhe im Körper äußert. Marcel beschreibt, dass sich in seinem Kopf alles dreht und viel Energie durch seinen Körper rast. Die Energie drängt nach außen, verlangt nach Aktion. Ich bitte ihn, die Unruhe im Moment weder zu unterdrücken noch auszudrücken – sondern sie lediglich zu fühlen.

Als er sich nach einer Weile immer mehr der Unruhe zuwenden kann, frage ich ihn: »Bist du dieses Gefühl, bist du die Unruhe? Oder bist du größer als sie?« »Ja, ich bin größer als sie.« Ich bitte ihn, sich die Unruhe als einen Menschen oder ein Wesen vorzustellen und wohlwollend darauf zu schauen. Sie kommt ihm vor wie ein zappeliges Kind.

Marcel arbeitet in einem pädagogischen Beruf und kann viel Empathie schenken. Die Begegnung mit dem Zappelphilipp in seinem Inneren ist jedoch eine ziemliche Herausforderung für ihn. Seine Urteile stehen ihm im Weg: Unruhe ist schlecht, Ruhe ist gut. Nach einiger Zeit gelingt es ihm jedoch besser, sein Herz für dieses Unruhewesen zu öffnen und ihm eine Daseinsberechtigung zuzugestehen: »Es ist okay, dass du da bist.« Als ich ihn frage, wie sich der Kontakt mit der Unruhe anfühlt, erwidert er: »Gut; in mir ist ein Punkt, in dem es ganz still ist.« Ich bin neugierig, zu erfahren, wie die Unruhe diese Begegnung erlebt. Ein Lächeln kommt auf Marcels Gesicht: »Die Unruhe lässt die Arme sinken, mit denen sie bisher wild herumgefuchtelt hat. Sie ist über die unerwartete Zuwendung total erstaunt. Und sie denkt sich: ›Hoppla, heute ist gar nicht so viel Aufheben notwendig, um gesehen zu werden.‹ Ihr Bedürfnis ist recht plötzlich erfüllt.«

Marcels Unruhe hat sich ausgetobt, und in ihm wird es ruhig.

Er ist sehr berührt, zu sehen, wie viel sich in dem Prozess durch »nichts tun« verändert hat, allein durch seine Aufmerksamkeit. Seine fehlende Beziehung und seine Ablehnung haben bisher dazu geführt, dass die Unruhe lange auf seiner inneren Bühne verblieb. Im dem Moment, in dem er ihr in die Augen schaut, ist ihre »Vorstellung« rasch beendet. Durch die Begegnung und wohlwollende Zuwendung hat sie sich verwandelt.

Ich verändere mich nicht,
indem ich versuche, etwas anderes zu sein, als ich bin.
Ich verändere mich,
indem ich anerkenne, wer ich gerade bin.
(Zen-Spruch)

Mit ungeliebten Gefühlen umgehen

Unseren Gefühlen begegnen

In Kapitel 3 habe ich über die »erhebenden« Gefühle gesprochen: Freude, Dankbarkeit oder Liebe. Es ist nicht schwierig, diese willkommen zu heißen. Wie gehen Sie jedoch mit Gefühlen wie Traurigkeit, Angst, Enttäuschung, Unsicherheit, Ärger oder Hilflosigkeit um? Nehmen Sie sich einen Moment Zeit, um sich zu vergegenwärtigen, welche Strategien Sie diesbezüglich entwickelt haben.

Wenn schmerzliche Gefühle auftauchen, vermeiden wir es häufig, sie zu empfinden, und flüchten in den Kopf. Dort versuchen wir, sie zu analysieren und zu interpretieren. Meist finden wir auch einen Schuldigen, dem wir die Verantwortung für ein unangenehmes Gefühl zuschieben können; nach dem Motto: »Ich fühle mich so und so, weil du das und das getan oder gesagt hast.« Ist der Sündenbock gefunden, sind wir mit Urteilen, Vorwürfen und Beschuldigungen beschäftigt, anstatt zu fühlen, was es gerade zu fühlen gibt.

Oder wir erinnern uns an ähnliche Situationen und Gefühle aus der Vergangenheit; dann entwickeln wir häufig eine Geschichte um unser Gefühl herum. Wir denken zum Beispiel: »Auch mein voriger Partner hat mich so verletzt, auch bei ihm habe ich schon so wenig Wertschätzung erfahren. Und wenn ich mich an mein Elternhaus erinnere … bin ich es denn nicht wert, geschätzt und geliebt zu werden?«

Und natürlich suchen wir nach Lösungen, überlegen, wie unsere Situation besser werden kann. Auf diese Weise landen wir in einem Gedankenkarussell, und unser Verstand baut eine eigene Welt auf. Wir sind nicht präsent im Hier und Jetzt und von dem Gefühl abgeschnitten, das gerade gefühlt werden möchte.

Unser Verstand ist sehr begabt darin, uns von unseren Gefühlen fernzuhalten. Es ist hilfreich, sich seine Strategien bewusst zu machen und wach zu sein, wenn er uns aus dem Fühlen in das Luftschloss der Gedanken entführt.

Wollen wir mit »unangenehmen« und schmerzlichen Gefühlen konstruktiv umgehen, ist es ratsam, uns an unser Herz zu wenden. Dieses ist fähig, jenen zu begegnen, wie auch immer ihre Ladung sein mag. Es urteilt nicht, es kann alles so zulassen, wie es ist – kann alles annehmen. Und so vermag unser Herz auch, schmerzliche Gefühle zu verwandeln und zu heilen.

Um uns mit der Kraft des Herzens zu verbinden und unsere Gefühle zuzulassen, benutze ich gern folgendes Bild: Stellen Sie sich Ihre Gefühle als Ihre Kinder vor, und begegnen Sie ihnen als liebevolle Mutter bzw. liebevoller Vater. Im Folgenden werde ich das Bild der Mutter benutzen, da sie in vielen Kulturen ein Ursymbol für die allumfassende und bedingungslose Liebe ist. Natürlich haben auch Männer diesen Archetyp in sich.

Wenn ein Kind mit einem körperlichen oder seelischen Schmerz heulend zu seiner Mutter läuft, dann weiß es, dass es dort Mitgefühl, Trost und liebevolle Zuwendung bekommen wird. Der Schmerz eines Kindes berührt das Mutterherz und lässt ihre Liebe fließen. Auf dieselbe Weise können wir auch unseren »Gefühlskindern« begegnen.

Zum Einstieg in die folgende Übung kann es hilfreich sein, eine Herzübung aus Kapitel 2 zu praktizieren, die Sie besonders angesprochen hat.

Ein »Gefühlskind« umarmen ♥

Setzen oder legen Sie sich bequem hin, und nehmen Sie Kontakt mit Ihrem Körper auf. Nach einer Weile richten Sie Ihre Aufmerksamkeit auf Ihre Atembewegung. Wie erfahren Sie diese: schnell – langsam, eng – weit, oberflächlich – tief? Blasen Sie Ihren Atem durch den Mund aus, und verfolgen Sie bewusst den Ausatemstrom bis zu seinem Ende. Über den Atem lassen Sie übermäßige Spannung abfließen. Setzen Sie das bewusste Atmen so lange fort, bis Sie merken, dass Ihr Organismus sich immer mehr in Balance befindet.

Nun verbinden Sie sich mit Ihrem Herzen; eventuell können Sie eine Hand auf Ihr Herzzentrum legen. Stellen Sie sich vor, mit Ihrem Herzen zu atmen. Kommen Sie in Kontakt mit dem inneren Raum Ihres Herzens, in dem liebevolle Freundlichkeit, Verständnis, Mitgefühl und Liebe wohnen.

Dann vergegenwärtigen Sie sich ein Kind, das Sie sehr lieben – Ihr eigenes oder eines aus Ihrer Umgebung. Als Einstieg können Sie eventuell ein Foto benutzen. Erinnern Sie sich an einen besonders innigen Moment mit diesem Kind. Sie sehen es vor sich und fühlen das emotionale Band zu ihm. Vielleicht weckt der Anblick des Kindes Wärme, Zuneigung, Liebe in Ihnen?

Nach dieser Vorbereitung lassen Sie ein Gefühl aus der letzten Zeit auftauchen, das Sie noch nicht verarbeitet haben und das immer noch inneren Stress erzeugt. Lassen Sie es behutsam auf Ihrer inneren Bühne erscheinen – ohne sich damit zu identifizieren. Wo sitzt das Gefühl in Ihrem Körper? Wie fühlt sich seine Energie an?

Stellen Sie sich vor, dass dieses Gefühl Ihr Kind ist, und versuchen Sie, Ihr Herz für dieses Wesen zu öffnen. Ist es Ihnen möglich, sich ihm mit Verständnis und Mitgefühl zuzuwenden? Vermögen Sie, ihm in die Augen zu schauen – ist es in Ordnung, dass es da ist?

Nehmen Sie sich Zeit, mit Ihrem Gefühlskind präsent zu sein. Vielleicht vermögen Sie, es nach einiger Zeit mit Ihrer Wärme und Liebe zu umhüllen. Sie können ihm ein paar tröstende Worte sagen, zum Beispiel: »Du bist nicht allein. Ich bin bei dir.« Lassen Sie eine atmende Verbindung mit dem Kind entstehen.

»Was brauchst du jetzt?« Wie lautet seine Antwort auf diese Frage? Geben Sie ihm aus der Fülle Ihres Herzens das, was es jetzt benötigt: liebevolle Zuwendung, Ihre volle Aufmerksamkeit, die Erfahrung, gesehen und gehört zu werden; Trost, Wärme, Mitgefühl. Verbinden Sie sich mit der Kraft der Liebe in Ihrem Herzen; diese ist fähig, alles zu halten und zu umarmen. Denn sie ist größer als jedes noch so intensive Gefühl.

Wie geht es Ihrem Gefühlskind in diesem Prozess? Setzen Sie die Übung so lange fort, bis die emotionale Ladung allmählich abnimmt.

Es wird Ihr Gefühlskind beruhigen, wenn Sie ihm anbieten, dass es wieder an Ihr Herz kommen darf, falls sich eine neue Schicht des Schmerzes auftut. Lassen Sie es wissen: »Du gehörst zu mir. Ich bin für dich da.«

Wenn Sie die innere Begegnung beenden, nehmen Sie sich Zeit, wieder ganz an dem physischen Ort anzukommen, an dem Sie sich gerade befinden, und öffnen Sie sich allmählich wieder nach außen.

Ich möchte Ihnen noch einen alternativen Einstieg in obige Übung anbieten. Dieser kann insbesondere hilfreich sein, wenn Sie sich auf eine Begegnung mit sehr intensiven und tiefen Gefühlen vorbereiten. Es handelt sich um eine Übung im Liegen.

Getragen von »Mutter Erde«

Finden Sie in eine bequeme Lage: auf dem Sofa, auf einer Matte am Boden oder draußen in der Natur – im Gras, im Sand. Wandern Sie einmal durch Ihren Körper, von Fuß bis Kopf, und spüren Sie alle Bereiche, mit denen er den Untergrund berührt. Erlauben Sie sich, mit jeder Ausatmung noch etwas mehr von Ihrem Gewicht an den Boden abzugeben und sich niederzulassen. Sie können sich vorstellen, dass Ihre Poren sich öffnen und übermäßige Spannung durch Ihren Rücken in den Boden abfließt. Lassen Sie sich von »Mutter Erde« tragen, wie die Indianer sie nennen. Die Erde nährt alle Wesen – Pflanzen, Tiere und Menschen – wie eine Mutter.

Inwieweit können Sie sich auf den Kontakt mit ihr einlassen und Ihr Gewicht voll Vertrauen an sie abgeben? Mutter Erde trägt und hält Sie.

Vielleicht tut es Ihnen gut, sich auch erst einmal eine Weile selbst zu umarmen. In der Rückenlage legen Sie dazu Ihre rechte Hand auf die linke Schulter, Ihre linke Hand auf die rechte Schulter. Halten Sie sich so eine Weile liebevoll selbst in den Armen. Wie fühlt sich Ihr Herz dabei? Ist die Bewegung des Atems unter Ihren gekreuzten Armen zu spüren?

Wenn Sie mögen, können Sie mit dem Oberkörper leicht von rechts nach links und zurück schaukeln – wie ein Kind in seiner Wiege. Erlauben Sie auch Ihrem Nacken, loszulassen, sodass der Kopf während der Bewegung leicht von der einen zur anderen Seite rollt. Wie fühlt sich Ihr Kiefer an – ist er gelöst? Öffnen Sie eventuell Ihren Mund ein wenig, und lassen Sie den Atem mit einem weichen »haaa« ausströmen. Vielleicht entsteht auch ein Seufzer.

Wenn wir uns selbst auf liebevolle Weise getragen und gehalten wissen, vermögen wir, in die Mutterrolle zu schlüpfen, um unser Gefühlskind zu halten.

Die liebevolle Qualität des Herzens können wir uns in Form von verschiedenen Personen vergegenwärtigen. Falls Sie wenig Zugang zum Bild der Mutter/des Vaters haben, können Sie sich auch in die Rolle einer liebevollen großen Schwester bzw. eines großen Bruders begeben, die/der voll Verständnis und Mitgefühl dem Gefühlskind begegnet. Sollte es Ihnen schwerfallen, in eine andere Person hineinzuschlüpfen, schauen Sie einfach direkt mit den Augen des Herzens auf Ihr Gefühl, und schenken Sie ihm Ihre Aufmerksamkeit und Liebe. Entdecken Sie selbst die Form, in der obige Übung für Sie am leichtesten zu praktizieren ist.

Je nach Ladung eines Gefühls ist entweder ein einmaliges »Rendezvous« ausreichend oder in Abständen eine Wiederholung notwendig. Vor allem, wenn Gefühle lange verdrängt wurden, brauchen Sie Geduld: Dann wird es unter Umständen einige Zeit dauern, bis Sie Ihr Gefühl ins Herz schließen und integrieren können. Es kann auch passieren, dass in der Begegnung mit einem aktuellen Schmerz plötzlich »alter« Schmerz durchblutet, der in einer ähnlichen Situation in der Vergangenheit entstanden ist.

Was auch immer auftaucht: Identifizieren Sie sich nicht mit Ihrem Gefühl, treten Sie einen Schritt zurück, und begegnen Sie ihm aus dem Raum nicht wertender Aufmerksamkeit. Aus dem Herzen erwächst die Fähigkeit, es anzunehmen – zu verwandeln und zu heilen.

Gefühle und Bedürfnisse

Es ist hilfreich, sich Folgendes zu vergegenwärtigen: Gefühle sind Träger von Informationen, sie haben eine Signalfunktion. Das Auftauchen unangenehmer und schmerzlicher Gefühle weist uns darauf hin, dass in der momentanen Situation ein wesentliches Bedürfnis zu kurz kommt. Angst kann uns darauf aufmerksam machen, dass unser Bedürfnis nach Sicherheit nicht erfüllt ist;

Traurigkeit kann uns zeigen, dass wir Nähe, Zuwendung, Unterstützung brauchen; Frustration kann uns signalisieren, dass wir Anerkennung, Wertschätzung, Kooperation vermissen.

Das Modell der Gewaltfreien Kommunikation von Marshall Rosenberg war für mich eine Quelle wichtiger Impulse, um die Beziehung zwischen Gefühlen und Bedürfnissen genauer zu verstehen. Er geht davon aus, dass alle Menschen dieselben universellen Bedürfnisse haben, dass uns allen bestimmte Werte am Herzen liegen, die wir in unserem Leben gern verwirklicht sehen. Zum Beispiel: Anerkennung, emotionale Sicherheit, Vertrauen, Mitgefühl, Liebe, Zugehörigkeit, Autonomie, Klarheit, innerer Frieden ... (Im Anhang auf S. 284 finden Sie die vollständige Liste).

Unsere Bedürfnisse sind die Ursache für unsere Gefühle. Sind sie erfüllt, erleben wir »angenehme« Gefühle; sind ein oder mehrere Grundbedürfnisse nicht erfüllt, werden »unangenehme« Gefühle wach. Äußere Umstände mögen der Anlass für das Auftauchen bestimmter Gefühle sein, seine Ursache liegt jedoch in uns selbst.

Gefühle sind somit eine wichtige Informationsquelle. Sie ähneln einem »Schrei«, über den ein Grundbedürfnis nach Aufmerksamkeit ruft. Anstatt in unseren Gefühlen hängen zu bleiben, ist es ratsam, tiefer zu gehen und in Kontakt mit den dahinter liegenden Bedürfnissen zu kommen. Erkennen wir die Werte, um die es in der momentanen Situation geht, eröffnet sich ein Weg zu konkreten Schritten. Anstatt uns auf das Erleben von Mangel zu konzentrieren, können wir uns auf diese Weise positiv ausrichten und erkennen, welche Werte wir jetzt bewusst in unser Leben einladen möchten – auf der inneren und der äußeren Ebene.

Die Frage »Was brauchst du?« ist hilfreich, um zur Ursache unseres Unwohlseins vorzudringen. Vielleicht lautet die Antwort: Ich brauche Wertschätzung, Verständnis oder Ruhe. Diese Qualitäten sind die »Medizin«, die unseren inneren Zustand wandeln kann.

Unabhängig von der äußeren Situation – ob Sie an ihr etwas zu verändern vermögen oder auch nicht – haben Sie die Möglichkeit, sich aus der Quelle des Herzens vieles zu geben, was das »Gefühlskind«, das im Moment bei Ihnen ist, braucht. Erinnern Sie sich an die Übung »Nährendes Atmen« (S. 83): Alle Seinsqualitäten sind in der Fülle des Herzens vorhanden, auch Wertschätzung,

Verständnis und Ruhe; und es ist uns möglich, sie bewusst in unserem Inneren zu aktivieren.

Sollte ein Gefühlskind also »weinen« oder »schreien«, dann braucht es Nahrung. Finden Sie heraus, welche Energie es nötig hat, um satt und zufrieden zu werden. Und lassen Sie ihm diese Qualität aus Ihrem Herzen zufließen: Füttern Sie es damit, baden Sie es darin, umhüllen Sie es damit.

Und sorgen Sie auch auf der praktischen Ebene für Umstände, die Ihr »Kind« gerade braucht: Zeit für Ruhe und Entspannung oder für Leichtigkeit und Genuss, mehr Raum für Inspiration und Kreativität; oder auf der emotionalen Ebene: mehr liebevolle Zuwendung, Anerkennung sowie Wahrung der eigenen Grenzen, Verständnis und Mitgefühl Ihnen selbst gegenüber in den Situationen des Alltags.

Kommen wir auf diese Weise in Kontakt mit unseren Gefühlen und Bedürfnissen, so verfügen wir über ein wirksames Mittel, um uns nach einer Gefühlsaufwallung wieder in einen Zustand innerer Balance zu bringen. Oft können wir uns selbst eine große Portion von dem schenken, was wir gerade brauchen. Sollten wir zusätzlich den Beitrag anderer Menschen benötigen, um unser Bedürfnis ganz zu erfüllen, können wir eine gezielte Bitte aussprechen.

Nachdem wir uns auf der geistigen Ebene aus einem Mangelzustand in den Raum innerer Fülle gebracht haben, besteht für eine Bitte eine völlig andere Basis als aus der Position eines Bettlers. Die Chancen für ein Entgegenkommen des anderen sind weitaus größer. (Mehr zu diesem Thema finden Sie in meinem Buch Gefühlsregulierung – ein Tor zu innerer Balance.)

Manchmal bleibt im Moment ein Bedürfnis auf der äußeren Ebene unerfüllt. Diese Erfahrung verdammt uns jedoch nicht zum Unglücklichsein und zum Leiden. Vielmehr gilt es, uns selbst viel Mitgefühl zu schenken und die Situation liebevoll in unserem Herzen zu halten. Was sich jetzt nicht zeigt, kann zu einem späteren Zeitpunkt in unser Leben kommen. Die Fülle ist da – auch wenn sie sich an diesem Punkt auf der äußeren Ebene noch nicht manifestiert.

In solchen Momenten können wir Folgendes tun: uns auf die jeweilige Energie einstimmen und sie in unserem Inneren kultivieren. Das ist wohltuend – und gleichzeitig wird durch das Aussenden der entsprechenden Schwingung gemäß dem Gesetz der Resonanz das Universum darauf antworten; und früher oder später passende Erfahrungen in unser Leben bringen.

Ablehnen – bevorzugen – neutrale Haltung

Im Raum des Nichtwertens

Im Leben begegnen wir Geburt und Tod, Gesundheit und Krankheit, Entstehen und Auseinandergehen von Beziehungen, Erfolg und Fehlschlägen sowie persönlicher Liebe, die gelegentlich auch in Ablehnung, Angst oder Hass umschlagen kann. In der Fülle des Lebens sind alle Facetten enthalten. Abhängig von unseren Erfahrungen in der Vergangenheit und unseren Konditionierungen interpretieren wir unser jetziges Erleben und reagieren dementsprechend. Jeder betrachtet sein Leben durch seine persönliche Brille und gibt so den Ereignissen ihre Bedeutung.

Im Allgemeinen heißen wir Situationen aus dem aufsteigenden Zyklus willkommen: den Zuwachs von Kraft, Wissen und Einfluss; die fruchtbaren Anfangsphasen von Beziehungen, beruflichem Erfolg, wirtschaftlichem Aufschwung. Doch jede Münze hat zwei Seiten, und wir werden unweigerlich auch mit der anderen konfrontiert: dem Abnehmen körperlicher Kräfte (Krankheit und Alter), dem Auseinandergehen von Beziehungen, mit Verlusten (von Menschen, Arbeit, materiellen Gütern). Diese Erfahrungen aus dem absteigenden Zyklus erleben wir meist als eine Herausforderung. Und oft investieren wir viel, um sie zu vermeiden; mit dieser Seite des Lebens wollen wir lieber nichts zu tun haben. Wie ist es möglich, auch sie anzunehmen?

Dies gelingt nur aus einem Raum jenseits der Dualität – aus dem Raum allumfassender Liebe, die fähig ist, beide Pole zu umspannen und alles anzuerkennen. Unser Verstand deklariert den einen Pol als »positiv«, den anderen als »negativ«, dementsprechend entsteht eine akzeptierende bzw. ablehnende Haltung.

Es ist Unsinn – sagt die Vernunft,
Es ist, was es ist – sagt die Liebe.

Es ist Unglück – sagt die Berechnung,
Es ist nichts als Schmerz – sagt die Angst,
Es ist aussichtslos – sagt die Einsicht,
Es ist, was es ist – sagt die Liebe.

Es ist lächerlich – sagt der Stolz,
Es ist leichtsinnig – sagt die Vorsicht,
Es ist unmöglich – sagt die Erfahrung,
Es ist, was es ist – sagt die Liebe.

(Erich Fried)[18]

Die Sonne ist für mich ein anschauliches Beispiel für das Nichtwerten. Sie schenkt ihr Licht und ihre Wärme allen Wesen auf dieser Erde – ohne Unterschied scheint sie auf eine Mutter mit ihrem Baby, einen Mörder, auf sozial engagierte Menschen und auf Terroristen. Wie können wir die Sonne in unserem Herzen aufgehen lassen und das Licht des Bewusstseins ohne Urteil auf alles richten, was in unserem Leben auftaucht?

Wir brauchen eine Weitwinkelperspektive – nur aus innerer Weite heraus werden wir fähig, die Ganzheit zu umarmen und Gegensätze zu umspannen.

Bei unangenehmen Erfahrungen zieht sich jedoch etwas in uns zusammen, und wenn wir uns mit unseren Gefühlen identifizieren, entsteht oft ein schmerzhaftes Knäuel. Vielfach identifizieren wir uns mit der Rolle, die wir gerade im Film des Lebens spielen: der Rolle des Arbeitslosen, des Verlassenen, des Betrogenen, des Unfallopfers, des Hartz-IV-Empfängers, des Kranken. Auf diese Weise verengt sich unsere Perspektive, unsere Gedanken drehen sich im Kreis, und wir können im inneren Gefängnis unseres eigenen »Dramas« landen.

Was wir in solchen Situationen brauchen, ist: Raum. Sie haben vielleicht selbst schon erfahren, wie wohltuend dann zum Beispiel ein Spaziergang in der Natur sein kann. Dabei richtet sich unsere Wahrnehmung wieder nach außen, wir sehen die Schönheit der Natur, und durch ihre harmonisierende

18 »Was es ist«, aus: Fried, Erich: Es ist was es ist. © Verlag Klaus Wagenbach, Berlin 1983.

Energie beginnen unsere Poren, sich wieder zu öffnen. Wir erleben Raum – oft verbunden mit einem Aufatmen. Insbesondere in einer weiten Landschaft, am Meer oder auf einem Berg, können wir diese befreiende Erfahrung machen. Durch den inneren Abstand schauen wir aus einer anderen Perspektive auf unsere Lebensumstände und unsere Gefühle. Manches erscheint dann unter Umständen kleiner, relativiert sich; die Ladung von Gefühlen kann sich verringern oder verflüchtigen.

Alles, was geschieht, geschieht in einem grenzenlosen Raum. Meistens nehmen wir den Inhalt dieses Raumes wahr: Gedanken, Gefühle und Körperempfindungen – ausgelöst durch äußere Umstände –, und identifizieren uns mit ihnen. Wir können unser Bewusstsein jedoch auch ausweiten und uns als den Raum selbst erleben, in dem all diese Erfahrungen auftauchen. Es gehört zum Wesen von Erfahrungen, dass sie kommen und gehen – der Raum jedoch bleibt.

Mit der folgenden Übung möchte ich Sie einladen, Ihre Aufmerksamkeit auf die Dimension des Raumes zu richten. Stellen Sie sich ein Aquarium vor. Sie können Ihre Wahrnehmung auf seinen Inhalt richten, auf die verschiedenen farbigen Fische, die darin schwimmen; oder auf den Raum, in dem sie sich befinden – auf das Aquarium als Ganzes. Das Aquarium ist neutral, es wertet nicht. Es hat keine Vorliebe für rote oder blaue Fische, kennt keine Abneigung – alle sind willkommen, so, wie sie sind.

Raum

Als Einstieg in diese Übung vergegenwärtigen Sie sich ein Erlebnis in der Natur, bei dem Sie die Schönheit und Weite einer Landschaft intensiv erfahren haben. Erinnern Sie sich an einen Moment, der Ihr Herz berührt und geöffnet hat: zum Beispiel einen wunderbaren Sonnenuntergang am Meer, den majestätischen Anblick eines Bergpanoramas, eine klare Nacht mit dem Blick auf unzählige Sterne. Wählen Sie eine Situation, in der Sie sich tief mit der Natur verbunden fühlten.

Dann lenken Sie Ihre Aufmerksamkeit auf Ihren Atem. Wo spüren Sie im Moment die Atembewegung in Ihrem Körper? Atem bedeutet Austausch zwischen innen und außen. Auch unsere Haut atmet.

Wenden Sie Ihre Aufmerksamkeit nun dem Element Luft zu. Spüren Sie die Luft, die Sie umgibt, die Ihre Haut berührt? Stellen Sie sich vor, dass sich Ihre Poren öffnen und Sie durch diese ein- und ausatmen. Der Atem weht wie ein sanfter Wind – in uns und um uns herum.

Öffnen Sie sich für den Raum, der Sie umgibt – dehnen Sie sich aus in diese Weite. Die Grenzen lösen sich auf, sodass Sie eins werden mit der Natur, mit dem großen Ganzen.

Sie nehmen Raum wahr – Sie sind im Raum – Sie sind Raum.

Genießen Sie eine Weile diese atmende Offenheit und Freiheit.

Jetzt lassen Sie in Ihrem Bewusstsein behutsam eine Erfahrung auftauchen, mit der Sie hadern. Das kann eine Körperempfindung sein (Schmerz, Druck, Anspannung), ein Gefühl (Traurigkeit, Angst, Ohnmacht) oder eine herausfordernde Situation.

Vermögen Sie, der Raum zu sein, in dem diese Erfahrung sich zeigt? Sie können etwas mit der Ausrichtung Ihrer Aufmerksamkeit spielen: Einmal richtet sie sich primär auf den Raum, einmal auf die von Ihnen gewählte Erfahrung. Und allmählich finden Sie eine Balance, in der beide gleichzeitig präsent sind. Man könnte sagen: Die Erfahrung steht im Vordergrund, der Raum, die atmende Weite im Hintergrund. Betten Sie Ihre Erfahrung in den Raum ein, umhüllen Sie sie mit Ihrem Atem.

Unter Umständen kann es helfen, wenn Sie sich an eine Situation erinnern, in der Sie Musik gehört haben und der gesamte Raum von Klang erfüllt war. Lassen Sie Ihre Erfahrung genau so in diesem Raum präsent sein: Erleben Sie den Raum und gleichzeitig Ihre Erfahrung.

Ist es Ihnen möglich, anzuerkennen, was sich gerade zeigt? »Ja, so ist es. Dies ist im Moment meine Realität. Diese Erfahrung ist jetzt in mir.«

Sie sind nicht Ihr Gefühl, Ihre Erfahrung – Sie sind viel größer.

Ich lade Sie ein, nun eine Weile mit der aufgetauchten Erfahrung in Stille zusammen zu sein.

Bevor Sie zum Ende kommen, erinnern Sie sich noch einmal daran, wie Sie obige Erfahrung vor der Übung wahrgenommen haben. Ist die Beziehung zu ihr jetzt anders?

Es ist möglich, über ein Naturerlebnis in die Übung einzusteigen, aber nicht unbedingt notwendig. In jedem Fall ist es hilfreich, in der Vorbereitung eine atmende Verbindung mit dem Raum um sich herum herzustellen und die Aufmerksamkeit auf den Atem zu lenken, auf das Element Luft; dies ist dem Herzchakra zugeordnet. Über die Luft ist alles miteinander verbunden; und genau so ist die Liebe in unserem Herzen fähig, sich mit allem zu verbinden, was in unserem Leben auftaucht.

Über den Atem kommen wir in Kontakt mit dem Geistigen. Wir sind nicht unser Körper, unsere Gefühle, unsere Gedanken. Wir sind Geist, sind Bewusstsein.

So, wie die Sonne allem ihr Licht schenkt, können wir lernen, zunehmend das Licht des Bewusstseins auf all unsere Erfahrungen zu richten.

Mentaler Ballast

Woran merken wir eigentlich, dass wir in die Haltung des Annehmens gefunden haben? Auf der Verstandesebene sagen wir manchmal so dahin: »Ja, so ist es eben.« Aber dann sind wir meistens noch weit von einer inneren Annahme entfernt. Wenig später kommt das Hadern, beginnen die inneren Diskussionen oder taucht die bohrende Frage auf: »Warum? Wieso ich?« Und es meldet sich der Widerstand: »So will ich es nicht. Es sollte anders sein.« Wir verwickeln uns in einen inneren Kampf, wollen dem gegenwärtigen Moment entfliehen, merken aber, dass dies nicht gelingt – wodurch sich noch mehr Spannung aufbaut.

Finden wir in die Haltung der »An-Nahme«, ist es nicht mehr nötig, uns bestimmte Umstände oder Gefühle vom Leib zu halten und in den Kopf zu flüchten; dann vermögen wir, sie an unser Herz zu nehmen. Wir werden fähig, ihnen ruhig in die Augen zu schauen: »Okay, du bist jetzt bei mir«, und wir erkennen an, was sich zeigt.

Gleichzeitig wissen wir: Erfahrungen kommen und gehen, nichts bleibt ewig; vorübergehend ist diese Energie bei uns »zu Besuch«.

Wir haben die Wahl, wie wir einer Erfahrung begegnen wollen: Verbarrikadieren wir unsere Tür, damit sie uns nicht zu nahe kommen kann, oder öffnen wir die Tür und sagen: »Hallo, komm herein. Wir trinken einen Tee zusammen. Ich bin neugierig, wer du bist und was du zu erzählen hast«?

Rumi hat ein Gedicht geschrieben, in dem er den Menschen als Besitzer eines Gasthauses beschreibt und die Gefühle als die Gäste, die ein- und ausgehen. Dieses Bild finde ich sehr hilfreich, um der Falle der Identifikation mit unseren Gefühlen zu entgehen und in eine neutrale Haltung zu finden. Als Gastwirt heiße ich die Gäste willkommen und gebe ihnen für eine gewisse Zeit Raum in der Herberge – ohne sie zu festen Untermietern oder Familienmitgliedern werden zu lassen.

Aus Annahme erwächst Frieden. Wir kommen in Frieden mit dem, was sich gerade zeigt; die inneren Verhandlungen und der Kampf hören auf. Annahme bedeutet, dass wir eine nicht emotionale und neutrale Haltung einnehmen, weder etwas bevorzugen noch etwas ablehnen. Wir sind sozusagen ohne emotionales »Gepäck«: ohne Widerstand, Abwehr, Angst, ohne Nein; und auch frei von dem Drang, woandershin zu wollen, wo es »besser« ist. Wir sind einfach da.

Sie können dabei an einen Baum denken, der frei auf einer Wiese steht; es scheint die Sonne, es regnet, es stürmt, es schneit. Und er steht einfach da, neutral – präsent mit dem, was ist.

Barbara, eine Klavierlehrerin, erlebt gerade einen finanziellen Engpass, denn zurzeit hat sie weniger Schüler als sonst. Ihr Kontostand zeigt: € 50,–. Als dann ein Schüler anruft und ihr mitteilt, dass er mit dem Unterricht aufhört, weil er beruflich für ein Jahr ins Ausland geht, ist die Schmerzgrenze erreicht. Barbara gerät in den Sog ihrer Sorgen. »Wie soll es weitergehen? Wie soll ich die nächste Miete bezahlen? Was mache ich, wenn ich aus dieser Wohnung rausmuss?« Die Szenarien erscheinen vor ihrem inneren Auge. »Was passiert, wenn ich in die Armutsschiene gerate?« Und die Gedanken galoppieren weiter in die Zukunft: »Wie wird es im Alter sein?« Ängste und Horrorszenen tauchen auf, in denen sie arm und einsam sein wird, vielleicht im Winter frieren muss. »Wer weiß, unter Umständen lande ich in einem schrecklichen Altersheim.« Es entsteht ein riesiges Gedankengebilde. Plötzlich bemerkt sie, wie sie sich den schönen sonnigen Tag mit ihren negativen Gedanken vergällt. Sie entschließt sich, den Film zu stoppen – und ins Hier und Jetzt zurückzukehren, zu den Tatsachen.

Was ist jetzt? Sie hat ein Dach über dem Kopf, sie hat genug zu essen, sie ist gesund, sie ist von lieben Freunden umgeben, sie hat eine Reihe von Schülern, sie liebt ihren Beruf … Und gleichzeitig sieht sie sich mit der Tatsache konfrontiert, dass nur noch € 50,– auf ihrem Konto sind. Aua, das ist schmerzhaft. Sie beginnt, die Gefühle und Empfindungen zuzulassen, die durch diese Situation ausgelöst werden: Angst, Unsicherheit, Unbehagen, Enge. Barbara nimmt wahr, wie sich dies im Körper anfühlt. Sie entgeht der Falle, sich mit ihren Gefühlen zu identifizieren, und ist fähig, diese zu beobachten. Sie erinnert sich, dass es möglich ist, der Raum für alle Erfahrungen zu sein – auch für Enge und Anspannung.

Anstatt in den Kopf, in Sorgen und in Mangelgedanken zu gehen, wählt sie jetzt einen anderen Weg und wendet sich an ihr Herz, in dem Vertrauen wohnt. Sie denkt: »Es gibt jede Menge Menschen, die sich jede Woche eine Klavierstunde gönnen; einige werden auch den Weg zu mir finden.« Aus ihrem Herzen heraus öffnet sie sich für ihr angestrebtes Ziel, dass sich neue Schüler anmelden. Sie begibt sich innerlich in die bereits erfüllte Situation und kommt in Kontakt mit der Freude und der Erleichterung, die dieses Szenario mit sich bringt.

Aus der Annahme heraus legt Sie auf der geistigen Ebene die Basis für einen Umschwung der Situation. Gleichzeitig überlegt sie sich auch konkrete praktische Maßnahmen: Sie könnte eine Online-Annonce aufgeben, ihre Website verbessern, Flyer an geeigneten Stellen auslegen.

Barbara hat als Freiberuflerin schon mehrmals erlebt, wie sich aus dieser inneren Haltung heraus die äußere Situation gewandelt hat. Nach einem Engpass wurde der Strom der Schüler und damit des Geldes auch wieder breiter – so wird es auch diesmal sein. Das Leben bewegt sich in der Dynamik des Wechsels: piano und forte, Adagio und Presto …

Manchmal kann es eine ganze Weile dauern, bis wir aus einer Haltung der Ablehnung in die der Annahme finden. Wie Zwiebelschalen gilt es, oft viele Schichten abzutragen: alle Gedanken und Geschichten, die mit einer Situation oder einem Gefühl verwoben sind, alle ablehnenden Energien, die daran hängen. Sie alle wollen bewusst gemacht und gesehen werden. Irgendwann kommt dann der Kern zum Vorschein – ohne jede Verpackung. Und wir brauchen oft Mut, um ihm in die Augen zu schauen und ihm aus dem weiten Raum des Herzens zu begegnen.

Interessanterweise können sich die Größenverhältnisse zwischen uns und einer Erfahrung bzw. einem Gefühl oft drastisch verändern. Dies geschieht vor allem durch zwei Prozesse: wenn wir zum »Raum« für unsere Erfahrung werden – und wenn wir die Erfahrung von allem Ballast befreit haben, den unser Denken ihr aufgeladen hat. Wenn wir parallel dazu die Rolle des armen kleinen Ichs abstreifen, werden wir fähig, alles zuzulassen und anzunehmen, was auftaucht.

Dem Widerstand begegnen

Beim Lesen der letzten Seiten haben Sie vielleicht gedacht: Das sind alles schöne Worte über Annahme, aber davon bin ich weit entfernt. Ich will keine Migräne mehr haben; der Lärm von der Baustelle neben meinem Büro ist eine Zumutung; ich hasse es, dass mein Partner nie pünktlich ist. Gelegentlich stecken wir in unserem Widerstand fest. Dann ist es angezeigt, auch dieses Muster genau anzuschauen – und erstmal ein Ja zu all unseren Neins zu sagen.

Der Widerstand kommt mir oft wie ein kleines, trotziges Kind vor, das seinen Willen durchsetzen möchte. Wenn ich Diki (so nenne ich meinen kleinen inneren Diktator) beobachte, taucht folgendes Bild auf: Diki hat sich etwas in den Kopf gesetzt und versucht mit all seinen Kräften, dieses Ziel zu erreichen. Auf seinem Weg stößt er auf eine Mauer; er rennt mit seinem Kopf dagegen und ruft: »Weg da, ich will hier durch!« Er hält dies eine ganze Zeit durch; offensichtlich hat er die stille Hoffnung, dass die Mauer verschwindet, wenn er nur deutlich genug zu verstehen gibt, dass sie ihm im Weg ist.

Aber die Erfahrung zeigt, dass das Leben sich nicht von Dikis Szenen beeinflussen lässt: Wo eine Mauer steht, bleibt eine Mauer. Diki fällt es schwer, zu begreifen, dass seine Macht nicht groß genug ist, um sich einen Durchgang zu verschaffen. Aufgeben wäre eine Demütigung. Also rennt er weiter gegen die Mauer und holt sich immer mehr Beulen. Das ist ziemlich schmerzhaft.

Von außen kann ich sehen, wie sinnlos seine Aktion ist. Und ich bin erstaunt, dass ich gelegentlich doch wieder in dieses Muster verfalle. Ist es auch Ihnen vertraut?

Wenn wir eine Erfahrung machen, die unser Verstand mit dem Etikett »sehr unangenehm« versehen hat, und Gefühle auftauchen, die wir nicht empfinden wollen, kommt schnell der Widerstand ins Spiel. Wir laufen innerlich weg. Der Widerstand sagt: »So will ich es nicht. Es sollte anders sein.« Das bedeutet, er will, dass die momentane Erfahrung nicht da ist. Dies ist eine verrückte Forderung. Was ist, ist – Punkt. Dieses Nein zum Leben kostet eine Menge Energie. Durch den Konflikt mit der Realität – »Ich will nicht hier sein« – baut sich Spannung auf, und wir werden innerlich hart. Wenn wir das Szenario mit Abstand betrachten, wird deutlich, dass es sich um reine Energieverschwendung handelt.

Solange unser Widerstand unbewusst bleibt und wir uns mit ihm identifizieren, stecken wir fest. Beginnen wir jedoch, das Muster wahrzunehmen, können wir wählen: Wollen wir den Kampf fortsetzen – oder uns weitere Beulen ersparen? Aus logischer Perspektive ist die Entscheidung schnell getroffen: aufhören. Doch dies ist leichter gesagt, als getan; in der Praxis braucht es oft einige Zeit, um umzuschalten.

Zwei Dinge helfen mir, meinen Widerstand loszulassen. Zum einen die klare Erkenntnis, dass Widerstand in der Situation nichts nützt: Es ist, was ist; zum anderen die bewusste Wahrnehmung der körperlichen und seelischen Spannung, die sich durch meine ablehnende Haltung aufbaut. Ich werde innerlich hart und strecke meine Stacheln aus. Sobald ich bis in den Körper hinein fühle, wie der Widerstand sich äußert, wird mir bewusst, was ich mir damit antue. Ich fühle mich »zu«, abgeschnitten von meiner Leichtigkeit, meiner Freude, meinem Herzen, von der atmenden Verbindung zu anderen.

Im Widerstand zu stecken, tut weh. Auch die Ausgangssituation, die zu seinem Auftauchen geführt hat, war bereits schmerzlich. Durch den Widerstand kommt also auf den ersten Schmerz noch eine zweite Schicht oben drauf. Den Unannehmlichkeiten der Ursprungssituation kann ich nicht entgehen, aber den zusätzlichen Schmerz könnte ich mir ersparen.

Widerstand ist ein weit verbreitetes Muster. Er ist eine Gewohnheit, mit der wir versuchen, uns unangenehme Erfahrungen vom Leib zu halten. »Das will ich nicht fühlen!«, lautet der Auftakt zu dem ganzen Spiel.

Im Zusammenhang mit dem Thema Widerstand und Annahme erlebe ich immer wieder, dass zwei verdrehte Ideen auftauchen. Unbewusst denken wir oft (wie ein kleines Kind in der Trotzphase): Wenn ich nur lang genug Widerstand leiste, kann ich vielleicht doch noch meinen Willen durchsetzen. Oder es kommt die Angst auf: Wenn ich Unangenehmes annehme, dann bleibt es womöglich bestehen. Doch genau das Gegenteil ist der Fall: Widerstand hält Dinge aufrecht; Annahme öffnet das Tor für Bewegung, schafft Raum für Neues. Es ist hilfreich, sich die eigenen Argumente anzuhören, die im Denken auftauchen, und diese auf ihren Wahrheitsgehalt hin zu untersuchen.

Vergegenwärtigen Sie sich eine Situation, mit der Sie gerade hadern und die Widerstand in Ihnen erzeugt.

Lassen Sie dann Ihren Widerstand bewusst zu, und nehmen Sie wahr, wie er sich konkret zeigt. Was fühlen Sie in Ihrem Körper? Vielleicht spüren Sie Anspannung in bestimmten Bereichen: Ist Ihr Kiefer fest, Ihr Gesicht ernst und verschlossen, Ihr Atem kurz und oberflächlich ...? Was löst der Widerstand auf der seelischen Ebene bei Ihnen aus? Vielleicht fühlen Sie sich hart, widerspenstig, wütend ...?

Es kann sein, dass es unangenehm und schmerzhaft ist, diesen Zustand so präzise zu spüren; bleiben Sie trotzdem präsent. Auch für den Widerstand gilt der Satz: »What you resist, persists.« Sie können sich weiteres Unbehagen ersparen, indem Sie nicht dagegen kämpfen oder sich verurteilen mit dem Gedanken: »Es ist nicht gut, im Widerstand zu sein.« Geben Sie dem Widerstand Raum. Erlauben Sie ihm, auf Ihrer inneren Bühne präsent zu sein, und beobachten Sie ihn einfach.

Dann können Sie folgende Frage untersuchen: Ist der Widerstand hilfreich, um mit dieser Erfahrung umzugehen und sie zu verarbeiten? Sollte Ihre Antwort »Nein« sein, fragen Sie sich weiter: »Bin ich bereit, meinen Widerstand loszulassen?« In dem Moment, in dem wir die Sinnlosigkeit dieses Musters wirklich sehen, Spannung und Schmerz fühlen, die es mit sich bringt, wächst oft die Bereitschaft, das Kämpfen aufzugeben.

Stellen Sie sich nun vor, wie sich Ihre Poren öffnen, die innere Verhärtung wie Schnee an der Sonne langsam schmilzt und die aufgebaute Anspannung allmählich entweicht. Sie können dabei Ihre Ausatmung unterstützend einsetzen und den Atem bewusst durch den Mund ausströmen lassen. Beobachten Sie, ob und wie sich die Situation verwandelt. Unter Umständen hilft auch etwas Bewegung, z. B. ein Spaziergang, um sich durchzulüften.

Wenn sich der Widerstand irgendwann verflüchtigt hat, ist Ihre innere Bühne wieder frei. Sind Sie offen dafür, als Nächstes die Ursprungssituation, die den Widerstand hervorgerufen hat, genauer anzuschauen? Worum geht es hier im Kern? Welche Gefühle sind mit dem Geschehen verbunden? Sind Sie bereit, diese zu fühlen?

Machen Sie sich innerlich weit, und haben Sie den Mut, Ihren Gefühlen und Körperempfindungen Raum zu geben. Erlauben Sie ihnen, auf Ihrer inneren Bühne aufzutreten. Wie schaut Ihr Herz auf sie? Vermag es, ihnen mit Verständnis und Mitgefühl zu begegnen? Und ihnen zu sagen: »Ja, ich sehe euch. Ich erkenne an, dass ihr da seid. Ich bin bereit, euch zuzulassen.«?

Um zunehmend in eine bejahende Haltung zu finden, können Sie das Wörtchen »Ja« wie ein Mantra bei jeder Ausatmung wiederholen. Sie lösen Ihren Kiefer, öffnen den Mund und die Kehle, um ein tonloses, langgezogenes »Jaaahhh« entstehen zu lassen. Es fließt weich auf dem Atemstrom nach außen; und mit jeder Ausatmung lassen Sie bestehende innere Anspannungen noch tiefer los: »Ja, ich lasse dich gehen. – Ja, ich gebe den Widerstand auf.«

Unser Herz ist fähig, auch schmerzhafte Erfahrungen anzunehmen und zu tragen. Nun umhüllen Sie die aufgetauchten Gefühle mit Ihrem »Jaaahhh« – und horchen dem Klang nach; Ihrem Ja zum Leben, wie es sich gerade zeigt.

Wie ergeht es Ihnen, und wie geht es Ihren Gefühlen, wenn Sie dies eine Weile praktizieren?

Mit obigem Prozess können Sie experimentieren, um vom Nein des Widerstands zum Ja des Herzens zu finden. Zur Fülle der Gefühle gehört auch die Ablehnung – auch sie will zugelassen und angenommen werden.

Es kann vorkommen, dass der Widerstand recht hartnäckig ist und in keiner Weise bereit, die innere Bühne zu verlassen. Ich erlebe dann gelegentlich Folgendes: Obwohl ich die Unsinnigkeit des Widerstands klar sehe und die unangenehme Verhärtung spüre, sitzt da ein kleines Teufelchen in mir. Es weiß, dass die Zeit für seinen Auftritt begrenzt ist und dass letztlich die Kraft des Herzens stärker ist als seine. Aber es hat einfach keine Lust, so rasch »klein beizugeben« und das Feld zu räumen. Es will sich erst zur Genüge austoben. Dann lasse ich es auch wüten – und schaue mir aus dem Abstand des Beobachters die Szene an. Der Widerstand rebelliert mit aller Kraft, auch lautstark: »So nicht! – Ich bin es satt! – Das ist gemein.« Ich lasse alle Beschwerden über Personen und über das Leben zu. Oft habe ich auch richtig Spaß an dieser Aufführung und fühle mich sehr lebendig dabei. Die Wut tut gut. Und irgendwann ist das Fass dann leer. Der Rebell hat den vollen Raum für seine Darbietung bekommen und einmal richtig auf die Pauke gehauen; er fühlt sich gesehen und gehört. Und dann ebbt die Ladung ab – er räumt das Feld, er löst sich auf.

Haben Sie keine Scheu, auch einmal einen Tobsuchtsanfall Ihres inneren Rebellen zuzulassen. Solange Sie sich nicht mit ihm identifizieren, sondern ihn – ohne Dingen und Menschen Schaden zuzufügen – aus dem neutralen Raum des Zuschauers beobachten, kann Ihnen die Situation nicht entgleiten. Im Widerstand erleben wir gelegentlich die geballte Kraft unseres Egos; und es wirkt befreiend, wenn es sich mal richtig Luft machen kann. Dann wird viel festgehaltene Energie frei. Und wenn das Gewitter vorbei ist, bricht irgendwann die Sonne wieder durch – kann die Wärme des Herzens erneut in den Vordergrund treten.

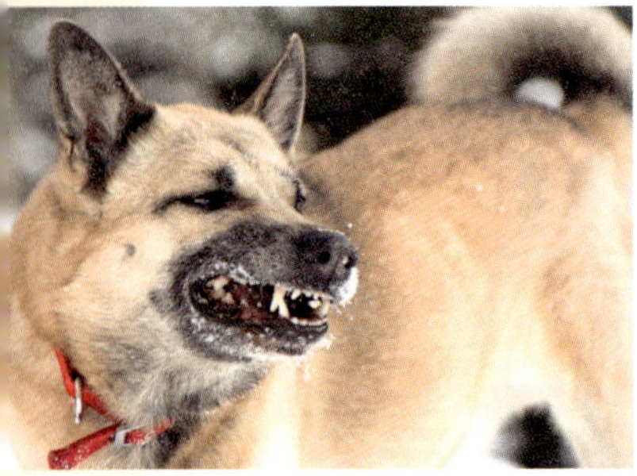

Hüten wir uns vor dem Anspruch, irgendwie »heilig« zu sein, weil wir uns für den Weg des Herzens und der Fülle entschieden haben. Zur Fülle gehören alle Gefühle: auch Wut, Hass, Neid, Rachsucht – sie wollen ebenfalls gefühlt werden und von dem anderen Teil in uns, der Mutter bzw. dem Vater dieser »Gefühlskinder«, gesehen und gehalten werden. Wir werden durch diese Gefühle nicht weniger menschlich, sondern finden erst in unsere volle Menschlichkeit, wenn wir uns unserer Ganzheit bewusst werden – und anzuerkennen vermögen, dass auch solche Gefühle in uns sind.

Mit dem eigenen Widerstand umzugehen, ist nicht einfach. Dies zeigt auch folgende Geschichte von Milarepa, einem Linienhalter des Tibetanischen Buddhismus, der in Höhlen lebte und jahrelang intensiv meditierte.

Eines Abends kam Milarepa vom Brennholzsammeln in seine Höhle zurück und entdeckte, dass sie voller Dämonen war. Sie kochten sein Essen, lasen seine Bücher und schliefen in seinem Bett. Sie hatten den Laden übernommen. Und obwohl er das Gefühl hatte, dass sie nur Projektionen seines eigenen Geistes waren, die ganzen unerwünschten Anteile seines Selbst, wusste er nicht, wie er sie loswerden konnte.

Also lehrte er sie zunächst das Dharma. Er saß auf einem Sitz, der etwas höher war als der ihre, und erzählte ihnen, dass alle eins sind. Er redete über Mitgefühl und Shunyata und darüber, dass Gift Medizin ist. Aber nichts passierte. Die Dämonen waren immer noch da. Dann verlor er die Geduld, wurde wütend und stürzte sich auf sie. Sie lachten ihn aus. Schließlich gab er auf, setzte sich einfach auf den Boden und sagte: »Ich werde nicht weggehen, und es sieht so aus, als würdet ihr auch nicht weggehen. Dann werden wir eben zusammen hier leben.« Daraufhin verschwanden alle Dämonen bis auf einen. Milarepa sagte: »Dieser ist wohl besonders bösartig« (Den kennt jeder. Manchmal haben wir jede Menge von der Sorte. Und manchmal wird uns klar, dass wir nur das haben und sonst nichts.) Er wusste nicht, was er tun sollte. Also gab er noch mehr auf. Er ging zu dem Dämonen, legte sich in sein Maul und sagte: »Friss mich ruhig auf, wenn du willst.« Da verschwand auch dieser Dämon.

Die Quintessenz der Geschichte ist, dass, wenn man den Widerstand aufgibt, auch die Dämonen verschwinden.[19]

Sobald wir erlebt haben, dass sich durch unsere Annahme Dinge verändern oder auflösen, sollten wir allerdings aufpassen, dass wir daraus keinen Trick machen. Es könnte passieren, dass wir eine unangenehme Erfahrung loswerden wollen und uns deshalb vornehmen, sie anzunehmen. Dies führt zu verstecktem Widerstand – und so bleiben wir im alten Muster stecken.

19 Aus: Chödrön, Pema: Beginne, wo du bist. Aurum in J. Kamphausen Mediengruppe GmbH, Bielefeld 2003.

Annehmen, was sich zeigt

Wollen wir mit offenem Herzen im Leben stehen, sowohl in der Freude wie im Schmerz, so ist unsere Fähigkeit zur Annahme ein entscheidender Faktor. Vermögen wir, alles willkommen zu heißen, was sich zeigt – in uns selbst, im Du, in der Welt – dann entsteht innerer Frieden. Ich möchte auf alle drei Bereiche kurz eingehen.

Annehmen, was in unserem Inneren auftaucht

Ich habe bereits über die innere Bühne gesprochen, auf der all unsere Erfahrungen erscheinen: unsere Körperempfindungen, Gefühle und Gedanken. Aus der Kraft des Herzens, dem Raum des Nichtwertens, wird es möglich, alles willkommen zu heißen; und sobald sich unsere Beziehung zu unseren Erfahrungen verändert, gelangen wir in einer andere Welt.

Zu lernen, konstruktiv mit negativ geladenen Gefühlen umzugehen, ist ein wesentlicher Schritt. Von ihnen geht im Allgemeinen die größte Gefahr aus, dass wir unser Herz verschließen und in ein Nein zum Leben geraten. Auch unsere Schattenseiten anzuschauen, kann eine ziemliche Herausforderung darstellen.

Auf Gefühle bin ich schon ausführlich eingegangen; an dieser Stellen möchte ich noch einmal den Umgang mit Körperempfindungen ansprechen, die Anlass zu Widerstand geben können. Sie sind vielfach so hautnah, dass es uns schwerfällt, uns nicht mit ihnen zu identifizieren. Rücken- oder Kopfschmerzen, eine chronische Krankheit, altersbedingte oder durch einen Unfall hervorgerufene Bewegungseinschränkungen – all diese Empfindungen können viel von unserer Aufmerksamkeit in Beschlag nehmen. Meist wollen wir nur eins: sie loswerden. Gelegentlich können sie zu einem zentralen Fokus in unserem Leben werden, rufen jede Menge Widerstand, Klagen, Hadern und innere Diskussionen auf den Plan.

Ich denke dann oft an ein großes buntes Bild, auf dem irgendwo ein schwarzer Punkt ist. Alle Aufmerksamkeit richtet sich auf diese Stelle, und wir verstricken uns in unsere »dunkle« Erfahrung; den Rest des Bildes nehmen wir kaum wahr. Mit solch einer verengten Perspektive bleiben wir in der Ablehnung gefangen, Annahme erscheint keine Option. Es braucht dann einen Schritt in eine andere Dimension.

Machen wir uns klar: Wir sind nicht das körperliche Unbehagen, sind nicht unser Körper; wir sind mehr als ein Fragment – wir sind das Ganze. Sobald uns dies (wieder) bewusst wird, können wir aus der Falle der Identifikation aussteigen. Aus einer solchen Weitwinkelperspektive wird es möglich, das gesamte Bild zu sehen. Wenn wir fähig werden, der Raum zu sein, in dem dieser kleine schwarze Punkt als momentane Erfahrung präsent ist, wird es leichter, ihn anzuschauen: »Da ist Unbehagen, da ist Schmerz: brennend, stechend oder schneidend.« Mit dem Blick auf das gesamte Bild relativiert sich unsere Situation, und es fühlt sich vielleicht so an: »Mir geht es gut; mein Magen tut allerdings weh im Moment.« Es kann mir gut gehen – auch wenn ein körperliches Unbehagen oder ein »unangenehmes« Gefühl da sein sollte.

Aus der Fülle des Herzens wird es möglich, der jeweiligen Körperstelle freundliche Aufmerksamkeit, Mitgefühl, Licht oder Liebe zu schicken; dies wirkt wie ein heilender Balsam. Wir können sie mit unserer Hand oder mit dem Atem berühren und in das Ganze einbinden, anstatt uns im Widerstand davon abzutrennen. Falls uns eine liebevolle Zuwendung vorerst noch schwerfällt, ist eine Begegnung mit neutraler Aufmerksamkeit schon ein wertvoller Schritt.

Dann ist der Atem ein gutes Mittel, um Verbindung aufzunehmen. Schicken Sie Ihre Ausatmung in die betroffene Körperstelle. Sie sind dabei ganz präsent in der Körperwahrnehmung, ohne sich in Gedanken über den Schmerz zu verstricken – in Bewertungen, Interpretationen oder Befürchtungen. »Vergessen« Sie die ganze Vorgeschichte, und seien Sie ganz bei dem Erleben des gegenwärtigen Augenblicks. Der Atem gleicht einem Fahrzeug, das die Milde des Bewusstseins an die jeweilige Stelle bringt. Er ist ein effektives Mittel, um die volle Präsenz in die Gegenwart zu holen. Atmen Sie zu dem Schmerz oder dem Unbehagen hin. Durch die Kontaktaufnahme und die Annahme kann es gelegentlich passieren, dass sich ein Schmerz wie eine Seifenblase plötzlich auflöst. Als ich dies das erste Mal erlebte, war ich richtig irritiert von der schnellen Wandlung der Situation.

Eine Freundin ist mit Problemen an ihrem Skelett auf die Welt gekommen. Auch nach vielen Operationen hat man ihr aufgrund ihrer körperlichen Einschränkungen eine 100%ige Minderung der Erwerbsfähigkeit zugesprochen. Trotz allem ist sie als Sängerin voll berufstätig, hat ein erfolgreiches Gesangsstudio und tritt auch selbst auf. Sie hat viel innere Arbeit geleistet, und ich habe wahrgenommen, wie sie in den letzten Jahren immer mehr aufblühte und in ihrer Freude präsent ist. Als ich mit ihr über das Thema »Annahme« sprach, sagte sie: »Seit ich zunehmend erkenne, dass ich ein geistiges Wesen bin, und mich nicht mehr so mit meinem Körper und seinen Schwierigkeiten identifiziere, hat das Hadern irgendwie von selbst aufgehört. Ich richte meine Aufmerksamkeit auf die Musik, meine erfüllende Arbeit und die schönen Dinge in meinem Leben – und bin glücklich. Es ist mir nicht mehr so wichtig, wie ich heute die Treppe raufkomme. Es ist so, wie es ist.«

Annehmen, was sich beim Du zeigt

Begegnungen mit anderen Menschen und ihrem Verhalten geben immer wieder Anlass zu Ablehnung und Widerstand: »Nein, so nicht. Du solltest anders sein. Du solltest anders handeln.« Die Menschen um uns herum sind ein Spiegel; und es gilt, anzuschauen, was sie in uns auslösen. Das Geschehen auf der äußeren Bühne können wir nutzen, um uns selbst besser kennenzulernen und unsere Gedanken und Gefühle wahrzunehmen, die auftauchen.

Um einen Menschen so annehmen zu können, wie er ist, hilft es mir, wie der »kleine Prinz« mit dem Herzen zu sehen. Aus dieser Perspektive wird es möglich, den Kern eines Menschen wahrzunehmen.

Wir erleichtern uns den Alltag, wenn wir unseren Blick nicht nur auf die sichtbaren Tatsachen richten, sondern mit den Augen des Herzens weiter und tiefer schauen.

Bei einem Konflikt hilft es, sich zu vergegenwärtigen, dass unser Gegenüber genau wie wir Gefühle und Bedürfnisse hat. Vielleicht hatten ihn gerade seine Emotionen im Griff, und er hat aus innerem Stress heraus reagiert. Seine Worte und sein Handeln entsprangen der Motivation, sich für die Erfüllung seiner Bedürfnisse einzusetzen. Unter Umständen hat er dabei eine »unglückliche« Strategie benutzt; offensichtlich stand ihm in diesem Moment keine andere, bessere zur Verfügung.

Ein sinnvoller Schritt besteht darin, sich in den anderen einzufühlen und zu erforschen, was auf der Gefühls- und Bedürfnisebene der Hintergrund für sein Verhalten sein mag. Wenn wir fähig sind, ihn in seiner ganzen Menschlichkeit – mit seinen Fähigkeiten, seinen Grenzen und seinem Unvermögen – zu sehen, verändert sich unser Blick auf sein Verhalten oft wesentlich. Unser Herz ist in der Lage, mit Verständnis auf die Muster unseres Gegenübers zu schauen, in dem Wissen, dass diese aus Konditionierungen, Glaubenssätzen und Erfahrungen der Vergangenheit entstanden sind; aus dieser Sicht kann Mitgefühl entstehen.

Wenn Konflikte auftauchen, ist es ratsam, sich den Unterschied zwischen dem Wesen eines Menschen und seinem Verhalten bewusst zu machen. Wir können uns bemühen, hinter die Ecken und Kanten, die wir auf der Persönlichkeitsebene wahrnehmen, zu schauen – auf das Wesen unseres Gegenübers. Auf seinen heilen Kern, den »göttlichen Funken«, den wir vielleicht in einer früheren Situation wahrzunehmen vermochten, als er durchscheinen konnte. Indem wir uns auf diese Ebene beziehen, entsteht in unserem Inneren Milde, es schmilzt etwas, und unser Herz öffnet sich.

Ich möchte noch ein häufiges Missverständnis ansprechen. Annahme bedeutet nicht, dass wir alle Verhaltensweisen unseres Gegenübers gutheißen; es bedeutet, dass wir anerkennen, was geschehen ist – ohne Widerstand. Dabei hilft es, die Bedürfnisse und sonstigen Hintergründe, die beim anderen im Spiel sind, zu verstehen – auch wenn wir mit seiner Reaktion darauf nicht einverstanden sind. Aus diesem Perspektivwechsel erwächst die Chance, dem anderen ohne Urteil und Negativität zu begegnen – und die Fähigkeit, sein Verhalten nicht persönlich zu nehmen. So vermögen wir, die Situation zuzulassen, ohne uns daran aufzureiben.

Dies setzt voraus, dass wir unsere eigenen Gefühle, die aufgetaucht sind, angenommen haben und uns gegebenenfalls selbst Empathie gegeben haben. In der Begegnung mit dem Du bedeutet Annahme auch keineswegs, es zu unterlassen, offen und ehrlich bestimmte Verhaltensweisen, die uns Schwierigkeiten bereiten, anzusprechen und unsere eigenen Bedürfnisse zu kommunizieren. Annehmen bedeutet nicht, dass wir alles hinnehmen und dabei vergessen, für uns selbst zu sorgen.

Umstände annehmen

Im Alltag werden wir immer wieder schmerzhaften Situationen und Lebensumständen begegnen. Dann sind wir aufgefordert, unser Herz ganz weit werden zu lassen, um auch diese zu halten und zu tragen.

Identifizieren Sie sich in solchen Momenten nicht mit der Rolle, die Sie gerade auf der Bühne des Lebens spielen. Treten Sie einen Schritt zurück, wird es möglich, das Szenario aus dem sicheren neutralen Raum des Zuschauers zu betrachten. Verbinden Sie sich mit der inneren Fülle – ganz gleich, welche Mangelzustände Sie auf der äußeren Ebene erleben mögen: Verlust von Arbeit, Partner, Gesundheit, Geld. Es ist wichtig, sich nicht über diese Erfahrung zu definieren, sich klein zu machen oder in die Opferrolle zu rutschen. Seien Sie der Raum, in dem sich all dies abspielt. Er ist so groß, dass er alles zu umfassen vermag, was Sie erleben.

Das Herz ist größer als jeder Schmerz. Und auch, wenn wir meinen, dass uns durch eine Erfahrung das Herz bricht, werden wir vielleicht im Nachhinein sehen, dass es dadurch eher auf-bricht: Innere Verhärtungen werden aufgeweicht, und letztlich eröffnet sich durch solch ein intensives Erlebnis vielfach ein tieferer Zugang zu unserer Herzenskraft. Alle Erfahrungen, so schmerzhaft diese auch sein mögen, sind dazu da, uns nach Hause zu führen – in die Verbindung mit unserem göttlichen Kern.

Besonders, wenn eine Phase in unserem Leben abgeschlossen ist, sind Anerkennung und Annahme die entscheidende Basis für das Wachsen von Neuem. Ob uns unser Job gekündigt worden ist, unser Partner die Scheidung eingereicht hat, unser Haus abgebrannt ist, eine Freundschaft durch einen Vertrauensbruch zu Ende gegangen ist – wichtig ist in solchen Fällen, Frieden mit der momentanen Situation und ihrer Vorgeschichte zu finden. Es mögen erst einmal viele schmerzliche Gefühle auf unserer inneren Bühne auftreten: Sie alle wollen gesehen, gefühlt und geheilt werden. Beginnen Sie damit. Diese Phase kann unter Umständen längere Zeit in Anspruch nehmen, je nach Intensität des Erlebnisses und der Ladung der aufgewühlten Gefühle.

Am Ende solch eines Verarbeitungsprozesses ist die Würdigung der vergangenen Phase ein wertvoller letzter Schritt. Nach dem Verlust der Arbeitsstelle: die Anerkennung positiver Erfahrungen in dem alten Job, die Wertschätzung von Kollegen, die Entwicklungsmöglichkeiten, die sich ergeben haben. Beim Ende einer Beziehung oder Freundschaft: die Würdigung der gemeinsamen Zeit, die kostbaren Erfahrungen, die Möglichkeit, zu lernen und zu wachsen.

Im Prozess der Würdigung und der Annahme lassen wir noch einmal bewusst alle Geschenke der vergangenen Periode vorüberziehen und nehmen sie wertschätzend an. Wenn wir dank der Kraft des Herzens über Verletzungen, Groll und Hadern hinausgewachsen sind und all diese Gefühle in unser Herz aufgenommen haben, vermögen wir, Frieden mit der Vergangenheit zu schließen. Dann wird es uns vielleicht möglich, mit Blick auf das Geschehen zu sagen: »Ja, ich nehme es an – voll und ganz, mit allem, was es mich gekostet hat, und allem, was es mir geschenkt hat.«

Alle Erfahrungen haben ihren Wert; oft sehen wir diesen erst später, im Rückblick. Die Erlebnisse haben uns dorthin gebracht, wo wir heute stehen, haben uns zu dem Menschen gemacht, der wir jetzt sind. Sobald wir in dieser Weise mit der Vergangenheit im Reinen sind, kann ein neues Kapitel in unserem Leben beginnen. Bleiben wir hingegen mit der alten Geschichte verstrickt, indem wir mit ihr hadern und Widerstand gegen sie aufbauen, sind wir schwingungsmäßig immer noch auf der bisherigen Energiefrequenz und werden vermutlich wieder Erfahrungen anziehen, die der alten Situation ähneln.

Aus der Annahme, Anerkennung, Würdigung bestehender und vergangener Umstände erwächst Frieden sowie der Freiraum, Neues zu erschaffen.

Annahme und Aktivität

Viele Menschen denken, bewusst oder unbewusst, dass Annahme »nichts tun« bedeutet: stillsitzen und den Dingen ihren Lauf lassen. Lassen Sie uns hier differenzierter hinschauen.

Der erste Schritt ist inaktiv, ja. Wir werden innerlich still und schauen auf das, was ist. Wir erkennen die gegenwärtige Situation an, ohne sie zu bewerten und sie mit einem Etikett zu versehen: »Dies ist im Moment meine Realität« – und aus dem Herzen sagen wir Ja dazu.

Ein Beispiel: Wir sind allein mit dem Fahrrad unterwegs, und auf einem abgelegenen Waldweg bekommt es plötzlich einen Platten. Annahme heißt in diesem Fall: erkennen, dass der Schlauch kaputt ist und dass wir nicht weiterfahren können. Vielleicht geht diesem Schritt voraus, dass wir unserem Frust Luft machen – seufzend oder fauchend.

Annahme bedeutet jetzt keineswegs, nichts zu tun und sich am Wegesrand hinzusetzen. Sie bedeutet, die Situation in die Hand zu nehmen und zu tun, was notwendig ist: den Schlauch zu reparieren. Dies ist der zweite Schritt: Auf der Basis der Annahme erwächst eine Aktion.

Durch die bewusste Anerkennung der Situation schwingt unsere Energie auf einer positiven Frequenz; und so stehen die Chancen gut, dass uns die Reparatur leicht von der Hand geht. Bleiben wir jedoch in Frust, Ärger oder Widerstand hängen, zieht dies unsere Energie hinab. Wir werden es auch in dieser Haltung schaffen, den Reifen zu reparieren; aber wir erleben die Prozedur vermutlich als viel mühsamer, weil unser inneres Klima in gewisser Weise »vergiftet« ist.

Es ist aufschlussreich, zu beobachten, aus welcher inneren Haltung unser Handeln entsteht. Es kann einerseits auf organische Weise aus der Annahme heraus erwachsen. Andererseits kann auch Vermeidung der Motor sein: »Bloß weg hier, dieser Zustand ist ja unerträglich!« Und so stürzen wir uns manchmal in Aktivitäten, um der gegenwärtigen Situation zu entkommen. Wir wollen nicht sehen, was ist, oder unsere Gefühle zulassen ; wir schauen nur kurz hin und flüchten dann gleich in »Aktionismus«. In solch einem Fall schwingt unsere Energie auf einer niedrigen Frequenz: Sie ist von Angst, Widerstand und Vermeidung geprägt. Wir senden diese negative Gefühlsschwingung ins Universum; gleichzeitig sind wir bestrebt, mit unserem Handeln ein Ziel zu erreichen. Daraus entsteht Reibung; und es ist fraglich, ob wir den gewünschten Erfolg anziehen werden.

Das bewusste Erschaffen von etwas Neuem erwächst aus der Anerkennung dessen, was ist. Die annehmende Kraft des Herzens bildet den Boden für die Entfaltung der schöpferischen Kraft.

Liebe, was du hast, dann bekommst du, was du willst,

lautet ein Buchtitel von Melody Beattie.

Erinnern Sie sich an die Grundgebärde des Widerstandes? Die abweisend nach vorn gestreckten Hände, die Nein zum Leben sagen: »Komm mir nicht zu nahe, so nicht!« Diese Haltung kostet viel Energie.

Ich habe mich im Laufe der Jahre für diese Geste sensibilisiert. Und sobald sie in meinem Inneren auftaucht, geht ein rotes Lämpchen an, das mir signalisiert: »Hallo, du steckst gerade im Nein.« Dann nehme ich mir Zeit, genau hinzugucken. Eine hilfreiche Frage ist in solchen Momenten: »Was will ich jetzt nicht fühlen?« Wenn ich in mir die Bereitschaft spüre, das Gefühl zuzulassen, das aufgetaucht ist, dann begegne ich ihm. Blockiert mein Widerstand diesen Weg, dann spüre ich diesen erst einmal und setze mich mit ihm auseinander.

Zugegeben, es ist oft nicht leicht, in eine annehmende Haltung zu finden. Es ist jedoch hilfreich, zu wissen, dass darin der Schlüssel zum Frieden mit dem Leben liegt.

Wie es uns im Leben geht, hängt nicht so sehr von den Umständen ab, sondern von unserer Beziehung zu unseren Erfahrungen – ob wir sie ablehnen oder willkommen heißen. Ausschlaggebend ist primär nicht, was wir erleben, sondern, wie wir in dem Geschehen präsent sind.

Die nicht urteilende Herzenskraft vermag, sich mit allem zu verbinden, so, wie es ist. Es ist okay,

wer ich bin,
wo ich bin,
was ich tue
und wer bei mir ist.

Für mich sind die Urgebärde der Annahme offene Arme, die signalisieren: Du bist willkommen, liebe Erfahrung; ich bin bereit, dich zu fühlen.

5. Herzenswünsche – Die schöpferische Kraft des Herzens

Klare Intention

Was ist es, das Ihr Herz tanzen, singen, jubeln lässt – und das Sie in Ihr Leben einladen möchten?

Es gibt in unserem Herzen Wünsche nach inneren und äußeren Bedingungen, die – wenn sie erfüllt sind – Gefühle von Zufriedenheit, Freude, Leichtigkeit, Erfüllung, Glück hervorrufen. Es sind die Bedingungen, die dem Plan unserer Seele entsprechen, ist unser »innerer Schmetterling« (vgl. Übung »Die Raupe und der Schmetterling«, S. 103) in seinem Element.

Es ist wichtig, dass wir uns klar machen, was wir in unserem Leben wollen. Was ist unser Traum? Alles entsteht zuerst in unserem Geist.

Sie werden Wünsche auf verschiedenen Ebenen entdecken:

1. Materielle Wünsche: Ich will … haben! (eine größere Wohnung, ein Auto, eine neue Küche …)
2. Handlungswünsche: Ich will … tun! (Salsa tanzen, reisen, ein Instrument spielen lernen …)
3. Geistige Wünsche: Ich will … sein! (selbstsicherer, gelassener, mutiger …)

Wohin will ich?

Wovon träumt Ihr Herz, und was ist Ihnen in Ihrem Leben wichtig – in Bezug auf Beziehung, Familie, Freunde, Beruf, Gesundheit, innere Entwicklung, Freizeit, Wohnen?

Begeben Sie sich in den Raum der Möglichkeiten; wie ein Kind, das an Wunder glaubt oder einer guten Fee ohne Zögern seine Herzenswünsche offenbart.

Lassen Sie Ihr Herz sprechen, und formulieren Sie Ihre Ziele:

....

....

....

....

Vielleicht funkt ab und zu Ihr Verstand dazwischen: »Das ist doch unmöglich, weil ...« Es ist Ihre Wahl, solchen Einwänden Aufmerksamkeit und Glauben zu schenken. Ich lade Sie ein, Ihre Aufmerksamkeit stattdessen auf das Feld zu richten, in dem alle Möglichkeiten vorhanden sind.

Aus der Perspektive der Fülle schauen

Wenn es um die Erfüllung von Wünschen geht, ist es wichtig, sich die eigene Basis für diesen Prozess zu vergegenwärtigen: Liegt sie im Raum des Mangels oder dem der Fülle? Hinter »Ich wünsche mir einen Partner« können unterschiedliche innere Haltungen stehen.

Mangel: Ich bin ohne Partner; ich erlebe eine gewisse Leere und wünsche mir einen Menschen, der das Fehlende in mein Leben bringt.

Vermeidung: Vor Kurzem hat sich mein bisheriger Partner von mir getrennt. Das Alleinsein fällt mir enorm schwer, und ich wünsche mir sehnlichst, dass so schnell wie möglich ein neuer Partner an meine Seite kommt.

Manchmal benennen Menschen zwar deutlich ihre Wünsche, aber innerlich befinden sie sich dabei im Bewusstsein des Mangels. So geraten sie in die Position eines Bettlers: »Bitte gib mir Benzin, damit ich nach Berlin komme.« Wenn ich einen vollen Tank habe – in der inneren Fülle stehe –, dann kann ich losfahren und die Richtung wählen: Ich will nach Berlin, nach Hamburg oder München. In diesem Fall entsteht eine ganz andere Dynamik.

Auf die Partnerschaft bezogen, würde diese Haltung innerer Freiheit so aussehen: »Ich wünsche mir einen Partner; ich freue mich über einen Mann/eine Frau an meiner Seite, mit dem/der ich meine Fülle teilen kann. Sollte jedoch keine/-r auftauchen – fühle ich mich auch allein glücklich.«

Entspringen Wünsche dem Mangelbewusstsein, kommt es unausweichlich zu einem Haben-Wollen. Sind wir mit unserem ganzen Sein im Raum der Fülle präsent, existieren natürlich auch Wünsche und Ziele, aber wir sind auf deren Erfüllung nicht zwanghaft ausgerichtet und unser inneres Wohlbefinden hängt nicht davon ab. Wenn das Gewählte geschieht, ist das wunderbar – wenn nicht, ist es auch in Ordnung. Wir befinden uns auch mit einem anderen Ergebnis in Frieden.

Die Basis für das Erschaffen liegt in der totalen Annahme des Hier und Jetzt. Nur dann kann sich die schöpferische Kraft voll entfalten. Alles, was wir tun, weil wir dem momentanen Zustand entfliehen oder die Situation ändern wollen, bringt uns auf den verkehrten Weg.

Je nach dem Ursprung unserer Wünsche entstehen recht unterschiedliche Gefühle. Kommen sie aus einer Welt des Mangels, aus Schmerz und Leiden, aus einem Haben-Wollen, verzehren wir uns unter Umständen in Sehnsucht nach dem begehrten Ziel. Stehen wir hingegen in der inneren Fülle, weckt ein formulierter Wunsch Vorfreude, Leichtigkeit, er beflügelt uns, lässt es uns warm ums Herz werden.

Etwas nicht mit aller Kraft haben zu wollen, ist der Schlüssel zum Raum der schöpferischen Kraft des Herzens. Somit eröffnet sich uns die Chance, etwas zu erschaffen, umzuwandeln oder zu vervollkommnen.

Wir vermögen nur das in die physische Wirklichkeit zu bewegen, was bereits in unserem Geist präsent ist. Leben wir im Bewusstsein des Mangels und vermissen etwas, so gelingt es uns nicht, das Gewünschte zu manifestieren. Auf der geistigen Ebene ist alles schon da. Es gilt, unsere momentane Situation zu würdigen und innerlich in eine lebendigen Verbindung mit neuen Möglichkeiten zu treten, sodass diese uns finden können.

Die folgende Geschichte über eine Vision zeigt, wie das Leben uns oft auf wundersame Weise unterstützt.

Patrick arbeitete bereits zwanzig Jahren in der IT-Branche und wollte nicht sein gesamtes Arbeitsleben hinter einem Computer sitzen. Es war sein Traum, einen Erlebnispark zu eröffnen und sein Geld auf diese Weise zu verdienen. Er arbeitete viel im Ausland, und eines Tages kam er in eine Region, von der er dachte: Hier ist die richtige Gegend für mein Projekt. Fünf Jahre suchte es nach einem geeigneten Grundstück, aber jedes Mal gab es einen Haken. Ungeachtet dessen stand das Bild des Erlebnisparks klar vor seinem geistigen Auge und war gefühlsmäßig in ihm verankert; es gab bereits erste Pläne, einen Namen, ein Logo. Eines Tages entdeckte er einen fantastischen Platz; der Erwerb des Grundstücks lief leicht, und er fand weitere Investoren für sein Projekt.

Aber dann tauchte ein Hindernis auf. Die Behörde, die für die Genehmigung des Projekts zuständig war, wollte in dieser Region keine weitere Bebauung oder öffentlich Nutzung des Geländes; es sollte so weit wie möglich Naturgebiet bleiben. Patrick ließ sich nicht abschrecken, auch wenn ihm jeder, dem er von seinem Vorhaben erzählte, sagte: Die Genehmigung bekommst du nie. Er war sich sicher: Sein Projekt würde verwirklicht werden. Konkrete Pläne wurden ausgearbeitet, alle Vorbereitungen gingen ihren Gang.

Eines Tages verließ er an einem heißen Sommermittag nach einem Termin ein kleines Städtchen. Am Ortsausgang standen zwei kleine Jungen und streckten ihre Daumen aus, um mitgenommen zu werden. Patrick überlegte: Sie wollen sicher zur nächsten Ortschaft, aber ich fahre nicht so weit; ich biege auf halber Strecke ab zu meinem Grundstück. Er war schon an ihnen vorbeigefahren, als er eine Energie spürte, die ihm vermittelte: »Bitte nimm uns mit!« Er fühlte sich in die Situation der Kinder ein und dachte: Die stehen hier in der Gluthitze, bis zum nächsten Ort ist es weit zu laufen, und bei diesen Temperaturen eine Qual ... okay, ich werde die Kinder hinfahren. Er drehte um und ließ die Jungen einsteigen. Im Auto entspann sich ein Gespräch mit einem der Jungen: »Was machst du hier?« Patrick erzählte von seinem Grundstück und von seinem Projekt. Das Kind war total begeistert und hätte am liebsten sofort den Erlebnispark besucht. Patrick erzählte ihm von dem Mann in der Behörde, der so gut wie keine Genehmigungen ausstellte. Der Junge fragte: »Wie heißt der denn?« Als Patrick den Namen nannte, sagte der Junge: »Das ist mein Vater. Ich werde ihm von deinem Projekt erzählen. Es ist so toll, das muss er unterstützen!« Patrick war sehr überrascht und fuhr fort: »Aber im nächsten Dorf gibt es auf dem Amt eine Dame, die auch noch ihre Zustimmung geben muss. Und sie ist bekannt dafür, das sie mit keiner Genehmigung rausrückt.« Zu seinem Erstaunen erwiderte der Junge: »Das ist meine Mutter.«

Patrick wusste nicht, wie ihm geschah. Der Junge war voll Begeisterung für dieses Projekt und fest gewillt, alles zu tun, um seine Eltern davon zu überzeugen, dass der Park hier entstehen musste; und dass sie diesen netten Mann, der ihn und seinen Freund in der glühenden Hitze mitgenommen hatte, unterstützen sollten. Patrick setzte die Jungen am gewünschten Ort ab, sehr berührt von dieser Begebenheit.

Am folgenden Tag ging er mit seinen Plänen zur Behörde, obwohl alle ihm davon abrieten: »Du kannst da nicht einfach unangemeldet hingehen. Dieser Mann ist der oberste Chef.« Als Patrick seinen Namen nannte, wurde er von besagtem Mann mit einem wissenden Lächeln begrüßt und freundlich empfangen.

Es gab in den folgenden Monaten noch viele weitere unerwartete Hindernisse zu überwinden. Patrick nahm sie sportlich und blieb klar fokussiert auf sein Ziel – in tiefem Vertrauen, dass sein Traum sich manifestieren würde. In seinem Inneren war das Projekt bereits eine Realität; und er sah schon vor seinem geistigen Auge, wie am Tag der Eröffnung zwei Kinder, ein blindes und ein körperbehindertes, das Band am Eingang des Parks durchschnitten.

Ich habe den Entstehungsprozess über mehrere Jahre hinweg verfolgt und war sehr beeindruckt von Patricks innerer Haltung. Die vielen Frustrationen, Rückschläge und Hindernisse nahm er in dem Bewusstsein an, dass Herausforderungen dazu da sind, sie zu meistern und an ihnen zu wachsen. Er hatte auf der einen Seite eine starke Ausrichtung auf sein Ziel und auf der anderen Seite die Bereitschaft, loszulassen, wenn sich herausstellen sollte, dass das Leben sich in eine andere Richtung bewegen wollte. Er hielt nicht verbissen an dem Projekt fest. Auf dem Weg gab es kritische Momente, in denen er sagte: »Wenn das jetzt nicht klappt, dann soll es nicht sein. Dann ziehe ich mich zurück. Ich kann auch andere Sachen in meinem Leben machen.« Patrick war in einem Raum innerer Freiheit und tanzte mit dem Leben: Er gab die Richtung an und ließ sich gleichzeitig führen.

Denken – Fühlen – Sein

Das gewünschte Ergebnis erleben

Wie bereits in Kapitel 1 beschrieben, sind alle Möglichkeiten in dem feinstofflichen Energiegewebe des Quantenfeldes enthalten. Wir kommunizieren (unbewusst oder bewusst) mit diesem Feld und bewegen durch unsere Geisteshaltung Ereignisse aus dem Bereich des Unsichtbaren in unsere physische Wirklichkeit. Nach dem Gesetz der Resonanz ziehen unsere Gedanken und Gefühle bestimmte Erfahrungen an.

Dieses Prinzip können wir bewusst nutzen. Indem wir uns bereits jetzt in den Zustand versetzen, in dem ein angestrebtes Ziel erreicht ist, unser Traum erfüllt ist – legen wir die Basis dafür, dass diese Wirklichkeit uns finden kann. Gregg Braden sagt: »Schon allein das Fokussieren unseres Bewusstseins ist ein schöpferischer Akt. Bewusstsein erschafft.«[20] In unserem Geist sind wir bereits am Ziel angekommen.

In den asiatischen Kampfkünsten kann man gut sehen, wie dieses Prinzip funktioniert; zum Beispiel bei der Aufgabe, einen Ziegelstein oder einen Stapel Holzbretter zu zerschlagen. Das Entscheidende ist hierbei die Bündelung der geistigen Kraft.

Mitte der Achtzigerjahre nahm ich über Silvester an einem Workshop teil; an einem Nachmittag stand auf dem Programm, mit der Hand ein Holzbrett durchzuschlagen. Dies gelingt nur, wenn der Fokus der Aufmerksamkeit ganz auf die vollendete Tat gerichtet wird. Ich muss hier und jetzt ganzheitlich fühlen können, dass das Ziel schon erreicht ist: Das bedeutet, einen Punkt unterhalb des Brettes anzuvisieren und zu spüren, dass meine Hand bereits dort angelangt ist. Die Aufmerksamkeit geht nicht zu dem Problem, wie die Hand durch das Brett kommt, sondern sie richtet sich gleich auf das Ergebnis. Wenn ich mit erhobener Hand dastehe und mich auf die schnelle, kraftvolle Bewegung konzentriere, mit der meine Hand unter dem Brett landet, muss ich bereits vollkommen die Person sein, die dies geschafft hat. Keine Zweifel, keine Ängste – sondern schon jetzt die Freude über die vollbrachte Tat. So gelingt es. Die gesamte Gruppe, die im Kreis um die jeweils ausführende Person stand, unterstütze diese, indem sie sich ebenfalls mental auf den ausgeführ-

20 Braden, Gregg: Im Einklang mit der göttlichen Matrix. Koha, Burgrain 2005. S. 237.

ten Vorgang ausrichtete. Jedes Mal brach lauter Jubel aus, wenn wieder ein Brett zerschlagen worden war.

Ich möchte Sie bitten, sich die Liste Ihrer Herzenswünsche erneut vorzunehmen und sich jetzt auf der Gefühlsebene den erreichten Zielen zuzuwenden.

Alles ist schon da ♥

Nehmen Sie sich einen Wunsch von Ihrer Liste vor. Ihre Intention haben Sie damit schon formuliert. Begeben Sie sich nun in den Raum der Möglichkeiten, in dem das gewünschte Ergebnis bereits existiert. Sie lassen sich in der Zukunft nieder und spüren, wie es sich dort anfühlt. In Ihrem Geist erschaffen Sie ein Bild der erfüllten Situation – und tauchen gefühlsmäßig in diese hinein.

Woran merken Sie, dass ein Wunder geschehen ist und sich Ihr Wunsch schon erfüllt hat? Wie fühlen Sie sich jetzt?

Kosten Sie mit allen Sinnen die Fülle aus, die Sie im Moment erfahren. Genießen Sie das Neue, holen Sie die Zukunft in die erlebte Gegenwart.

- Sie denken in die gewünschte Richtung,
- Sie fühlen in die gewünschte Richtung, und
- in Ihrem ganzen Sein verkörpern Sie bereits das gewünschte Ergebnis.

Jetzt formulieren Sie Ihren Wunsch erneut, als wäre er schon Wirklichkeit.

....

....

....

Verwenden Sie das Verb in der Gegenwartsform. Warum? So drücken Sie Ihre Erlaubnis aus, dass das Geschriebene wirklich geschehen darf und machen deutlich, dass Sie die Situation in Ihrem Geist bereits erschaffen haben. Auf diese Weise beginnen Sie mit dem Prozess, das gewünschte Ergebnis aus dem Reich des Unmanifestierten in die Realität zu ziehen.

Benutzen Sie bei der Formulierung Ihres Ziels kein: »Ich möchte, ich will, ich werde, ich wünsche.« Auch »ich darf« und »ich kann« sind lediglich Vorstufen zur Formulierung des erreichten Ergebnisses:

»Ich darf erfolgreich sein« drückt Ihre Erlaubnis aus;

»Ich kann eine eigene Praxis aufbauen« verweist auf Ihr Potenzial.

In beiden Fällen wird noch nicht ausgedrückt, dass das Angestrebte bereits zur Realität geworden ist; dies drücken Sie z. B. mit Verben aus wie

- »ich tue« (Schritt für Schritt baue ich eine erfolgreiche Praxis auf),
- »ich bin« (Ich bin erfolgreich und freue mich über die gut laufende Praxis),
- »ich fühle« (Ich fühle mich reich beschenkt vom Leben und danke für die gewinnbringende Praxis).

Es ist in Ordnung, Sätze mit »ich darf« und »ich kann« zu formulieren, wenn Sie noch nicht so weit sind, Ihr angestrebtes Ziel als gegenwärtigen Zustand zu formulieren. Manchmal braucht es etwas Zeit, dorthin zu wachsen; in diesem Fall ist es sinnvoll, erst einmal eine Vorstufe zu benennen.

Es kann sein, dass sich Ihr Verstand oder irgendetwas in Ihrem Inneren gegen eine Formulierung im Präsens sträubt. Dann können Sie eine Redewendung wählen, die nicht das Ergebnis, sondern den Prozess dorthin ausdrückt.

- ♥ Ich öffne mich für …
- ♥ Ich freue mich auf …
- ♥ Ich entscheide mich für …
- ♥ Ich bin auf dem besten Weg zu …
- ♥ … kommt auf mich zu.
- ♥ Es zeigt sich …
- ♥ Ich ziehe … an.

Finden Sie eine Formulierung, die sich im Moment für Sie stimmig anfühlt, und gehen Sie mit Ihrem Gefühl in jede Aussage hinein. Diese Vorbereitung ist wie das Legen eines Samens in die Erde.

Euch geschehe nach eurem Glauben.
(Jesus bei einer Blindenheilung – Matth. 9,29)

Beispiele

Unter Umständen mag es Ihnen etwas fremd vorkommen, Ihr gewünschtes Ziel in der Gegenwartsform zu formulieren. Deswegen finden Sie hier einige Beispiele zu Kernthemen wie Partnerschaft, Arbeit, Geld, Gesundheit etc.

Partnerschaft

- Ich habe eine liebevolle, nährende Beziehung mit einem Partner und bin glücklich.
- Ich liebe meinen Lebenspartner und fühle mich geliebt – ich genieße unser Zusammensein.
- Locker und leicht ziehe ich einen Partner an, mit dem ich mich rundum wohlfühle.
- Ich danke für meine Beziehung, in der ich Nähe und Freiheit, Tiefgang und Leichtigkeit erlebe.

Arbeit

- Ich bin erfüllt von meinem Beruf und fühle mich rundum wohl in meinem neuen Job.
- Ich freue mich, eine passende Arbeit gefunden zu haben, in der ich meine Talente einbringen kann und angemessen bezahlt werde.
- Ich bin dankbar für meine ausgebuchten Seminare und habe viel Freude an der Arbeit in meinen Gruppen.

Geld

- Ich danke dafür, dass ich immer reichlich Geld habe für Dinge, die mir wichtig sind und mir guttun.
- Ich vertraue dem Leben, dass es auf allen Ebenen gut für mich sorgt – auch auf der finanziellen.
- Ich danke für den reichen Geldfluss, der leicht auf mich zukommt, und nehme ihn in Freude an.
- Ich danke dafür, dass meine Leben reich ist; ich genieße die finanzielle Freiheit, die ich habe.

Gesundheit

- Ich liebe meinen vitalen Körper und danke ihm, dass er mich so gut unterstützt.
- Ich höre auf die Signale meines Körpers und handle dementsprechend, um mein Wohlbefinden zu fördern.
- Mein Körper ist in Harmonie; ich sorge gut und gern für ihn.
- Meine Schulter ist von heilender Energie durchströmt und bewegt sich leicht.

Beziehung zu sich selbst

- Ich spüre meine innere Kraftquelle und bin dankbar für meine gute Führung.
- Ich liebe mich und unterstütze mich von ganzem Herzen bei allen Schritten auf meinem Weg.
- Ich akzeptiere mich voll und ganz – mit meiner Fülle und meinen Unvollkommenheiten.
- Ich löse mich von den Erwartungen anderer, stehe in Liebe zu mir und handle so, wie es für mich stimmig ist.

Familie

- Ich bin dankbar für die Liebe, die ich in meiner Familie spüre.
- Berufliche Tätigkeit und Familie vereinbare ich spielend leicht.
- Ich erfahre Wärme und Geborgenheit in meiner Familie.
- Ich bin ein Geschenk für meine Familie – und sie ist ein Geschenk für mich.

Kontakte/Freunde

- Ich habe bereichernde Kontakte, die auf gegenseitiger Wertschätzung basieren.
- Mit meinen Freunden verbinden mich gemeinsame Interessen, und wir haben viel Spaß miteinander.
- Ich fühle mich reich beschenkt durch meine inspirierenden und wertvollen Freundschaften.

Kommunikation

- Ich teile mich mit, fühle mich gehört und gesehen.
- Ich kommuniziere klar meine Bedürfnisse und nehme gleichzeitig empathisch die Bedürfnisse anderer wahr.

- Freudig kommuniziere ich meine Jas; klar vertrete ich meine Neins und setze meine Grenzen.

Beziehung zum Leben

- Ich fühle mich sicher und geborgen – zu jeder Zeit und überall.
- Ich bin offen für freudige Überraschungen, bereichernde Erfahrungen und leichtes Gelingen.
- Ich bin dankbar, dass das Leben mich so reich beschenkt.
- Ich danke, dass mir die Mittel und die passenden Mitspieler für mein neues Projekt zur Verfügung gestellt werden.
- Ich richte meine Aufmerksamkeit auf das Positive – in mir und in meinem Umfeld.

Ich habe gewusst, dass es dich gibt,
lange bevor du meinen Wunsch erhört hast,
meine Freiheit mit deiner zu vereinen.
(Hochzeitsspruch der Pueblo-Indianer)

Hier noch ein paar Anmerkungen:

Beziehungen

Wenn es bei Wünschen um Beziehungen geht, ist es wichtig, bei sich selbst zu bleiben – und nicht zu formulieren, wie eine andere Person sein sollte oder was sie tun sollte (»Mein Chef schätzt mich«). Es geht hier nicht um Manipulation. Bei den Affirmationen spreche ich nur von mir selbst, von dem, was ich erfahren und fühlen will: »Ich fühle mich wertgeschätzt von meinem Chef«.

Gesundheit

Wenn wir ein körperliches Problem haben, ist es vielfach nicht damit getan, lediglich den gesunden Zustand zu formulieren und im Voraus zu erspüren. (»Ich danke, dass ich mich Schritt für Schritt regeneriere und mein Körper in Balance und Harmonie ist.«)

Darüber hinaus ist es oft nötig, zu erforschen, was hinter dem jeweiligen Symptom steckt. Unser Körper ähnelt mit seinen Botschaften der Stimme achtsamer und strenger Eltern, die unser Bestes wollen. Wenn wir mit uns selbst in einer Weise umgehen, die nicht liebevoll und förderlich ist, meldet sich – früher oder später – unser Körper zu Wort. Er will uns nicht bestrafen, und er arbeitet nicht gegen uns; seine Signale sind eine Einladung zu einer Kurskorrektur. Die Rückenschmerzen wollen uns vielleicht darauf aufmerksam machen, dass wir uns gerade zu viel aufladen. Die Migräne weist uns darauf hin, wie viel hausgemachten Stress wir uns mit unserem Perfektionismus einhandeln. In solch einem Fall wäre es angezeigt, vor allem das dahinterliegende Ziel zu formulieren – sowie es zu erfühlen: »Entspannt erledige ich meine Arbeit und bin mit dem guten Ergebnis zufrieden.«

Wie können Sie nun herausfinden, was Ihr Körper Ihnen sagen will? Wenn Sie z. B. eine chronisch schmerzende Schulter haben, stellen Sie sich vor, sie hätte eine Stimme. Was würde sie dann sagen?

Fühlt sie sich gut behandelt – und ist sie zufrieden mit Ihrem Lebensstil? Vermisst sie etwas? Wenn ja, was braucht sie jetzt konkret von Ihnen?

Materielle Wünsche

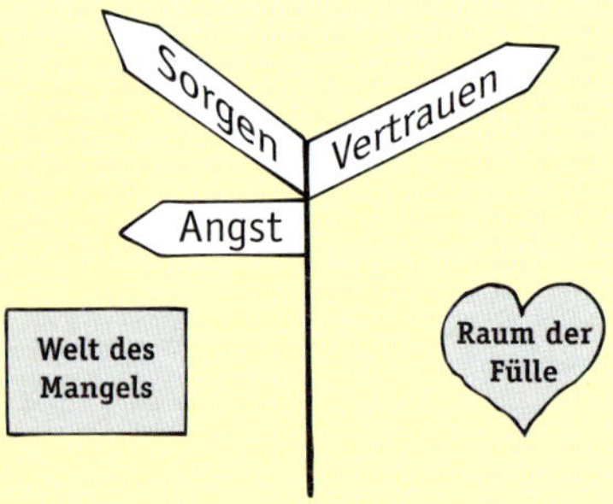

Bewusste Ausrichtung von Gedanken und Gefühlen

Auch bei materiellen Wünschen ist es ratsam, nach dem Hintergrund und den geistigen Werten, um die es eigentlich geht, zu forschen. Formulieren Sie Ihren Wunsch nicht statisch (»Ich wünsche mir einen Porsche«), sondern fragen Sie sich, welche Energie dadurch in Ihr Leben kommt und Sie bereichert. Was macht der Porsche mit Ihnen? Wie fühlen Sie sich, wenn Sie ihn besitzen und benutzen? Vielleicht gibt er Ihnen ein Gefühl von Freiheit, haben Sie Spaß am hohen Tempo etc.? Finden Sie eine dynamische Formulierung; zum Beispiel: »Ich genieße meinen neuen Porsche und erlebe ein Gefühl von Freiheit und Power.«

Beim Formulieren Ihrer Ziele ist es wichtig, grundsätzlich Folgendes zu beachten: Sind sie zu hoch, zu tief oder passen sie nicht zu Ihnen, ist die Wahrscheinlichkeit groß, dass sie sich nicht manifestieren. Ich gebe Ihnen jeweils ein Beispiel.

Zu hoch

Eine Frau schreibt auf ihre Wunschliste: »Innerhalb von vier Wochen nehme ich 10 Kilo ab.« Dieses Ziel ist zu hoch gesteckt, und es ist nicht verwunderlich, wenn sich der unrealistische Wunsch nicht erfüllt. Stattdessen könnte sie neu formulieren: »Von Woche zu Woche fühle ich mich leichter; ich genieße die Ferien am Strand in meinem schicken Bikini.«

Auch hier wäre es wichtig, zu erforschen, was der Hintergrund für das Gewichtsproblem ist, und sich diesem Themenbereich zuzuwenden. (Ein Beispiel: »Ich bin wichtig – ich fühle mich gesehen und gehört, meine Stimme hat Gewicht.«)

Zu niedrig

Eine arbeitslose Akademikerin, die sich gerade von ihrem Mann getrennt hat, schreibt auf ihre Liste: »Innerhalb eines Monats finde ich einen Job, sodass ich meine Festkosten und meine Lebenshaltungskosten bezahlen kann.« Sie bewirbt sich bei den erstbesten Jobs (u.a. als »Mädchen für alles« in einem Büro), weil Sie befürchtet, nichts Besseres zu finden und ihre nächste Miete nicht bezahlen zu können. Da sie überqualifiziert ist für diese Stellen, wird sie nicht genommen. Dies wiederholt sich auf ähnliche Weise einige Male, und sie ist sehr frustriert.

Dann wird ihr klar, dass ihr bisher formuliertes Ziel zu niedrig bzw. unvollständig ist; es geht ihr nicht nur um die Finanzierung ihres Lebensunterhaltes, sondern auch darum, dass die neue Tätigkeit in einem Bereich liegt, der ihr Spaß macht. Aus dem Mangelbewusstsein heraus hatte sie sich jedoch auf den ersten Teil beschränkt.

In einem Klärungsprozess schöpft sie Vertrauen, dass das Leben auf allen Ebenen gut für sie sorgt, und sie formuliert ihr Ziel neu: »Ich finde einen Arbeitsplatz, an dem ich mich mit Freude einbringen kann; ich verdiene auf angenehme Weise das Geld für meinen Lebensunterhalt.« Einige Zeit später findet sie eine Anstellung in einer Arztpraxis und fühlt sich sehr wohl in dem netten Team.

Nicht passend

Astrid und ein befreundetes Ehepaar, die sich seit über zwanzig Jahren gut kennen, haben den Wunsch, in eine Alterswohngemeinschaft zu ziehen. Sie suchen mehr als zwei Jahre lang nach einer geeigneten Wohnung – jedoch ohne Erfolg. Dann entscheidet sich das Ehepaar, für sich allein ein neues Zuhause zu suchen. Und nach kurzer Zeit werden sie fündig – in einem Viertel, das ganz oben auf der gemeinsamen Favoritenliste der drei stand. Auch Astrid findet recht bald eine Wohnung – zwei Straßen von ihren Freunden entfernt. Sie ist total glücklich in dem Häuschen am Waldrand und trifft ihre Freunde fast täglich.

Manchmal haben wir Wünsche und Vorstellungen, die unerfüllt bleiben; stattdessen führt uns das Leben zu etwas anderem, was wirklich stimmig für uns ist.

Das Aufschreiben Ihrer Herzenswünsche ist ein erster Schritt in die Materie.

Am Anfang war das Wort.
(Joh. 1,1)

Legen Sie unter Umständen ein Kärtchen mit Ihrem Satz an einen gut sichtbaren Platz.

Zusätzlich können Sie sich auch eine Symbol suchen, das für Sie den erfüllten Zustand Ihres Wunsches widerspiegelt: ein Foto, ein Objekt aus der Natur ...

Oder Sie gestalten selbst etwas: malen ein Bild, fertigen eine Collage an – und geben diesem Objekt die Energie und Ausstrahlung, die das verwirklichte Ziel für Sie hat.

Auch auf diese Weise beginnen Sie ganz konkret mit einem Prozess des Materialisierens. Die unendliche Intelligenz des Universums wird Ihnen dann den weiteren Weg zeigen. Wann die Saat aufgeht, das liegt nicht in unserer Hand.

Zusammenfassung der bisherigen Schritte:

1. Gedanke: Klare Intention – Wo wollen Sie hin?
2. Gefühl: Sie erschaffen ein Bild von dem gewünschten Ergebnis und vergegenwärtigen sich, wie Sie sich fühlen, wenn es eingetreten ist. Sie erleben diese Situation mit allen Sinnen.
3. Sein: Sie verkörpern in Ihrem Sein schon jetzt die Person, die ihr Ziel erreicht hat.
4. Formulierung: Sie formulieren das gewünschte Ergebnis in der Gegenwartsform – auf der faktischen wie auf der Gefühlsebene.

Gefühle – Auftakt zur Veränderung

Energie und Ergebnis

Im Prozess, etwas aus der Welt des Unmanifestierten in die Welt der Materie zu bewegen, spielen unsere Gefühle eine Schlüsselrolle. Wir haben unser Ziel vor dem geistigen Auge und versetzen uns innerlich in den Zustand, in dem es bereits erreicht ist. Indem wir auf diese Weise die Zukunft ins Hier und Jetzt holen, verändern wir die Gegenwart. Die Freude, Zufriedenheit, Leichtigkeit, Beschwingtheit, die wir in unserem Herzen spüren, wenn unser Wunsch erfüllt ist, erleben wir jetzt. Und unmittelbar wandelt sich unsere Körperchemie.

Es ist entscheidend, in diesem Prozess auf die Reihenfolge zu achten. Ein Beispiel: Frau A. fühlt sich in ihrer jetzigen Wohnung beengt und unwohl, manchmal sogar ein bisschen depressiv, weil diese recht dunkel ist. Sie denkt: »Wenn ich nur eine größere und hellere Wohnung hätte, dann wäre ich glücklich, würde mich frei und leicht fühlen.« Sie schreibt einen Wunschzettel ans Universum: »Ich besitze eine großräumige, lichtdurchflutete Wohnung«, in der Hoffnung, dass diese kommt und dann das gute Gefühl folgt.

Wenn wir das Gesetz der Resonanz betrachten, sehen wir jedoch, dass der Prozess genau andersherum funktioniert: Er beginnt mit dem Gefühl.

Ursula, eine Freundin von mir, plante, aus einem Vorort in die Innenstadt zu ziehen. Sie sah sich in einem bestimmten Stadtteil mit vielen Künstlern und viel Kultur; für sie als Musikerin fühlte sich diese Atmosphäre passend an. Und sie machte eine Collage mit Bildern, die die zukünftige Lebensqualität dort spiegelten. Im Laufe ihrer Suche kam ihr die Idee: Es kann auch etwas Ungewöhnliches sein, zum Beispiel eine Laden-Wohnung. Ursula kannte seit Jahren die kleinen, 200 Jahre alten Häuschen in diesem Stadtteil, die damals für die Arbeiter im Stil der bestehenden Bauernhäuser erbaut worden waren. Am liebsten wollte sie in solch einem Häuschen wohnen. Allerdings: Die sind rar gesät sowie heiß begehrt.

Sie machte ihren Wunsch in ihrem Bekanntenkreis publik und hängte Zettel auf. Eines Tages erzählte sie auch der Mutter einer Gesangsschülerin von ihrem Vorhaben, die daraufhin sagte: »Ich glaube, da hätten wir vielleicht etwas für dich.« Es zeigte sich, dass eines der kleinen Häuschen seit vielen Jahrzehnten im Besitz dieser Familie war. Der erste Stock war momentan noch vermietet, aber aus berechtigten Gründen wollte sich die Familie von diesem Mieter trennen.

Der Eigentümer zeigte Ursula das Häuschen von außen und beschrieb ihr die Wohnung, die mit ihren 52 Quadratmetern den gesamten ersten Stock ausfüllte. Und obwohl sie diese noch nicht gesehen hatte, hatte sie vor ihrem geistigen Auge bereits ein lebendiges Bild davon. In der folgenden Zeit vergegenwärtigte sie sich immer wieder, wie es sich anfühlte, dort im Wohnzimmer auf der Couch zu sitzen, fernzusehen oder zu lesen; sie fühlte am Morgen die Energie, mitten im pulsierenden Stadtleben aufzuwachen und sich dann ihren Kaffee in der kleinen, hellen Küche zu kochen. Dieses Erleben erfüllte sie mit Vorfreude. Über viele Monate war unklar, ob sie die Wohnung bekommen würde, und es entstand in ihrem Inneren eine Art »Parallelleben«. Oft stellte sie sich das Häuschen mit seiner Atmosphäre vor, verbunden mit dem Gefühl, dort bereits zu leben. Ursula war in ihrem Geist schon eine glückliche Einwohnerin dieses Stadtteils, das dortige Lebensgefühle war in ihr präsent und rief Beschwingtheit in ihr wach.

Und irgendwann – nach einigen Stolpersteinen und langem Warten – bekam sie dann besagte Wohnung. Gleichzeitig auch den Laden darunter, den sie zum Musikstudio machte; außerdem gehörte ein kleiner Hof mit einem Sitzplatz unter einer alten Kastanie dazu, der einem Bild aus ihrer Collage entsprach. Das Ganze bekam sie von dem Vater ihrer Gesangsschülerin für eine – im Verhältnis zu Lage und Wohnqualität – relativ geringe Miete. Es fühlte sich wie ein Sechser im Lotto an; vor allem angesichts der äußerst schwierigen Wohnungssituation in dieser Großstadt.

Obiges Beispiel zeigt, dass wir zuerst energetisch etwas investieren müssen; dann besteht die Chance, dass die gewünschte Antwort aus dem Feld auf uns zukommt. In einem Bild gesprochen: Wir müssen etwas auf der Bank eingezahlt haben, bevor wir einen Kredit bekommen. Also: Erst habe ich die gute Schwingung, dann kommt die entsprechende Wohnung, Arbeitsstelle oder Beziehung. Der Schlüssel liegt in der Erhöhung der eigenen Energiefrequenz. Das bedeutet: Wir stimmen uns auf Gefühle wie Freude, Dankbarkeit, Leichtigkeit ein und senden diese Schwingung zusammen mit unserem Wunsch ins Feld. Das Gesetz der Resonanz wird – früher oder später – darauf antworten.

Ich möchte Sie bitten, einen Moment innezuhalten und nachzuspüren, ob und wann Sie diese Dynamik bereits erlebt haben.

Der Prozess, der in obigem Schema dargestellt ist, kann sowohl mit positiv geladener Energie als auch mit negativen Vorzeichen ablaufen.

Zuerst gebe ich Ihnen ein Beispiel für die negative Spirale. Wenn im Mangelbewusstsein durch negative Gedankenschleifen Gefühle wie Besorgnis, Angst, Frust oder Wut auftauchen, wird durch den emotionalen Stress das Hormon Cortisol ausgeschüttet. Unser inneres Milieu (mentale, emotionale und physiologische Ebene) wird getrübt, »verschmutzt« oder »vergiftet« – je nach Ausmaß der Absenkung der energetischen Schwingung. Aufgrund der negativen Gedanken nehmen wir alles durch eine »negative Brille« wahr und reagieren dementsprechend auf unsere Umwelt. Wir sehen vor allem, was nicht da ist und nicht klappt. Die niedrig schwingende Energie prägt die Art und Weise unseres Handelns: Wir agieren lustlos, unachtsam, angespannt oder hektisch; in der Kommunikation kommt es leicht zu Urteilen, Vorwürfen oder Beschuldigungen. Durch unsere Ausstrahlung ziehen wir vermehrt Menschen an, die auf derselben Frequenz schwingen; wir erleben vielleicht Unfreundlichkeit, Unverständnis, mangelnde Achtsamkeit etc. – und es entstehen leicht Konflikte.

Die niedrige Energiefrequenz beeinflusst das Ergebnis unserer Aktivitäten, wodurch mit einiger Wahrscheinlichkeit wiederum Unzufriedenheit, Frustration und ähnliche Gefühle auslöst werden. Alles, was nicht wie gewünscht gelaufen ist, wird vom inneren Kritiker streng kommentiert; dies untermauert ein negatives Selbstbild und verstärkt ein mangelndes Selbstbewusstsein. So entsteht ein negativer Kreislauf – der bekannte Teufelskreis –, der unsere Energie herunterzieht.

Wir sind es, die mit unserer Energie die Dinge so erschaffen, wie sie sich zeigen. Zum Glück haben wir die Möglichkeit, bewusst zu wählen, wie und mit welcher Energie wir im Leben stehen wollen.

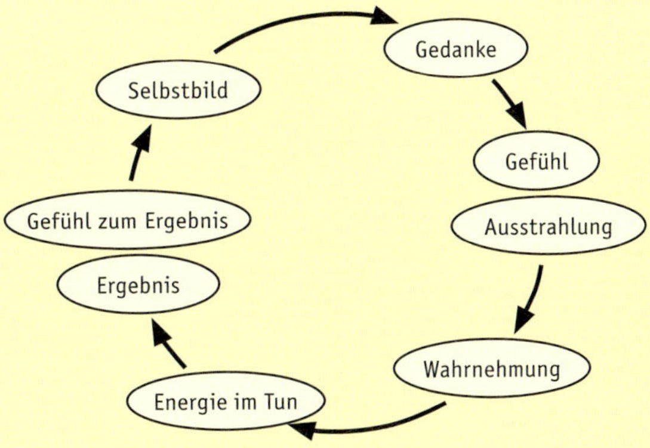

Gedanken – Gefühle – Ergebnis des Handelns

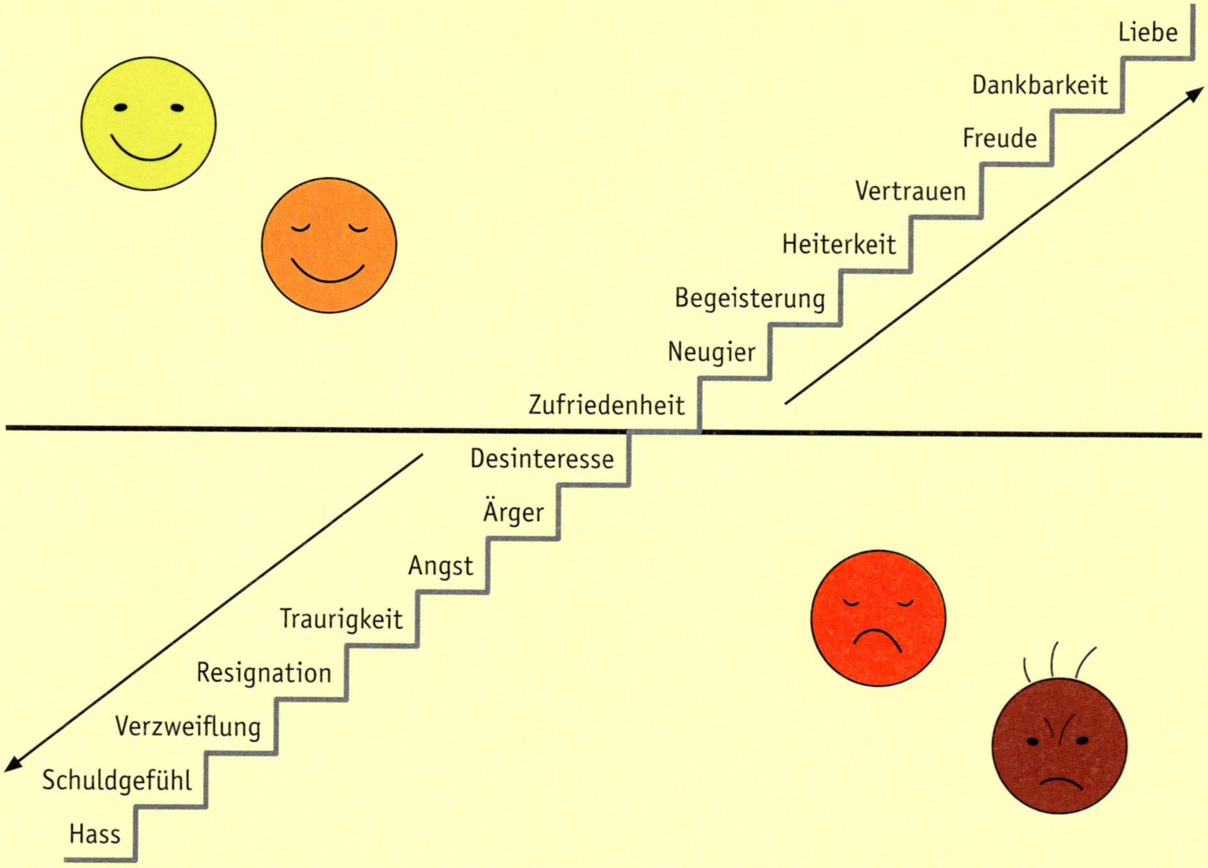

Skala von niedriger bis hoher energetischer Schwingung

Nun gebe ich ein Beispiel für einen positiven Kreislauf. Er ist besonders intensiv zu erfahren, wenn wir verliebt sind. Wir sind allerdings nicht darauf angewiesen, dass uns unbedingt ein/-e Geliebte/-r in diesen Zustand versetzt; es ist auch möglich, uns selbst in eine hoch schwingende Energie zu bringen, zum Beispiel, indem wir uns auf der Gefühlsebene an eine Situation erinnern, in der wir frisch verliebt waren, und diese Energie im Jetzt erneut erleben. Oder wir sind verliebt ins Leben, ins Sein – und lassen dieses Gefühl jetzt ganz in den Vordergrund treten.

Sind wir im Bewusstsein der Fülle, denken wir nährende Gedanken. Wir haben ein positives Selbstbild (denken Sie an den »Inneren Schmetterling«), und aus der Verbindung zu unserem Kern entspringen Gefühle wie Heiterkeit, Freude, Liebe. Sie prägen unsere Ausstrahlung und die Art und Weise, wie wir unsere Umwelt wahrnehmen: als einen Ort für bereichernde Erfahrungen, fruchtbare Kontakte, sinnvolles Tun – Herausforderungen sehen wir als eine Chance zum Wachsen. Sollten schmerzliche Erfahrungen auftauchen, vermögen wir, diese anzunehmen und aus unseren liebevollen Herzen zu umarmen; wir sorgen in solchen Momenten besonders gut für uns.

Unsere hoch schwingende Energie fließt in all unsere Tätigkeiten und führt zu gutem Gelingen; Begegnungen sind unkompliziert, wir sind im Flow. Diese Erfahrungen rufen wiederum angenehme Gefühle hervor. Wir sind eingebettet in ein Feld nährender Energie, das wir ständig neu erschaffen.

Unsere Gefühle – ob positiv oder negativ geladen – prägen unsere energetische Schwingung und unsere Ausstrahlung. Was wir als Information ins Feld senden, schickt uns das Universum in Form von entsprechenden Ereignissen und Begegnungen zurück. Eine indische Geschichte beschreibt diese Dynamik folgendermaßen:

In einem Urwald stand ein Tempel der 1000 Spiegel. Einmal verirrte sich ein Hund darin, und dieser wurde wütend, weil er sich 1000 Hunden gegenübersah. Dies erzürnte ihn so sehr, dass er zu bellen begann; und 1000 Hunde bellten zurück, waren sie doch sein Spiegelbild. Letztlich geriet der Hund so sehr in Rage, dass er starb. Viele Jahre später gelangte ein anderer Hund in den Tempel der 1000 Spiegel. Auch er sah sich 1000 Hunden gegenüber, aber er freute sich, dass er Gesellschaft gefunden hatte, und wedelte mit dem Schwanz – und 1000 Hunde wedelten zurück, und die Freude wollte kein Ende haben.

Die Energie in unserer Sprache

Wenn wir auf der energetischen Ebene arbeiten, ist es auch wichtig, ein Bewusstsein für die Energie in unserer Sprache zu entwickeln. Beim Formulieren unserer Herzenswünsche geht es nicht nur um den Inhalt, sondern auch um die Energie, die in den Worten schwingt.

Positive Formulierung

Es wird Ihnen bereits bekannt sein, dass es sinnvoll ist, nur positive Formulierungen zu benutzen. Anstatt zu sagen: »Ich bin nicht mehr unsicher, wenn ich vor Gruppen spreche«, fördern wir ein positives Ergebnis mit einer Affirmation wie: »Souverän und sicher halte ich heute meinen Vortrag.« Unser Unbewusstes kennt keine Verneinungen. Es hört »unsicher« und sendet diese Schwingung aus.

Subtile energetische Unterschiede

Wie fühlen sich die drei folgenden Formulierungen für Sie an?

»Ich habe genügend Geld.« – »Ich habe ausreichend Geld.« – »Ich habe reichlich Geld.«

Welche Assoziationen kommen Ihnen zu den jeweiligen Adjektiven? Beim ersten denke ich leicht auch an das Gegenteil »ungenügend, nicht genug haben«, beim zweiten ebenfalls »es reicht gerade aus, es reicht nicht«, beim dritten assoziiere ich »reich, Reichtum, Fülle«.

Sensibilisieren Sie sich für die Ladung einzelner Wörter. In einer positiven Zielformulierung kann ein Wort stecken, das auf der energetischen Ebene unserer Aussage widerspricht. »Ich bewältige die anstehenden Aufgaben gut.« »Bewältigen« klingt nach schwerer Arbeit. Wie fühlt sich folgende Formulierung für Sie an? »Ich erledige die anstehenden Aufgaben konzentriert und leicht.«

Oft weckt ein und dasselbe Wort auch unterschiedliche Assoziationen bei den Menschen. »Ich lebe ich einer nährenden und tragenden Partnerschaft.« Für manche ist dies ein wunderbarer Satz, und er ist mit positiven Assoziationen verbunden. Ist für Menschen ihr Gewicht ein problematisches Thema, klingt dieser Satz oft gar nicht gut; sie denken dabei gleich daran, dass sie zunehmen. Dann wäre es sinnvoll, zum Beispiel von einer »bereichernden Partnerschaft« zu sprechen.

Wenn Sie Ihre Freude ausdrücken wollen, dann achten sie auf die feinen Unterschiede der folgenden Formulierungen:

»Ich freue mich auf … (die Ferien in Portugal).« – Die Ferien liegen hier noch in der Zukunft.

»Ich freue mich über … (die Ferien in Portugal).« – Diese Formulierung in der Gegenwartsform besagt, dass die Ferien bereits angebrochen sind und ich sie genieße.

Energiequalitäten benennen, fühlen und verkörpern

Ich habe bereits darüber gesprochen, dass es wichtig ist, sich bewusst zu machen, wie wir uns fühlen, wenn wir am Ziel angekommen sind. Welche Energie ist dann präsent? Vielleicht Gefühlszustände wie: Ich fühle mich rundum wohl, ich bin glücklich, voll Freude, erleichtert, begeistert, erfüllt …?

Sie können auch eine allgemeine Formulierung benutzen: Ich genieße, ich bin dankbar, ich freue mich über …

Es ist ebenfalls sinnvoll, die Energie auf dem Weg zum Ziel zu benennen. Ist dieser Weg hart und mühsam, verbunden mit Kämpfen? Oder darf es leicht gehen, in Freude, mit Unterstützung, im Flow? (Dieser Punkt wird besonders wichtig bei der Tagesplanung und der inneren Vorbereitung auf einzelne Tätigkeiten; siehe Kap. 6.)

Je genauer wir in unseren Formulierungen sind, desto präziser ist die energetische Schwingung, und umso größer ist die Chance, dass sich das Gewünschte realisiert. Beispiele:

»Ich finde leicht und rasch ein schickes, neues Auto.«

»Ich genieße die Fahrt nach Frankreich und erfreue mich an der schönen Landschaft.«

»Ich vertraue darauf, dass ich locker und leicht meine Prüfung schaffe.«

Es gibt also zwei Punkte, an denen wir bei der Formulierung eine energetische Qualität einbauen können: Wie komme ich zu meinem Ziel, und wie fühle ich mich dort?

Spüren Sie die Energie in den folgenden Aussagen:

Pure Fakten: »Ich kaufe mir eine neue Geige.«

Der Weg: »Ich danke für die gute Führung und dass ich leicht ein wunderbares Instrument gefunden habe.«

Am Ziel: »Ich bin begeistert über den vollen Klang meiner neuen Geige.«

Wenn Sie einen Herzenswunsch formulieren, achten Sie auf die Energie, die in Ihren Worten schwingt. So wie ein Musiker sein Instrument stimmt, horchen Sie genau hin, bis die Aussage vom Inhalt und von der Klangfarbe her für Sie stimmig ist.

Sie können sich fragen: Vermag diese Formulierung, aufbauende Gefühle zu wecken wie Hoffnung, Inspiration, Zuversicht, Vorfreude, Begeisterung? Bringt sie mich auf eine positive Energiewelle, die mich auf dem Weg zu meinem Ziel trägt und das Gewünschte anzieht?

Ich habe im Laufe vieler Jahre immer wieder beobachtet, dass Menschen mit positivem Denken und wunderbar formulierten Affirmationen gearbeitet haben, jedoch die Kraft der Gefühle außer Acht ließen. So leben Wünsche und Ziele vielfach im Kopf, der Prozess bleibt auf der mentalen Ebene stecken.

Alles, was wir im Außen erschaffen wollen, muss zuerst im Inneren zur Realität werden; beginnt es im Geist zu leben, dann ist der Boden dafür bereitet, dass es auch in der Materie sichtbar werden kann.

Gefühle des Herzens spielen in diesem Prozess eine Schlüsselrolle: Sie ziehen uns in die gewünschte Richtung und vermögen, durch ihre Schwingungsfrequenz entsprechende Erfahrungen anzuziehen.

Die Praxis sieht so aus, dass wir die Gefühle, die ein erreichtes Ziel in uns weckt, benennen und im Jetzt bereits erleben. Es reicht nicht aus, sie lediglich in unsere Wunschformulierung einzubauen; es ist wichtig, uns immer wieder auf diese energetische Frequenz einzustimmen. Wenn wir A formulieren, jedoch im Alltag auf der B-Frequenz fühlen und auch handeln, dann wird sich die Energie von A nicht manifestieren können.

Schreiben Sie also Ihren Herzenswunsch auf – eventuell eine Weile lang täglich aufs Neue –, und nehmen Sie sich jeden Tag fünf Minuten Zeit, um das gewünschte Ergebnis gefühlsmäßig in sich lebendig werden zu lassen. Werden Sie zu der Person, die dann präsent ist.

Wer wir sein werden, was wir in der Zukunft erfahren und wie wir es erleben, sind das Resultat dessen, was wir heute denken und fühlen.

Der in diesem Kapitel beschriebene Prozess gibt Ihnen die Möglichkeit, eine neue innere Realität zu erschaffen und damit die Voraussetzungen dafür, dass sich auch die äußeren Umstände aufgrund des Spiegelgesetzes entsprechend gestalten können. Sollten sie es nicht in der gewünschten Weise tun, gilt es, die entsprechende Situation aus dem Herzen heraus anzuerkennen. Das wichtigste Ergebnis ist, dass wir ein anderer/eine andere geworden sind.

Vor einigen Jahren bin ich einem Mann begegnet, der mein Herz tief berührt hat. Ich wünschte mir sehr, dass unser Kontakt sich zu einer Beziehung entwickeln möge. Er lebte beruflich seinen Traum; dies war jedoch mit einem Lebens- und Arbeitsstil verbunden, in dem kein Platz für eine Frau an seiner Seite war. Außerdem hielt er sich im Laufes eines Jahre turnusmäßig an verschiedenen Plätzen in Europa auf. Unsere Begegnung hatte eine intensive Liebe in mir geweckt, und ich genoss es, sie in all meinen Zellen zu spüren. Dieses Erleben wurde für mich zunehmend das Wichtigste; es hatte sich ein Tor zu einer tieferen Schicht der inneren Fülle geöffnet. Schritt für Schritt konnte ich meine Vorstellung von mehr Kontakt zu ihm loslassen und die Realität akzeptieren, so, wie sie war; allmählich verschwand alles Haben-Wollen. Ich hatte bereits alles, war tief erfüllt von Liebe. Und ich spürte, dass ich letztlich nicht in diesen Mann verliebt war, sondern in die LIEBE. In innerer Freiheit konnte ich zunehmend spielerisch mit der äußeren Situation umgehen: mich an den seltenen kostbaren Begegnungen sowie Briefen freuen und ansonsten die neu gewonnene Fülle in meinem Frausein genießen, die er katalysiert hatte. Diese Erfahrung konnte ich immer wieder intensivieren: indem ich mich vom Herzen her mit ihm verband, mir seine Energie und die subtile Schwingung zwischen uns vergegenwärtigte – auch wenn er physisch Tausende von Kilometern weit weg war.

Verändern sich unser inneres Erleben und unser Sein, wird die Veränderung der äußeren Umstände oft weniger wichtig. Wir können immer mehr in einen Raum innerer Freiheit finden. Zum Beispiel auf einen Beziehungswunsch bezogen, bedeutet dies: Es ist angenehm, wenn ein Partner im Außen da ist, aber wir sind nicht zwanghaft auf dieses Ergebnis fixiert. Taucht jetzt keiner auf, ist dies ebenfalls in Ordnung – vielleicht tritt er zu einem späteren Zeitpunkt in unser Leben. Wir sind in Frieden mit dem gegenwärtigen Moment und zu-frieden, weil wir in einer guten Partnerschaft mit uns selbst leben, in Verbindung mit unserem tiefsten Inneren.

Die Tür geht nach innen auf. Es sind nicht die äußeren Bedingungen, die uns glücklich machen – Glück kommt von innen.

There is no way to happiness – happiness is the way.
(Buddha)

Unter Umständen ist Ihnen durch das Lesen dieses Kapitels noch klarer geworden, wie eine optimale Formulierung eines Wunsches oder Zieles aussehen kann. Deshalb möchte ich Sie zu einem erneuten Übungsschritt einladen.

Meine Saat ♥

Vergegenwärtigen Sie sich denjenigen Herzenswunsch, der gerade in Ihrem Leben die größte Priorität hat, und formulieren Sie ihn neu – aus der energetischen Perspektive.

♥ Welche Gefühle, welche energetischen Qualitäten werden in Ihnen lebendig, wenn Ihr Wunsch erfüllt ist? Finden Sie die stimmigen Worte, in denen die Energie schwingt, die Ihr Herz dann ausstrahlt.

....

♥ Und wie fühlt sich der Weg zu dem angestrebten Erlebnis an?

....

Stecken Sie Ihren Samen in die Erde, und sorgen Sie gut für ihn, indem Sie ihm Wasser geben, Unkraut jäten, ihn düngen. Dies bedeutet auf der inneren Ebene: vergegenwärtigen Sie sich über einen gewissen

Zeitraum täglich Ihren erfüllten Herzenswunsch – wie eine Blume, die voll erblüht ist –, und genießen Sie diese Situation mit allen Sinnen.

Sie lassen den Wunsch in Ihrem Energiefeld zur Realität werden. Verkörpern Sie in Ihrem Sein bereits jetzt die Frau oder den Mann, die/der am gewünschten Ziel angekommen ist. Spüren Sie, wie sich Ihre Ausstrahlung, Ihre Energiefrequenz dadurch verändert?

Nachdem Sie diese kleine Meditation beendet haben, nehmen Sie die entstandene Schwingung bewusst in Ihren Alltag mit.

Nach dieser Vorbereitung gilt es, loszulassen und alles Weitere der kosmischen Intelligenz zu überlassen: wann und wie die Saat aufgehen wird. Dieser Schritt braucht Vertrauen. Oft neigen wir dazu, uns zu sehr zu bemühen; wir versuchen zu kontrollieren, wie das Geschehen aussehen soll. Wenn unsere »Schöpfungen« vorhersehbar sind, dann bleiben wir jedoch in bekannten Mustern, und es kann nichts wirklich Neues entstehen. Hüten wir uns also davor, ein zukünftiges Ereignis bis in alle Details festzulegen.

Der Drang zur Kontrolle ist charakteristisch für die Welt des Mangelbewusstseins; mit allen Mitteln wird versucht, sich noch »ein Stück vom Kuchen« zu sichern. Der Mangel an Vertrauen ist hier sozusagen normal; latent besteht immer die Angst, zu kurz zu kommen.

Sind wir im inneren Reich der Fülle angelangt, leben wir in dem Vertrauen, dass das Gewünschte eintreten wird. Gelegentlich ist es selbst ein Zustand der Gewissheit: Dies will meine Seele, es wird geschehen.

Und wir überlassen es ganz dem Leben, wie es das Ereignis inszeniert. Wir sind offen für das Unerwartete, für Überraschungen. Diese Haltung von Vertrauen und Hingabe charakterisiert den Prozess des wahren Erschaffens.

Eine klare Absicht zu haben und über die Vorstellung des bereits verwirklichten Geschehens aufbauende Gefühle zu wecken, das ist eine Sache. Der schwierigere Teil ist für die meisten, kontinuierlich in Ihrem Sein das Neue zu verkörpern und sich im Vertrauen auf das Wirken der universalen Kraft einzulassen. Ein Zeichen dafür, wie stark wir mit unserem inneren Kern verbunden sind, ist das Ausmaß unseres Vertrauens.

Der zweifelnde Verstand

Sabotage aus dem Untergrund

Mit einer klaren Formulierung Ihres Wunsches und dem Erfühlen des bereits eingetretenen Zustandes haben Sie zentrale Schritte getan, sich die Erlaubnis für eine Veränderung in die gewünschte Richtung zu geben. Unter Umständen meldet sich jetzt plötzlich Ihr zweifelnder Verstand zu Wort.

Auf der bewussten Ebene haben Sie sich in den Raum potenzieller Wirklichkeiten begeben, und nun kommt eine Gegenstimme ins Spiel, die das Ganze für unmöglich erklärt. Der Verstand gibt klare Gründe für seinen Standpunkt an: »Es funktioniert nicht, weil ...«, »Du kannst es nicht, weil ...«

Darauf folgen einschränkende Annahmen und Glaubenssätze wie: »weil ich nicht gut genug bin«, »weil ich zu alt, zu dick, zu unsicher ... bin«, »weil niemand in meiner Familie dies tut oder getan hat«, »weil ich das nicht verdient habe«, »weil nicht genug Zeit/Geld da ist.«

Solche Mangelgedanken boykottieren die Bewegung in die Richtung, in die Sie streben. Neben negativen Überzeugungen über uns selbst gibt es auch Glaubenssätze über die Menschen und das Leben im Allgemeinen, die blockierend wirken können: »Du musst hart arbeiten, um etwas zu erreichen.«, »Von nichts kommt nichts.«, »Glück ist für andere da.«, »Männer sind Monster«, »Das Leben ist schwer.«, »Du musst Opfer bringen.«, »Erst die Arbeit, dann das Vergnügen.«, »Vertrauen ist gut, Kontrolle ist besser.«

Schlummern derartige Überzeugungen in Ihrem Inneren, hängen sie wie eine dunkle Wolke um Sie herum. Und sie prägen die Schwingung, die Sie aussenden, sowie die Erfahrungen, die Sie anziehen werden – selbst, wenn Sie einen Wunsch positiv formuliert haben.

Es ist wichtig, boykottierenden Ja-aber-Sätzen und Überzeugungen klar ins Auge zu schauen. Nur so wird es möglich, sie zu verwandeln. Hier einige Beispiele:

- »Ich würde liebend gern Tango tanzen, aber ich bin schon zu alt, um jetzt noch damit zu beginnen.«
- »Ich möchte gern über einen Reiseveranstalter Yoga-Kurse im Ausland anbieten, aber es bewerben sich schon so viele Dozenten, die mehr Erfahrung haben und besser sind als ich.«

- »Es wäre wunderbar, noch einmal einen Mann meines Herzens zu treffen, aber das ist ziemlich unwahrscheinlich, weil ich nicht mehr attraktiv aussehe.«

Unsere einschränkenden Glaubenssätze leben vielfach schon lange in uns. Sie sind unter Umständen irgendwann durch ein schmerzliches Erlebnis entstanden oder Konditionierungen aus unserer Kindheit. Es ist wertvoll, wenn sie jetzt ans Licht kommen.

Du bist deine eigenen Grenze, erhebe dich darüber.
(Hafiz)

Indem wir den »Ja, aber«-Botschaften aus der Tiefe bewusst in die Augen schauen, tun wir den ersten Schritt, ihnen ihre Macht zu nehmen. Als Nächstes können wir uns die Frage stellen: Ist das wirklich so? Will ich dies für die Wahrheit halten?

Es liegt an unserer Entscheidung, welchen der vielen Gedanken, die in unserem Geist auftauchen, wir Glauben schenken und Energie geben wollen – und welchen nicht.

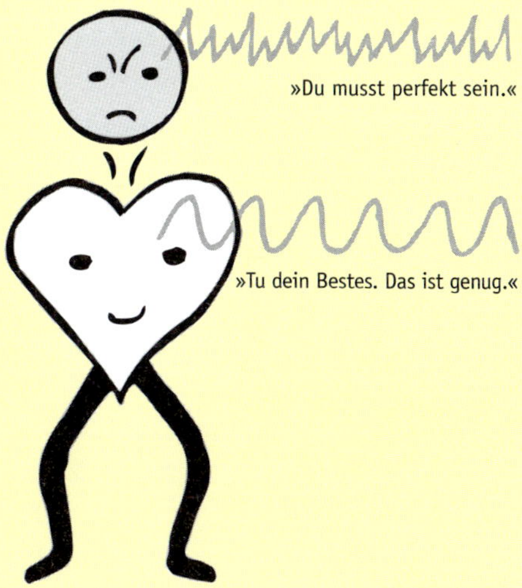

Marion besuchte eine Klosterschule auf dem Land. Sie war ein wildes Kind; die Lehrerin war überfordert. Oft, wenn Marion an der Tafel stand, machte sie sie vor der ganzen Klasse herunter. Dadurch wurde Marion so verunsichert, dass sie die einfachsten Dinge plötzlich nicht mehr wusste. In ihr wuchs die Überzeugung: »Ich kann keine Leistung erbringen, wenn Menschen auf mich schauen.« Dieser Gedanke hat sie viele Jahre lang in ihrem Privat- wie Berufsleben eingeschränkt. Irgendwann begann sie zu untersuchen, ob ihre damals entstandene Überzeugung wirklich stimmte – und baute ihre Vermeidungshaltung Schritt für Schritt ab. Die ersten Male, dass sie in einem Arbeitskreis etwas vorlas oder in einem Konzert ihres Chores sang, hat sie ziemlich geschwitzt in Anbetracht der vielen Menschen, die ihr gegenübersaßen. Aber es passierte keine Katastrophe; alles lief prima. Im Laufe der Zeit entdeckte sie sogar, wie viel Freude sie daran hatte, vor einer Gruppe zu stehen. Marion verabschiedete sich von dem alten Selbstbild aus der Schulzeit und kam in Kontakt mit der starken expressiven Kraft, die in ihr steckte. Sie fing an, Workshops für Körper- und Stimmarbeit zu geben. Gelegentlich trat sie selbst auf: Sie tanzte und sang allein auf der Bühne – und hatte viel Spaß dabei.

Negative Glaubenssätze entspringen der Stimme unseres Verstandes; sie drücken aus, wie dieser die Welt betrachtet. Er »liebt« Probleme, weil bei ihnen seine Hilfe gefragt ist, um Lösungen zu suchen. Er meint es grundsätzlich gut mit uns, denn sein Ziel ist, uns vor einer weiteren »Katastrophe« zu bewahren.

Wenn Sie jedoch an einer anderen Sichtweise interessiert sind, schlage ich Ihnen vor, sich an Ihr Herz zu wenden.

Die Stimme des Kopfes und die des Herzens ♥

Notieren Sie einschränkende Glaubenssätze, die als Nachsatz hinter Ihren Wünschen auftauchen.

»Ich wünsche mir ....,

aber ....«

»Ich kann nicht ....,

weil ....«

Setzen Sie sich jetzt bequem hin, schließen Sie für einen Moment Ihre Augen, und verfolgen Sie achtsam die Bewegung Ihres Atems. Sobald ein Gedanke auftaucht, lassen Sie ihn weiterziehen, und kehren Sie mit liebevoller Entschiedenheit zu Ihrem Atem zurück. Dann zentrieren Sie sich im Raum Ihres Herzens. Spüren Sie, wie der Atem mit seiner Bewegung Ihr Herz sanft streichelt? Tauchen Sie über Ihren Atem immer tiefer in Ihr Herz ein, bis sich der innere Raum der Fülle, der Liebe, des Vertrauens öffnet. Sie können dazu eine Ihrer Lieblingsübungen aus Kap. 2 oder 3 machen.

Nun vergegenwärtigen Sie sich einen der oben notierten einschränkenden Glaubenssätze, und fragen Sie Ihr Herz: Ist das wahr? Wie fühlst/denkst du über dieses Thema?

Horchen Sie, achtsam atmend, eine Weile nach innen, und schauen Sie, welche Botschaften aus dem Raum Ihres Herzens auftauchen. Notieren Sie dessen Sichtweise, und erspüren Sie die dazugehörige energetische Schwingung.

....

....

Wie fühlt es sich an, dieser neuen Perspektive Glauben zu schenken?

Unsere negativen Überzeugungen können durch heilende Sätze aus unserem Herzen transformiert und ersetzt werden. Falls nicht gleich eine Antwort auftaucht, wiederholen Sie die Übung einige Male. Tragen Sie die Frage in Ihrem Herzen – vielleicht kommt irgendwann im Laufe des Tages oder auch während der Nacht unverhofft eine Botschaft. Nehmen Sie Ihre Frage mit in Ihre Meditation, oder bitten Sie Ihre Träume, Ihnen eine neue Sichtweise zu zeigen.

Der in diesem Kapitel beschriebene Prozess dient dazu, innere Hindernisse zu beseitigen, sodass der Lebensstrom frei fließen und uns zum angestrebten Ziel tragen kann. Oft strengen wir uns bei gewissen Vorhaben sehr an, um vorwärts zu kommen. In solchen Fällen ist es ratsam, zu erforschen, welche inneren Kräfte uns zurückhalten und die gewünschte Bewegung blockieren. Es ist nicht nötig, zu »schieben«, zu »pushen« – nur, aufzuräumen. Dann ist der Weg frei und kann uns das Leben dorthin »ziehen«, wo es stimmig für uns ist und wir uns wohlfühlen.

Inneren Ballast aufräumen

Während wir uns in ein positives Energiefeld einschwingen, werden nach einer Weile automatisch auch vorhandene negative Energien, Gedanken, Gefühle an die Oberfläche geholt. Das innere Licht leuchtet nämlich auch in unsere dunklen Bereiche – alles will gesehen werden und ins Bewusstsein kommen. Oft stoßen wir dann auf alten Ballast in der Tiefe, der jetzt aufgeräumt werden möchte. Diese Dynamik ähnelt einer homöopathischen Erstverschlimmerung. Erst wenn alle inneren Ebenen in gleicher Weise ausgerichtet sind, wird es möglich, dass sich ein gewünschtes Ziel im Außen manifestiert.

Schwingt unser bewusstes Ich sich auf Gedanken der Fülle ein, jedoch sind im Unterbewussten gleichzeitig noch kraftvolle Mangelgedanken zu dem jeweiligen Thema lebendig, so wird uns diese Diskrepanz davon abhalten, das zu erreichen, was wir anstreben.

Ein Beispiel: Auf der bewussten Ebene denkt jemand nach einem Vorstellungsgespräch: »Das ist eine wirklich interessante Stelle. Ich freue mich, wenn ich sie bekomme.« Das Unterbewusste sendet jedoch: »Ich habe Angst, dass ich dafür nicht gut genug bin, mich überfordert fühle und versage.« So sabotiert gelegentlich eine (nicht wahrgenommene) Energie aus dem Untergrund unsere Ziele.

Wenn Sie einen Wunsch formuliert haben, können Sie folgendes Experiment machen. Stellen Sie sich eine Skala von 1 bis 10 vor. Wie intensiv glauben Sie daran, dass Ihr Wunsch in Erfüllung geht (1 = starke Zweifel, 10 = Gewissheit, dass es gelingt)? Wo steht der Zeiger auf Ihrer Skala? Sollte er im unteren Zahlenbereich sein, versuchen Sie, den zweifelnden Teil in Ihrem Inneren zu entlarven. Was erzählt er Ihnen? Stimmt das?

Hierbei kann folgende Übung Sie unterstützen.

Zum Kern vordringen

Schreiben Sie Ihren Wunsch mit einer Formulierung in der Gegenwartsform auf. Als Nächstes lassen Sie – ohne großes Nachdenken – spontan aufs Papier fließen, warum Ihr obiger Satz nicht stimmt, warum Ihr Vorhaben nicht gelingen wird. Formulieren Sie jeweils ein Argument Ihrer Gegenstimme. Dann schreiben Sie erneut Ihre Wunschformulierung auf. So notieren Sie jeweils im Wechsel Ihren Wunsch (W) und einen Satz aus einer tieferen Schicht, die anderer Meinung ist (A–Z).

W: ....

A: ....

W: ....

B: ....

W: ....

C: ....

etc.
Machen Sie die Übung recht zügig, ohne lang zu überlegen, damit spontan Sätze aus Ihrem Unterbewussten auftauchen können. Indem Sie Ihren Wunsch immer wieder aufs Neue aufschreiben, kann jeweils eine tiefere Stimme geweckt werden, die Protest anzumelden hat. Es ist, als würden Sie einem Kind wiederholt sagen, dass es sein Zimmer aufräumen soll; und jedes Mal findet es ein Ausrede, ein anderes Argument, um dies nicht zu tun.

Setzen Sie diese Übung so lange fort, bis Sie zur sabotierenden Kernbotschaft vorgedrungen sind.

Carola hat Probleme mit ihrem Gewicht, und auf ihrem Blatt steht: »Ich danke für meinen gesunden und schlanken Körper.« Überrascht liest sie im Folgenden die Aussagen ihrer inneren Gegenstimmen. Unter anderem: »Wenn ich schlank bin, bin ich attraktiv. Hilfe!« Es ziehen einige Erinnerungen an ihr vorüber, und es folgt der Satz: »Wenn ich schlank bin, fühle ich meine Angst vor Männern.«

»Ich danke für meinen gesunden und schlanken Körper.« Immer wieder holt dieser Satz eine tiefer liegende Schicht herauf, die sich artikulieren kann. Es taucht ihre Angst auf, sich in einer Beziehung mit einem Mann zu verlieren,

d. h., sich nicht ausreichend abgrenzen und durchsetzen zu können. Ihr letzter Satz heißt: »Ich habe Angst, dass Dinge passieren, die ich nicht will.«

Des Pudels Kern hat sich gezeigt. Carola sieht, dass ihre übermäßigen Pfunde die Funktion haben, ihr die Männer vom Leib zu halten. Ihre untergründige Angst vor Männern hat den Erfolg aller Diäten sabotiert bzw. für einen Jo-Jo-Effekt gesorgt. Jetzt ist ihr klar, welchen inneren Punkt es anzuschauen gilt. Nach einem unterstützenden Gespräch formuliert sie einen neuen Wunsch: »Ich fühle mich sicher in meiner neuen Partnerschaft. Ich genieße die Nähe, und gleichzeitig bin ich fähig, meine Grenzen und meine Neins klar zu kommunizieren. Sie werden gehört und respektiert.«

Zweifel und Angst kommen aus dem Anteil in uns, der sich von der Ganzheit getrennt hat. Vertrauen entsteht, wenn wir in Verbindung mit unserem Kern sind – mit der Quelle. In der Tiefe Ihres Herzens können Sie zu diesem Raum Zugang finden. Hier liegt der Schlüssel zur Transformation. Die Liebe in unserem Herzen vermag alles zu verwandeln.

Indem wir immer und immer wieder positive, nährende und aufbauende Gedanken denken sowie die dementsprechenden Gefühle erleben, sickern diese auch zunehmend in die Tiefenschichten, und alte Mangelmuster können sich auflösen und verflüchtigen.

Solch ein Prozess kann unter Umständen längere Zeit in Anspruch nehmen, je nachdem, wie intensiv die negativen Überzeugungen in uns verankert sind. Es gilt, den »kleinen Teufelchen« immer wieder ins Gesicht zu schauen, sobald sie auftauchen, und sie wissen zu lassen: »Ich sehe dich. Ich glaube deine Botschaft aber nicht und werde dir keine weitere Energie geben. Ich entscheide mich, meine Aufmerksamkeit auf Gedanken der Fülle zu lenken.« Indem wir innerlich liebevoll und entschieden daran arbeiten, können alte Gedankenmuster und alte Energien von Schmerz, Angst und Schuld erlöst werden (mehr dazu in Kap. 7).

Ein alter Indianer erzählte seinem Enkel:
»In meinem Herzen leben zwei Wölfe.
Der eine Wolf ist der Wolf der Dunkelheit, der Ängste,
des Misstrauens und der Verzweiflung.
Der andere Wolf ist der Wolf des Lichts, der Lust,
der Hoffnung, der Lebensfreude und der Liebe.
Beide Wölfe kämpfen oft miteinander.«
»Welcher Wolf gewinnt?«, fragte der Enkel.
»Der, den ich füttere«, antwortete der Indianer.
(Verfasser unbekannt)

Um unser Vertrauen darauf, dass die Energie der Fülle wirkt, zu stärken, ist es auch hilfreich, bewusst den Blick auf Menschen in unserem Umfeld zu richten, die einen ähnlichen Wunsch wie wir hatten und bei denen er sich bereits erfüllt hat. Zum Beispiel: ein Studienkollege, dem es gelungen ist, eine gut laufende Praxis aufzubauen; eine Freundin, die gerade einen wunderbaren Partner kennengelernt hat; eine Nachbarin, die eine günstige Wohnung in traumhafter Lage gefunden hat.

Dann können wir in uns die Mitfreude lebendig werden lassen. Solche Erfahrungen vermögen, unser Vertrauen zu stärken und Vorfreude darüber zu wecken, dass eines Tages auch unser Wunsch in Erfüllung gehen wird.

Indem wir uns vergegenwärtigen: Hier und jetzt gibt es Menschen, die ein ähnliches Ziel wie unseres bereits erreicht haben – bestätigen wir uns, dass das Gewünschte nicht im Bereich der Utopie liegt, sondern im Reich des Möglichen. Wir können uns in Resonanz mit dieser Gruppe bringen und uns jetzt bereits zugehörig fühlen.

Wenn Sie einen Herzenswunsch klar formuliert haben und regelmäßig innerlich in die erfüllte Situation hineinschlüpfen, dann empfehle ich Ihnen, parallel ein »Tagebuch der Beweise« zu führen. Notieren Sie darin Erfahrungen, die Ihnen zeigen, dass Sie auf dem Weg sind, das Gewünschte anzuziehen. Bemerken Sie mit Dankbarkeit auch kleine Begebenheiten, die in diese Richtung gehen. Ein Beispiel: Das gewünschte Ziel ist der Aufbau einer eigenen Praxis. Notiz im Tagebuch: »Heute hat sich ein neuer Klient angemeldet.« – »Meine neue Website ist jetzt fertig.«

Solch ein Büchlein kann unsere Zuversicht in Momenten nähren, in denen der innere Zweifler sich zu Wort meldet. Wenn Sie dann Ihre positiven Erfahrungen der letzten Zeit nachlesen, werden Gefühle wie Hoffnung, Vorfreude, Leichtigkeit aufs Neue wach und treten in den Vordergrund Ihres Bewusstseins.

Immer wieder wird es in dem inneren Prozess darum gehen, Zweifel zu transzendieren und unseren Ängsten zu begegnen. Es ist wichtig, nicht vor ihnen davonzulaufen, sondern sie zu heilen. Indem wir den Ballast der Vergangenheit aufräumen, wird es stets möglicher, dass unsere Visionen sich durch die Zugkraft der Zukunft in der Gegenwart manifestieren.

Sie können dabei an das Bild des Gärtners denken. Um einen geistigen Garten anzulegen und zu pflegen, ist es eventuell notwendig, zunächst Steine aus dem Erdreich zu holen und das Unkraut zu beseitigen. Durch solche wiederholten Aufräumarbeiten werden in unserem Gehirn Schaltkreise mit alten Denk- und Fühlmustern allmählich deaktiviert. Dann gilt es, zu säen. Wir können bewusst wählen: Welche Blumen, welche Farben, welche Energien sollen in unserem Garten sein? Wenn wir ihm anschließend regelmäßig unsere Aufmerksamkeit schenken, ihn bewässern und düngen – sowie auch immer wieder Unkraut jäten –, wird unsere Saat aufgehen. Und in unserem Gehirn »sprießen« neue Schaltungen durch unser neues Denken und Fühlen. Immer wieder ist große Wachheit gefragt: Das Unkraut kommt leicht zurück – der Sog der alten Gewohnheiten lässt es erneut wachsen.

Es ist wichtig, eine klare Vision von unserem Garten zu haben: Wollen wir einen verwunschenen, romantischen Garten, einen penibel gepflegten englischen Garten oder einen Bauerngarten? Der Gärtner wählt die Energie – und er ist verantwortlich für das, was wächst.

Ausstrahlung und »aktiver Glaube«

Wie sieht nun die Praxis im alltäglichen Leben aus, nachdem Sie in oben beschriebener Weise in Verbindung mit Ihren erfüllten Zielen und der dazugehörigen energetischen Qualität gekommen sind?

Beschränken Sie die Präsenz der neuen Energiefrequenz nicht auf eine morgendliche Fünf-Minuten-Übung. Bleiben Sie so durchgängig wie möglich in dem entstandenen (Selbst-)Gefühl. Strahlen Sie in Ihrem Alltag bereits jetzt aus, dass Sie

- in Ihrem Beruf kompetent und erfolgreich sind,
- attraktiv sind und einen liebevollen Partner an Ihrer Seite wissen,
- sich reich fühlen,
- ein liebenswerter Mensch sind, der gesehen wird und Wertschätzung erfährt.

Gehen Sie in den Raum Ihrer inneren Fülle, und senden Sie die Energie der Freude, der Leichtigkeit, des Glücks, die Sie dort finden, schon jetzt aus – wie eine schöne Blume, die ihren Duft verströmt und so die Bienen anzieht.

Verbinden Sie sich im Laufe des Tages immer wieder mit Ihrem Herzen, und stärken Sie so Ihren inneren Magnetismus. Unser Sein ist wichtiger als unser Tun. Wenn es in meinem Inneren eine Realität geworden ist, dass ich fachlich kompetent bin und es schaffe, mich selbstständig zu machen, sende ich dementsprechende Schwingungen aus. Und das Gesetz der Resonanz wird darauf reagieren. Bin ich dagegen innerlich unsicher, zweifle daran, ob ich auf diese Weise meinen Lebensunterhalt verdienen kann, und mache aus einer Energie der Angst jede Menge teure PR, um Klienten/Kunden anzuziehen, wird trotz all dieser äußeren Aktionen und Investitionen meine niedrige Schwingungsfrequenz mein Vorhaben sabotieren.

Natürlich müssen immer wieder praktische Schritte auf dem Weg zu einem Ziel gemacht werden. Und es ist wichtig, sich Klarheit darüber zu verschaffen, diese Schritte sorgfältig zu planen und umzusetzen. Zusätzlich zu dieser konkreten materiellen Ebene gibt es die energetische Ebene, auf der wir (für andere unsichtbar) ebenfalls eine wichtige Vorbereitung zum Erreichen unseres Ziels leisten können. Oft wird vergessen, dass diese Schicht – unsere geistige Haltung und die Schwingungsfrequenz unserer Gefühle – letztlich die Basis bilden, auf der unsere kleinen und großen praktischen Schritte uns gelingen oder nicht.

Durch den Spiegelmechanismus zeigt uns das Leben, wo wir innerlich gerade stehen. Und wir sollten uns immer wieder fragen: Wie bin ich gerade präsent? Als wer bin ich präsent?

Als mein »Innerer Schmetterling«, als eine Person im Format L, M oder S, als Bettler, als Opfer? Je nachdem, wie unser innerer Werkzeugkasten aussieht und wie geschult wir im Umgang damit sind, können wir bei Bedarf eine Kursänderung vornehmen. Wir haben die Möglichkeit, uns neu auszurichten, uns in eine andere Energiefrequenz zu bringen – und uns wieder mit der Fülle unseres Herzens zu verbinden.

Es kann jedoch auch passieren, dass wir unseren Tag in guter Weise beginnen, mit unserem Ziel und unserer Kraft gefühlsmäßig in Kontakt stehen – und plötzlich verändert sich die Situation. Wir fühlen uns klein, unsicher, in gedämpfter Stimmung, zweifelnd oder hilflos. Durch ein paar Worte oder ein Ereignis können unsere inneren Mangelstimmen getriggert werden: »Ich kann das nicht – ich bin nicht gut genug – wenn das bloß nicht schiefgeht.«

Es geht im Alltag immer wieder darum, wach zu sein und zu bemerken, wann »der Wind sich dreht«: wann wir keinen Rückenwind (unterstützende Gedanken und positiv geladene Gefühle) mehr haben, sondern mit innerem Gegenwind konfrontiert sind. Es ist hilfreich, auftauchende Mangelgedanken zu identifizieren und sie (eventuell laut) zu benennen: »Aha, da ist wieder ›Ich schaffe das nicht‹!«

Solch ein energetischer Umschwung kann immer wieder vorkommen, solange die Mangelstimmen in uns präsent sind. Entscheidend ist, wie schnell wir dies mitbekommen und fähig sind, aus unserem Herzen heraus unser inneres Klima bewusst zu verändern und somit auch unsere Ausstrahlung.

Wenn ein gewünschtes Ziel in uns bereits zur Realität geworden ist, kann es jedoch unter Umständen eine ganze Weile dauern, bis auch im Außen entsprechende Veränderungen sichtbar werden.

Mir hilft in diesem Zusammenhang das Bild einer Schwangerschaft. Im Inneren wächst etwas Neues heran. Es dauert Monate, bis das reale (oder geistige) Kind geboren wird. Während dieser Zeitspanne leben wir in der Gewissheit: Es wird in unser Leben kommen; in uns ist Vorfreude und eine positive Schwingung.

Auf der praktischen Ebene bereiten wir uns auf die Ankunft des Babys vor: Wir richten das Kinderzimmer ein, kaufen einen Kinderwagen, suchen die ersten Strampelhosen aus.

Auch wenn es sich um ein geistiges Kind handelt, das wir in unserem Leben willkommen heißen möchten, können wir in ähnlicher Weise mit konkreten Schritten unserem Vertrauen Ausdruck geben, dass es kommen wird.

- Auf dem Weg, eine größere Wohnung anzuziehen, kann ich bereits kleine Gegenstände kaufen, die das neue Heim verschönern werden, oder in Katalogen von Einrichtungshäusern blättern.
- Auf dem Weg zur Erfüllung einer lang ersehnten Südamerikareise kann ich mir bereits Reiseführer besorgen, Poster mit Landschaftsbildern in meinem Zimmer aufhängen, einen Spanischkurs belegen oder einen geeigneten Rucksack aussuchen. So beginnt die Reise bereits jetzt, sich zu materialisieren.
- Auf dem Weg, einen geeigneten Partner anzuziehen, kann ich mich innen wie außen vorbereiten. Ich könnte mir einen neuen Haarschnitt gönnen, mit dem ich mich attraktiv fühle, oder mir etwas Schönes zum Anziehen kaufen, worin ich mich wie eine schicke Frau (bzw. ein adretter Mann) an der Seite eines Mannes oder einer Frau fühle.

In solchen Handlungsweisen drückt sich »aktiver Glauben« aus; sie bezeugen den festen Glauben daran, dass das Gewünschte Realität werden wird.

Alles, um was ihr bittet in eurem Gebet,
glaubet nur, dass ihr's empfangt, so wird's euch werden.
(Matth. 11,24)

Entscheidend ist es, immer wieder in die Schwingung zu kommen, die zu unserem erreichten Ziel gehört: die Art und Weise, wie wir im Alltag präsent sind, mit welchen Dingen wir uns umgeben, wie wir handeln, worauf wir unsere Aufmerksamkeit richten.

Wenn wir mit der Intensität eines Kindes daran glauben, dass ein Herzenswunsch in Erfüllung gehen wird, prägen sich das Bild und die Energie unserem Unterbewussten ein. Und in einer Haltung des Vertrauens und der Empfänglichkeit vermögen wir dann, die Geschenke des Lebens entgegenzunehmen – in welcher Form auch immer diese sich zeigen.

Wie etwas geschieht und wann, liegt nicht in unserer Hand. Form und Zeitpunkt müssen wir dem Leben überlassen.

Wir können jedoch einiges tun, um den Boden zu bereiten, damit ein Herzenswunsch zur Realität wird: den Boden wässern, düngen, die besten Bedingung schaffen. Dann gilt es, abzuwarten – und das Ergebnis anzunehmen, so, wie es ist. Es ist nicht möglich, das Leben zu kontrollieren und Dinge zu erzwingen. Dadurch, dass wir an einem Pflänzchen ziehen, wächst es nicht schneller.

Je mehr Erwartungen wir mit einem Wunsch verbinden, desto schwieriger wird es. Gelingt es uns, locker und spielerisch mit dem Thema umzugehen, dann können wir unseren Wunsch artikulieren und gelassen beobachten, ob sich die Energie in die angestrebte Richtung verstärkt. Kommt uns das Leben entgegen, zeigt es uns, dass dieses Ziel passend für uns ist, und führt uns dorthin. Vielleicht bemerken wir aber auch, dass das Leben sich in eine andere Richtung entwickelt.

Sollte unser Wunsch sich nicht erfüllen, dann haben wir bis zu dem Zeitpunkt, an dem dies deutlich wird, trotzdem eine gute Zeit gehabt. Denn wenn wir auf die beschriebene Weise mit unseren Wünschen und Zielen umgehen, sind wir auf jeden Fall von aufbauenden Gefühlen und positiver Energie erfüllt.

Neben der schöpferischen Kraft unseres Geistes ist es gleichzeitig wichtig, die annehmende Kraft unseres Herzens zu entwickeln, die den Fluss des Lebens anzuerkennen vermag.

Dinge laufen manchmal anders, als wir es uns gewünscht haben. Dann soll es so sein. Dann ist jetzt die Erfahrung dran, die wir gerade machen. Und vielleicht wird zu einem späteren Zeitpunkt unser Wunsch doch noch in Erfüllung gehen. Ab und zu brauchen wir Geduld, bis die Zeit reif ist und der »richtige« Zeitpunkt gekommen ist, an dem alle Puzzleteile – auf der inneren wie äußeren Ebene – perfekt zusammenpassen.

Wer spricht: Das Ego oder das Selbst?

Wenn es ums Manifestieren von Wünschen und Zielen geht, ist es wichtig, dass wir uns bewusst machen, woher diese kommen. Ist es unsere Persönlichkeit, die bestimmte Dingen anstrebt, die das Leben angenehmer machen? Oder kommt der Wunsch aus einer tieferen Schicht, sehnt sich unsere Seele danach, dass sich bestimmte Umstände verwirklichen?

Mit unserem persönlichen Willen können wir unsere Vorstellungen lediglich auf bestimmten Ebenen in die Realität bringen. Entspricht jedoch das Gewünschte nicht dem universellen Plan unseres Lebens, können wir alles einsetzen – und doch wird es anderes laufen als geplant. Wie viele Paare wünschen sich zum Beispiel sehnlichst ein eigenes Kind, und es klappt einfach nicht. Dann soll es nicht sein.

Kommen unsere Wünsche und Ziele aus unserem höheren Selbst, dann werden sie sich auch manifestieren. Auf dieser Ebene stehen wir in Verbindung mit dem schöpferischen Prinzip, mit der Kraft des Universums.

Wie können wir spüren, welcher Schicht ein Wunsch entspringt? Kommt er aus der Seelenebene, so erleben wir tiefes Vertrauen. Etwas in uns »weiß«, dass das Gewünschte zu unserem Leben gehört und dass es sich – früher oder später – manifestieren wird. Wir sind fähig, uns dem Leben hinzugeben, so, wie es gerade ist, und vertrauensvoll den Zeitpunkt und die Form der Erfüllung unseres Wunsches der kosmischen Intelligenz zu überlassen. Diese findet oft überraschende Wege, auf die unser Verstand nie gekommen wäre. In diesem Bewusstsein sind wir gelassen und in freudiger Erwartung wie kleine Kinder, die wissen, dass jederzeit Überraschungen kommen können.

Kinder sind glücklicherweise noch nicht von einer Vielzahl einschränkender Glaubenssätze geprägt. Offen und neugierig leben sie in der Freude und im Staunen, glauben an Wunder. Wie heißt es in der Bibel:

Wer das Reich Gottes nicht empfängt wie ein Kind,
der wird nicht hineinkommen.
(Matth. 10,15)

Kinder sind meist weitaus stärker mit ihrem heilen Kern und dem Reich der Fülle verbunden als Erwachsene.

Je mehr ein Wunsch der Persönlichkeitsebene entspringt, desto schneller kommt der zweifelnde Verstand ins Spiel. Wir sind nicht in Verbindung mit unserer Tiefe, aus der Vertrauen erwächst.

Wünscht das Ego sich etwas und zeigt sich im Laufe der Zeit keine Bewegung in die angestrebte Richtung, können wir uns fragen:

- Will dies vielleicht nur ein Teil in mir – und ein anderer Teil will etwas anderes?
- Will ich das Gewünschte, um zu fliehen – um die Erfahrung der bestehenden Umstände zu vermeiden?
- Scheue ich mich, einer Angst in die Augen zu schauen – und richte mich deshalb mit aller Kraft auf eine »bessere« Zukunft aus?

Es ist sinnvoll, gründlich die Motivation für unsere Wünsche zu untersuchen. Zum Beispiel können wir unter Umständen nach einer Weile dahinterkommen, dass es doch eher unser Bedürfnis ist, von einem Partner Liebe zu bekommen, als das, unsere innere Fülle mit ihm zu teilen. Ehrlichkeit mit uns selbst ist hier ein wichtiger Faktor. Das Gesetz der Spiegelung hilft uns dabei, unsere Glaubenssätze und tiefer liegenden Gefühle ins Bewusstsein zu bringen. Es können sich immer wieder neue Schichten auftun; oft hat ein Prozess viele Spiralwindungen.

Ich habe selbst einige Jahre gebraucht, um die Dynamik der beiden unterschiedlichen Ebenen auf meine Arbeit bezogen deutlich zu sehen. Als Körpertherapeutin war ich es gewohnt, mit Menschen zu arbeiten. Durch meinen Umzug nach Holland musste ich mir nach zwanzigjähriger Berufstätigkeit noch einmal ein neues Arbeitsfeld aufbauen. Dieser Prozess war mühsamer als gedacht, und als nach gut drei Jahren der Impuls zu meinem ersten Buch kam, habe ich mich an den Schreibtisch gesetzt und ein Lehrbuch über Atemtherapie geschrieben. Diese Therapieform war in Holland noch wenig bekannt, und ich dachte: Ein Buch ist eine gute Visitenkarte. Das Schreiben war für mich damals vor allem ein Mittel, meine Unterrichtstätigkeit in Gang zu bringen. Ich liebe es, mit Menschen zu arbeiten, und das »Gefängnis des Autors« (wie man im Holländischen sagt) war für mich ziemlich herausfordernd.

Nach dem Erscheinen des Buches wurde ich auf Kongresse von verschiedenen Berufsverbänden eingeladen, es liefen Fortbildungsworkshops – und ich war glücklich, wieder in »meinem Beruf« arbeiten zu können. Jedoch wurden nach einiger Zeit die Unterrichtsmöglichkeiten erneut weniger, und ich saß wieder am Schreibtisch. Innerhalb von kurzer Zeit entstanden drei weitere Bücher. Beim dritten dämmerte es mir, beim vierten war es dann ganz deutlich, dass es der Wunsch meiner Seele war, zu schreiben. Meine Persönlichkeit wehrte sich immer noch etwas; ihr Wunsch war es, primär mit Menschen zu arbeiten. Der kreative Prozess war äußerst faszinierend, aber die langen Phasen der Klausur waren ein beachtlicher Wermutstropfen. Zudem forderte das Schreiben in einer Fremdsprache extra viel Zeit und Energie. Auf der Persönlichkeitsebene habe ich viel Schmerz erfahren durch das Nicht-unterrichten-Dürfen, wie ich es aus dieser Perspektive wahrgenommen habe.

Nach einigen Jahren konnte ich die Situation rückblickend folgendermaßen sehen: Es gab auf einmal in meinem Leben relativ wenig Unterrichtsmöglichkeiten, weil meine Seele Freiraum wollte – zum Schreiben und für andere innere Aufgaben. Die Bücher waren nicht lediglich als PR-Aktion gedacht, sondern sollten meine zweite Berufsschiene werden.

Schließlich konnte ich mich dem Anliegen meiner Seele hingeben und erkannte: Dies ist der tiefe Wunsch meines Herzens und nach langjähriger pädagogisch-therapeutischer Erfahrung mein Auftrag. Heute bin ich glücklich, beruflich auf zwei Beinen zu stehen, die einander ergänzen und bereichern: Unterrichten und Schreiben.

In dem Moment, in dem wir einen Herzenswunsch formulieren, erleben wir diesen als echten Impuls aus unserem tiefen Inneren. Und doch ist es ratsam, es für möglich zu halten, dass noch eine tiefere Schicht existiert, die anderes anstrebt; eine Schicht, zu der wir im Moment jedoch (noch) keinen Zugang haben. Und so ist es weise, der Formulierung unseres Wunsches hinzufügen: »Wenn auch meine Seele dies will.« Vielleicht wollen Sie es auch so formulieren: »Wenn es dem göttlichen Willen entspricht.« Manifestieren gelingt, wenn mein und Gottes Wille eins sind.

Ich habe diesem Kapitel bewusst die Überschrift »Herzenswünsche« gegeben. Einen Herzenswunsch könnte man folgendermaßen definieren: Über ihn lässt das Herz uns wissen, welche Seinsqualität im Moment gelebt werden möchte; und es bittet uns, diese jetzt besonders zu kultivieren. Nach dem Gesetz der Resonanz werden sich dann äußere Umstände ergeben, die diesem inneren Sein entsprechen.

Wenn wir in einem tiefen Kontakt mit unserem Herzen stehen, sind wir mit dem großen Ganzen verbunden. Auf dieser Grundlage entfaltet sich die schöpferische Kraft – die Kraft des Universums wirkt durch uns. Und sie erschafft, was unserem Lebensplan entspricht.

Aus dieser Tiefe des Herzens erwächst ebenfalls die Fähigkeit zur Hingabe. Das Herz liebt das Leben und vermag es anzuerkennen, so, wie es ist. Unser Herz weiß, dass alles, was geschieht, zu unserem Besten ist: um zu lernen, uns zu entwickeln und immer tiefer in das Bewusstsein der Einheit einzutauchen. Unter Umständen kann unser Verstand aus seiner begrenzten Perspektive ab und zu Dinge nicht begreifen, die gerade in unserem Leben passieren. Unser Herz befähigt uns jedoch, uns selbst in solchen Momenten in der Schöpfung geborgen zu fühlen – in Ehrfurcht vor der unendlichen Intelligenz des Universums, die im Großen und im Kleinen wirkt: die den Lauf der Gestirne regelt und unseren Körper mit seinen Billionen Zellen so wunderbar funktionieren lässt.

Gib mir die Gelassenheit, Dinge hinzunehmen, die ich nicht verändern kann.
Gib mir den Mut, Dinge zu verändern, die ich verändern kann.
Und gib mir die Weisheit, das eine vom anderen zu unterscheiden.
(Reinhold Niebuhr, 1892–1971)

Sterntaler

Vergegenwärtigen Sie sich einen Ihrer Herzenswünsche, und lassen Sie die passende Formulierung auftauchen, die die Energie beschreibt, die bei seiner Erfüllung in Ihrem Leben vorhanden sein wird.

Sie spüren sich in die verwirklichte Situation hinein, kosten mit allen Sinnen, wie Sie sich dann fühlen und wie Sie in Ihrem Leben präsent sind. Seien Sie die Person, die ihr Ziel erreicht hat.

Sie lassen jegliche Vorstellung davon los, wie die genauen Umstände sein werden, und überlassen es der Kraft des Universums, in welcher Form Ihr Wunsch manifestiert wird. Erinnern Sie sich an den Ausspruch: Wenn wir einen Schritt tun, kommt Gott uns zehn Schritte entgegen. Wir brauchen uns nicht so anzustrengen, wie wir es gelegentlich tun; wir müssen nicht alles »allein« machen, denn wir sind eingebunden in ein großes Ganzes.

Öffnen Sie Ihr Herz und Ihre Hände für die Geschenke aus dem Reich der Fülle – wie das Kind aus dem Märchen »Sterntaler«. Es hatte alles verloren: seine Eltern, sein Zuhause, und es gab auch die Kleider, die es trug, Stück für Stück an Menschen, die froren und das Kind darum baten. Zuletzt hatte es gar nichts mehr, es stand mit leeren Händen da. Da fielen plötzlich die blinkenden Taler vom Himmel – und es war reich für sein Lebtag.

Auch wir müssen »leer« werden, um in eine tiefe Empfänglichkeit zu kommen. »Leer« bezieht sich in diesem Fall auf das Gedankenkarussell in unserem Kopf: Alle Vorstellungen, alle Fantasien, alles Haben-Wollen gilt es loszulassen; und auch, unseren Keller zu entrümpeln von den dort vorhandenen Mangelgedanken und negativen Glaubenssätzen.

Legen Sie bei der Übung Ihre geöffneten Hände in einer empfangenden Haltung auf Ihre Oberschenkel. Ihre Finger können zu Antennen werden, die zu erfühlen vermögen, aus welcher Richtung etwas auf Sie zukommt oder wohin Sie Ihre Aufmerksamkeit richten sollen. Spüren Sie, dass permanent Energie auf Sie zuströmt? Öffnen Sie sich für den Fluss des Lebens, für seine Geschenke. Wie fühlt es sich an, in die Rolle von Sterntaler zu schlüpfen?

Das Leben liebt Sie. Können auch Sie dem Leben in Liebe und Vertrauen begegnen? Wie wäre es, eine Liebesbeziehung zu ihm zu entwickeln? Und dem Leben zu signalisieren: »Hier bin ich. Ich bin bereit! Bereit zu empfangen, deine Geschenke entgegenzunehmen – und anzunehmen, was ist. Ich lasse mich vom Strom tragen.«

Geben Sie sich dem Fluss des Leben hin – wissend, dass Sie auf Ihrem Weg geführt und unterstützt werden, sodass Ihre Seele sich bestmöglich entfalten kann. Öffnen Sie sich in Dankbarkeit für das Mysterium des Lebens.

Machen wir uns bewusst, dass wir Mit-Schöpfer sind! »It takes two to tango.« Auf der einen Seite ist es wichtig, uns klar und bewusst auf bestimmte Ziele auszurichten, auf der anderen, auch loszulassen, uns vom Herzen her im Vertrauen und in großer Offenheit den Bewegungen der universellen Kraft hinzugeben. So mit dem Leben zu tanzen, danach sehnt sich unsere Seele.

Ich habe diesen Weg des Herzens sehr eindrucksvoll bei Frank, einem Freund, nach dessen Krebsdiagnose mit äußerst schlechter Prognose gesehen. Er liebte das Leben; er wollte gerne auf dieser Erde bleiben – bei seiner geliebten Frau und den vier noch jungen Kindern. In den drei Monaten, die ihm noch blieben, setzte er alles dafür ein – auf der körperlichen, energetischen, emotionalen und geistigen Ebene. Wie ein Kind hatte er einen tiefen Glauben an Wunder. Als Arzt wusste er genau Bescheid, wie es um seinen Körper stand; und gleichzeitig war ihm bewusst, dass im Feld der Möglichkeiten auch die Chance der Heilung bestand. Bis zum Schluss richtete er sich bewusst darauf aus – auf der anderen Seite legte er sein Leben in Gottes Hand, bereit, den Ausgang anzunehmen, wie er sein würde. Und als deutlich wurde, dass sein Körper es nicht mehr weiter schaffte, konnte er in Frieden in die andere Welt gehen.

Seinen Prozess mitzuerleben, hat mich tief berührt und bereichert. Ich habe selten so deutlich das Wirken der Kräfte des Herzens gespürt; alles war in tiefer Liebe gehalten. In den unterschiedlichsten Bereichen ging es um Liebe: Da war Franks große Liebe zum Leben, zu seiner Familie, zur Musik, aus der er jetzt viel Trost und Kraft schöpfte; in seinem Freundes-, Kollegen- und Schülerkreis war ein enormes Feld der Liebe aktiviert, und es floss Unterstützung auf der praktischen, finanziellen und geistigen Ebene. Seine intensive Liebe zum Göttlichen trug ihn. Und letztlich hat er sich mit allen Fasern der universellen Kraft der Liebe hingegeben, ist eins geworden – und hat die körperliche Form verlassen.

6. Kleine Schritte für den Alltag

Das Wichtigste: die Energie auf dem Weg

Wenn wir eine neue energetische Qualität in unser Leben holen wollen, ist es sinnvoll, uns seelisch-geistig nicht nur auf die Manifestation unserer langfristigen Ziele und Herzenswünsche vorzubereiten, sondern die beschriebene Vorgehensweise auch auf die alltäglichen kleine Ziele anzuwenden. Wir sollten unser Leben in einer Weise gestalten, in der die neue Qualität so durchgängig wie möglich in unserem Energiefeld präsent ist.

Je mehr wir die Prinzipien tagtäglich auch im Kleinen anwenden, desto vertrauter werden sie uns, und umso besser lernen wir uns sowie unsere Muster kennen. Einerseits erfahren wir immer wieder, was »wirkt«; auf der anderen Seite können wir auch entdecken, wo wir hängen bleiben und warum. Im Folgenden gebe ich Ihnen Anregungen und eine Struktur für innere Schritte, die Sie in Ihren Alltag einbauen können.

Es ist wichtig, uns über unsere Ziele und die Ergebnisse klar zu werden, die wir heute erreichen möchten; die Energie auf dem Weg ist hierbei das Entscheidende. Denn wie bereits erwähnt liegt der springende Punkt in unserem Sein, auf das das Gesetz der Anziehung reagiert. Welche energetische Schwingung wir in unsere Tätigkeiten und Kontakte einbringen, bereitet den Boden für das, was wir erfahren und erreichen werden. Wenn wir dem Leben mit Interesse, Neugier, Freude und Dankbarkeit begegnen, fließt die Energie – so können Dinge leicht gehen und gelingen.

Einstimmung auf den Tag

Wie beginnen Sie Ihren Tag? Was läuft bei Ihnen unmittelbar nach dem Aufwachen ab? Kommen eventuell gleich einige Vertreter der Ich-muss-Energie zur Tür herein? Die Aufgaben des Tages ziehen vor dem inneren Auge vorbei, spezielle herausfordernde Tätigkeiten leuchten auf und üben bereits jetzt einen gewissen Druck aus (indem wir denken: »Hoffentlich klappt das«, »Oh je, dieses Gespräch« …). Wir kommen unter Umständen schon in ein Fahrwasser von Anstrengung, Stress und Mühsal, noch bevor wir einen Fuß aus dem Bett gesetzt haben. Ein »schwerer« Tag liegt vor uns, und es gilt, ihn zu »bewältigen«.

Wie anders läuft es bei kleinen Kindern: Freudig springen sie aus ihrem Bettchen, neugierig auf das, was es heute zu entdecken gibt. Sie beginnen den Tag mit Leichtigkeit und Freude – und so tanzen sie dann durch ihn hindurch bis zum Abend.

Wenn Sie Fülle in Ihr Leben einladen und sie innen wie außen erfahren möchten, dann schlage ich Ihnen vor, Ihren Tag auch bewusst mit einem Besuch im Reich der Fülle zu beginnen. Geben Sie nicht gleich den ratternden Gedanken Raum, sondern gehen Sie zuerst in Ihr Herz – und ins Fühlen. So legen Sie eine gute energetische Basis für den kommenden Tag.

Botschaften aus dem Reich der Fülle ♥

Begeben Sie sich im Geist an einen Ort, der für Sie Fülle repräsentiert (z. B. in den Paradiesgarten). Sie kosten die Atmosphäre dieses Platzes mit allen Sinnen, lassen sich von seiner Energie umhüllen und durchfluten. Sie sind angekommen im Reich der Fülle.

Wenn Sie diese Übung täglich praktizieren, werden Sie mit der Zeit das Szenario recht schnell abrufen können.

Treten Sie jetzt in Kontakt mit Ihrem Herzen, und spüren Sie, welche Gefühle und Gedanken dort präsent sind.

Gedanken

Lassen Sie einen oder mehrere Gedanken aus dem Raum der Fülle auftauchen. Hier einige Beispiele:

- Ich bin von Liebe umgeben; das Leben sorgt für mich und gibt mir alles, was ich brauche.
- Ich vertraue darauf, dass ich zur rechten Zeit am rechten Ort bin und den rechten Menschen begegne.
- Ich bin liebenswert, so, wie ich bin.
- Mein Projekt läuft gut und ist erfolgreich.
- Ich lehne mich vertrauensvoll ans Leben an.

Gefühle

Als Zweites lassen Sie ein oder mehrere Gefühle aufkommen, die dem Reich der Fülle entspringen.

- Ich fühle mich leicht und beschwingt.
- Ich bin voll Dankbarkeit und Freude darüber, dass mich das Leben so reich beschenkt.
- Ich fühle mich geborgen/getragen/geliebt.
- Mein Herz ist warm und offen.
- Ich bin umhüllt und durchströmt von Liebe.

Körperempfindungen

Wie fühlt sich Ihr Körper an, wenn Sie im Raum der Fülle sind?

- Ich fühle mich ruhig, gelöst und weit.
- Die Lebensenergie pulsiert in all meinen Zellen.
- Ich fühle mich rundum wohl – und schnurre wie eine Katze.
- Mein Körper ist durchströmt von Licht und Liebe.
- Ich bin vital und kraftvoll, gelassen präsent im Hier und Jetzt.

Beginnen Sie Ihren Tag damit, sich auf allen drei Ebenen – der mentalen, der emotionalen und der körperlichen – die Energie der Fülle zu vergegenwärtigen. Die Reihenfolge der drei Punkte können Sie je nach Vorliebe wählen.

Notieren Sie täglich, was in dieser Übung aufgetaucht ist – zum Beispiel in einem etwas größeren Kalender. Es kann jeden Tag etwas anderes in Ihnen wach werden, oder bestimmte Punkte kehren eine Zeit lang immer wieder.

Unter Umständen zieht sich gelegentlich ein roter Faden durch die drei Ebenen, und alles kreist um ein bestimmtes Thema.

Gedanke: Ich bekomme Unterstützung dort, wo ich sie brauche.
Gefühl: Ich fühle mich genährt und dankbar.
Körper: Ich fühle mich entspannt und wohlig – wie ein Kind in den Armen seiner Mutter.

Wenn du begreifst, dass es dir an nichts mangelt, gehört dir die Welt.
(Lao Tse)

Bewusste energetische Ausrichtung

Nachdem Sie Kontakt mit dem Reich der Fülle aufgenommen haben, lenken Sie nun Ihren Blick auf den vor Ihnen liegenden Tag und Ihre Vorhaben.

Vorbereitung

Programmpunkte des heutigen Tages

Was fangen Sie heute mit Ihrem Tag an? Was ist Ihnen wichtig, was wollen Sie heute tun? Ihre Programmpunkte notieren Sie auf einem Blatt. Machen Sie sich bewusst, wie Sie diesen Tag gestalten wollen, sodass es ein sinnerfüllter und erfüllender Tag wird, der von Wohlgefühl, Freude und Gelingen geprägt ist.

Ich wähle, heute Folgendes zu tun:

....

....

Wir können sowohl wählen, was wir tun wollen, als auch, wie wir es tun wollen.

Was den Inhalt betrifft, obliegt es unserer Entscheidung, verschiedene Dinge zu tun oder zu lassen: die blauen oder die schwarzen Schuhe zu kaufen; zu einer Einladung zu gehen oder nicht; in den Ferien zu Hause zu bleiben oder zu verreisen. Dass wir einen Handlungsspielraum haben, ist vielen Menschen bewusst, und sie machen Gebrauch von der Freiheit der Wahl. Weniger verbreitet sind jedoch das Wissen, dass wir auch das Wie wählen können; das bedeutet die Qualität, die Energie, die unseren Tag und unser Tun prägen soll.

Bei einer Reiseplanung entscheiden wir uns für ein Ziel: »Ich will nach Venedig.« Der Weg dorthin kann sich recht unterschiedlich gestalten: stressig, leicht und kurzweilig, mit nervenden Mitreisenden oder interessanten Begegnungen und Gesprächen. Zusätzliche zur Fahrkarte, die die Richtung angibt, können wir auch die Energie »buchen«, die wir auf dem Weg zu unserem Ziel aktivieren wollen.

Das Motto des Tages

Jeder Tag ähnelt einer Reise. Welche Seinsqualität liegt Ihnen heute am Herzen, soll Ihren Tag prägen? Zum Beispiel: Klarheit, Kreativität, Wertschätzung, Unterstützung, Verbundenheit, Vertrauen, Heilung etc.

Unter welches Motto möchten Sie Ihren heutigen Tag stellen?

Heute erlebe ich einen Tag der/des ....

Denken Sie nicht nur an die gewählte Qualität, sondern schwingen Sie sich auf die Energie ein, und erfühlen Sie diese von innen. Um sich im Laufe des Tages immer wieder daran zu erinnern, kann es hilfreich sein, Ihr Tagesmotto auf ein Kärtchen zu schreiben und dieses an einen gut sichtbaren Platz zu legen.

Meine Grundenergie heute

Als wer möchten Sie durch den heutigen Tag gehen? Sie können zum Beispiel wählen, heute Ihren »Inneren Schmetterling« leben zu lassen. Gönnen Sie sich, Ihren Tag so zu gestalten, dass er Raum hat, um sich zu entfalten. Schließen Sie für einen Moment Ihre Augen, und fühlen Sie sich in den Schmetterling ein – oder wie immer Sie diese tiefere Schicht bezeichnet haben. Welchem Lebensgefühl begegnen Sie hier?

Erspüren Sie jetzt, welche Grundenergie Sie in den heutigen Tag einbringen wollen, damit Sie sich gut fühlen und die Ziele Ihres Tages erreichen. Wie auf einer Farbskala wählen Sie den Farbton, die Stimmung, die innere Haltung, mit der Sie präsent sein wollen und die Sie ausstrahlen möchten. Beispiele: gelassen, gut bei mir, offen für Neues, empathisch, empfänglich, präsent mit nicht wertender Aufmerksamkeit, warm und liebevoll, klar und wach, gut abgegrenzt, geerdet, freudig.

Ich wähle, mich heute ....

zu fühlen, und stimme mich gefühlsmäßig auf diese Qualität ein.

Indem Sie bewusst mit dieser Energie in den Tag gehen, bereiten Sie den Boden für das, was Sie erleben werden. Nach dem Gesetz der Resonanz ziehen wir die Qualitäten an, die wir ausstrahlen.

Drei Tätigkeiten

Mit der Wahl des Mottos und dem Einschwingen auf die Grundenergie Ihres Tages haben Sie jetzt bereits eine wichtige Basis geschaffen. Lassen Sie Ihre energetische Planung nun anhand von drei Beispielen ganz konkret werden.

- Wählen Sie drei Tätigkeiten, die Ihnen heute besonders wichtig sind;
- vergegenwärtigen Sie sich, welche Energie Ihr Tun begleitet und
- wie das gewünschte Ergebnis aussehen soll.

Notieren Sie alle Punkte jeweils mit einem Verb in der Gegenwartsform; und formulieren Sie auch das angestrebte Endergebnis im Präsens, als ob es jetzt schon erreicht ist. So holen Sie die Zukunft in die Gegenwart.

Beispiele:

- Bei meiner Präsentation bin ich gelassen und klar; ich erlebe Wertschätzung für diese Arbeit.
- Ich schreibe meine Rechnungen konzentriert und leicht in 2 Stunden – oder schneller.
- Ich genieße die Autofahrt nach Hause und freue mich, einen harmonischen, entspannten Abend mit meinen Kindern zu verbringen.
- Mein Vorstellungsgespräch läuft leicht und mühelos, und ich vertraue darauf, dass ich den Job bekomme.
- Ich komme zügig auf der Autobahn voran und bin pünktlich in meiner Praxis.
- Leicht und locker organisiere ich meinen nächsten Workshop und bin dankbar, dass zehn oder mehr Teilnehmer kommen.
- Ich habe viel Spaß daran, ein Bild zu malen, und es passt perfekt in mein Wohnzimmer.
- Ich habe heute einen Blues; ich gehe gut mit mir um, und es wird stündlich leichter.
- Das Gespräch mit meinem Partner verläuft ruhig und in gegenseitiger Wertschätzung. Ich bin dankbar, dass die Themen geklärt sind, die mir am Herzen lagen.
- Ich fahre in die Stadt und finde leicht den passenden Stoff für schöne Gardinen im Wohnzimmer.
- Mit Schwung beginne ich den Tag und halte inspirierenden Unterricht.
- Ich schlafe mühelos ein, genieße einen erholsamen Schlaf und wache erfrischt auf.

- Im Telefonat mit X bin ich gut bei mir und äußere klar meine Bedürfnisse, die in unserer weiteren Zusammenarbeit berücksichtigt werden.
- Ich danke für den gelungenen Workshop und genieße einen entspannten Abend im Kino.
- Bei meinem Umzug mache ich gelassen einen Schritt nach dem anderen und freue mich über die schöne neue Wohnung.

Schreiben Sie jetzt auf, was Sie heute tun, wie Sie es tun und wohin es Sie führt (Ergebnis).

....

....

....

Unter Umständen sind Sie auf der Suche nach präzisen Formulierungen gerade etwas in den Kopf gerutscht. Deshalb möchte ich Sie einladen, jetzt bewusst wieder umzuschalten und ins Fühlen zu kommen: Erleben Sie in Ihrem Inneren, wie Sie obige Programmpunkte umsetzen und welche energetische Qualität Ihr Handeln prägt; dann kosten Sie bereits im Voraus aus, wie Sie sich fühlen, wenn Sie Ihr gewünschtes Ziel erreicht haben. Auf der Gefühlsebene entsteht so das »Drehbuch« für die jeweilige Situation, und Sie senden die Schwingung aus Ihrer Vorbereitungsphase ins energetische Feld.

Man muss es sich so einrichten, dass einem das Ziel entgegenkommt.
(Theodor Fontane)

Mit der oben dargestellten Vorgehensweise setzen Sie diesen Ausspruch in die Praxis um.

Bevor eine der drei gewählten Tätigkeiten in Ihrem Tagesablauf dran ist, vergegenwärtigen Sie sich noch einmal Ihre Energie aus der Morgeneinstimmung. Purzeln Sie nicht einfach im Trubel des Alltags in die Situation hinein, sondern stimmen Sie zuerst Ihr Instrument, wie ein Musiker vor dem Spiel; rufen Sie in sich die Energie und die Stimmung wach, die Sie erfahren wollen. Oder in einem anderen Bild gesprochen: Wählen Sie bewusst den Radiosender, den Sie hören wollen, damit eine für Sie stimmige Musik, d.h. Energie Ihr Tun begleitet.[21]

Schriftliche Tagesplanung

Es ist wichtig, dass die Aussagen in Ihrer Tagesplanung realistisch sind. Ein Beispiel:

Eine junge Mutter wählt nach einer anstrengenden Nacht mit ihrem zahnenden Baby vor dem Gang ins Büro als Grundenergie: »Ich bin hellwach und klar.« Das mag wünschenswert sein, aber es ist eher unwahrscheinlich, dass sie sich auch auf diese energetische Qualität einschwingen und sie halten kann. Realistischer wäre der Satz: »Schritt für Schritt werde ich wacher« oder »Ich freue mich, dass ich kontinuierlich wacher werde.« Vielleicht kann sie dann nach einer Stunde schon eine andere Affirmation benutzen, wie: »Ich bin präsent und schreibe konzentriert die anstehenden Rechnungen.«

Ich möchte Sie animieren, für den kommenden Tag bewusst etwas einzuplanen, was Ihnen Freude bereitet und Raum zum Genießen gibt. Angesichts vieler Aufgaben kommt bei einer Reihe von Menschen diese Qualität leicht zu kurz. Indem wir sie gezielt durch Aktivitäten kultivieren, die wir lieben und gern tun, fördern wir unsere Fähigkeit, aus der Energie der Freude und Leichtigkeit auch andere Dinge des Alltags anzugehen.

In der Freude liegt die Kraft.

21 Den Prozess der Tagesplanung, den Sigrid Immler vor gut dreißig Jahren entwickelt hat, habe ich in einem Workshop bei Yvonne Grevenitz kennengelernt. Es ist dazu bisher kein schriftliches Material zur Selbstanwendung erschienen. Ich habe den recht komplexen Prozess gekürzt und die für mich wesentlichsten Punkte hier beschrieben.

Arbeitsblatt ♥

Meine Tagesplanung für den ....

Ich begrüße dich, mein liebes Heute.

Ich entscheide mich, meinen heutigen Tag so positiv wie möglich zu gestalten, und ich stimme mich jetzt bewusst darauf ein.

1. Programmpunkte

Ich wähle, heute Folgendes zu tun:

....

2. Das Motto des Tages

Ich wähle ein Motto für meinen Tag – eine Energie, die ihn prägen soll:

Heute erlebe ich einen Tag der/des ....

3. Meine heutige Grundenergie

Ich wähle, mit welcher Energie ich heute präsent sein will, um mich wohlzufühlen und meine Ziele des Tages zu erreichen.

Ich wähle, mich heute ....
zu fühlen. Und ich schwinge mich jetzt auf der Gefühlsebene bewusst auf diese Qualität ein.

4. Drei Tätigkeiten

Ich plane konkret drei Tätigkeiten und entscheide jeweils, was ich tue, wie ich es tue und wie das Ergebnis aussieht, das ich erreichen möchte. (Alles wird in der Gegenwartsform formuliert.)

....

So sei es!

....
(Vorname)

Dieses Arbeitsblatt können Sie kopieren und jeweils für drei Tätigkeiten, die Sie für den vor Ihnen liegenden Tag planen, ausfüllen.

Ich empfehle Ihnen, diese Übung morgens zu machen, wann immer Sie es am besten einrichten können: in der Stille gleich nach dem Aufwachen, vor oder nach dem Frühstück, sobald die Kinder aus dem Haus sind. Gönnen Sie sich die morgendlichen zehn Minuten für eine schriftliche Tagesplanung – über einen selbst gewählten Zeitraum (z. B. vier Wochen lang). Sie können sich dazu oben stehendes Arbeitsblatt vervielfältigen. Beobachten Sie dann, ob sich in dieser Zeit etwas an der Qualität Ihres Alltags verändert.

Es hat sich bewährt, die Tagesplanung schriftlich zu machen; dies erleichtert es, präzise Formulierungen herauszukristallisieren. Erinnern Sie sich an den Satz aus der Schöpfungsgeschichte: »Am Anfang war das Wort.« Mit dem geschriebenen (und erfühlten!) Wort beginnen Sie bereits den Prozess der Manifestation.

Die Tagesplanung ist eine Art Abmachung mit Ihnen selbst. Indem Sie Ihre Unterschrift daruntersetzen, machen Sie deutlich, dass Sie es ernst mit Ihren Vorhaben meinen und es sich nicht lediglich um »fromme Wünsche« handelt. Evaluieren Sie am Abend anhand des Arbeitsblattes auf S. 211, ob und inwieweit Ihr Entwurf sich realisiert hat.

Eine Klientin berichtet über Ihre ersten Erfahrungen mit der Tagesplanung Folgendes: »Vor zwei Wochen habe ich bei Ihnen je eine Imagination zu zwei bevorstehenden Teamsitzungen gemacht; diese waren wirklich hilfreich. Die Sitzungen liefen wie geplant, und ich habe mich mit mir und meinen Kollegen viel wohler gefühlt als sonst. Bei der dritten Sitzung in derselben Woche lief jedoch alles wieder im alten Muster: Ich geriet schnell in mein klassisches Nein oder Aber und fühlte mich rasch durch Kommentare der anderen angegriffen. Plötzlich wurde mir klar: Ich hatte für diese Sitzung keine morgendliche Planung und keine ›Generalprobe‹ gemacht. Das prompte positive wie negative Resultat hat mir deutlich den Wert der geistigen Vorbereitung von Situationen gezeigt.«

Die Übung bietet einen effektiven Weg, um anhand kleiner, überprüfbarer Alltagssituationen umgehend zu erleben, wie wir – über unsere Einstellungen, unsere Gefühle und die Energie, die wir wählen und ausstrahlen – unsere Realität prägen. Je häufiger wir durch gezielte energetische Ausrichtung zu positiven Ergebnissen kommen, desto stärker wird das Vertrauen, dass diese Vorgehensweise »wirkt«; und es steigt unsere Motivation, diese Praxis immer öfter bei kleinen und großen Dingen anzuwenden.

Im Anhang S. 285 finden Sie eine Auflistung energetischer Qualitäten, die Sie unter Umständen bei der Tagesplanung inspirieren und unterstützen kann.

Wir können keine großen Dinge vollbringen –
aber kleine, und die mit großer Liebe.
(Mutter Teresa)

Wählen: Wer tut was, wie?

Wer agiert?

Es ist sinnvoll, sich im Alltag gelegentlich zu fragen: Wodurch wird mein Sein im Moment bestimmt – vom Bewusstsein des Mangels oder dem der Fülle? Wer steht hier gerade auf der Bühne des Lebens?

- Ein »Sklave«, der seinen Verpflichtungen nach dem Motto »Ich muss« nachkommt, ein von außen gesteuerter Mensch; ein »Opfer«, das andere Menschen oder das Schicksal für seine Lebenssituation verantwortlich macht und sich (unter Umständen leidend, angespannt, klagend) in die Gegebenheiten fügt?
- Oder ein souveränes, selbstbestimmtes Ich, das Verantwortung für sein Leben und Handeln übernimmt und das von innen bewusst das Was und Wie seines Tuns wählt.

Sind wir im Sklaven- und Opferbewusstsein gelandet, fällt es meistens schwer, in eine positive Grundenergie zu finden, aus der heraus wir unsere Tätigkeiten angehen können.

Sobald diese Haltung im Hintergrund präsent ist (manchmal sehr subtil), ist unsere Stimmung eher gedämpft; wir sind dann vielfach lustlos, frustriert, angestrengt etc. Seien Sie achtsam, wenn Gedanken und Worte wie »Ich muss – ich sollte – ich müsste eigentlich« bei Ihnen auftauchen. In dieser Denkschiene bleibt wenig Raum zum Atmen, Sie nehmen sich Ihren Handlungsspielraum. Machen Sie sich dann wieder bewusst: Sie können entscheiden, was Sie tun wollen und mit welcher Qualität Sie es tun möchten.

Treten wir als bewusstes Ich auf die Bühne des Lebens, verbunden mit unserem Kern, ist unsere Energie auf einer höheren Schwingungsfrequenz. Wir erleben einen inneren Spielraum und die Freiheit, zu wählen. Im Bewusstsein der Fülle senden wir folgende Energien aus: Wir sind fröhlich, leicht, beschwingt, wach, voll Mitgefühl, vertrauensvoll, heiter, gelassen, spielerisch, hilfsbereit, voll Freude, empathisch, großzügig, liebevoll.

Wenn wir mit ganzem Herzen bei einer Sache sind, läuft sie leicht. Vielfach werden wir dann von einer beflügelnden Energie getragen, sind im Flow. Erledigen wir Dinge jedoch halbherzig oder aus purer Pflicht, verändert sich unsere energetische Schwingung enorm. Im Reich der Fülle gibt es keine Sklaven und Opfer. Wollen wir es betreten, dann müssen wir uns von diesen Haltungen und Rollen endgültig verabschieden.

Die Energiefrequenz erhöhen

Wie will ich präsent sein?

Wenn Sie bei der Tagesplanung drei Tätigkeiten wählen, die Sie in einer bestimmten Energie tun wollen, dann beginnen Sie mit einfachen Dingen, und steigern Sie die Herausforderungen im Laufe der Zeit.

Beobachten Sie in Ihrem Alltag, ob es Tätigkeiten gibt, die Sie gewohnheitsmäßig eher mit einer niedrig schwingenden Energie tun: vielleicht etwas lustlos, mechanisch, murrend, angespannt, eher hektisch oder unachtsam. Machen Sie sich bewusst, dass Sie auch eine andere Qualität wählen können, mit der Sie sich an diese Arbeit machen (z. B. die Energie von Leichtigkeit). Mit einer Energie auf einer höheren Frequenz ergeben sich Vorteile auf der inneren und der äußeren Ebene: Wir fühlen uns besser dabei – die Qualität des Tuns ist höher und somit die Chancen für gutes Gelingen größer.

Wie kommen wir nun in die neu gewählte energetische Schwingung?

Bewusster Energie-Switch ♥

Vergegenwärtigen Sie sich eine Situation aus der Vergangenheit, in der Sie Ihre gewählte Energiequalität intensiv erlebt haben (Ich bleibe bei obigem Beispiel der Leichtigkeit). Wann haben Sie sich ausgesprochen leicht gefühlt? Vielleicht in den Ferien, beim Tanzen, beim Sport, beim Hören bestimmter Musik …? Erleben Sie im Jetzt diese Situation aufs Neue, und kosten Sie aus, wie die Leichtigkeit sich anfühlt. Sie fühlen diese Qualität mit Ihrem ganzen Sein: im Gemüt sowie in allen Zellen Ihres Körpers. Dann stellen Sie sich vor, wie diese Energie der Leichtigkeit in die Tätigkeit hineinfließt, die Sie jetzt angehen wollen. Wie fühlt sich das genau an? Machen Sie eine Art geistiger Generalprobe; anschließend setzen Sie Ihren Entwurf in die Praxis um.

Gelegentlich kann eine Umpolung unserer Energie schon durch die Veränderung eines kleinen Gedankens erfolgen. Anstatt sich zu sagen: »Oh je, schon wieder mit dem Auto mitten in die Stadt, da findet man ja nie einen Parkplatz«, könnte der Satz lauten: »Ich finde leicht und mühelos einen Parkplatz in der Augustenstraße.« Positives denken – und fühlen! – ist eine wertvolle Vorbereitung darauf, ein gewünschtes Ergebnis zu erreichen.

Von »Ich muss« zu »Ich will«

Vielleicht beschleicht Sie im Alltag ab und zu das Empfinden, ein Opfer zu sein, weil Sie bestimmte Dinge einfach tun »müssen«. Meistens agieren wir dann lustlos und halbherzig. Eine innere Stimme sagt vielleicht: »Ich habe keinen Bock zu putzen; Putzen ist einfach lästig.«

In solchen Situationen ist es hilfreich, sich zu vergegenwärtigen, welches Grundbedürfnis wir durch die jeweilige Tätigkeit erfüllen; beim Putzen vermutlich das Bedürfnis nach Sauberkeit und Ordnung. Hier liegt der Antrieb, aus dem wir tun, was wir tun – auch, wenn wir es ungern machen. (Eine Liste mit Grundbedürfnissen und Werten finden Sie im Anhang).

In diesem Fall können Sie die Sache von hinten aufziehen, indem Sie sich das Ergebnis nach getaner Arbeit vergegenwärtigen – und wie Sie sich dann vermutlich fühlen werden: Das Wohnzimmer ist aufgeräumt und sauber, Sie sind zufrieden und fühlen sich wieder wohl dort. Daraus könnte folgender Satz für die Tagesplanung entstehen: »Ich freue mich auf ein sauberes, aufgeräumtes Wohnzimmer.«

Indem wir unser Ziel vor Augen haben und den bereits vollendeten Vorgang betrachten, wird Energie frei. »Ich muss putzen« kann sich verwandeln in: »Ich will putzen, weil mir ein sauberes und aufgeräumtes Wohnzimmer wichtig ist.«

Unsere Vorfreude auf das geputzte Wohnzimmer schafft eine Motivation, mit der wir uns leichter an die Arbeit machen können, und sie ist das Tor in eine neue Energie. Nutzen Sie die Zugkraft der Zukunft; lassen Sie diese zur Triebfeder werden, um in der Gegenwart in Aktion zu kommen. Nach solch einem inneren Prozess könnte auch folgender Satz für die Tagesplanung entstehen: »Ich lege eine beschwingte Musik auf, und das Putzen geht zügig; ich erfreue mich an meinem aufgeräumten, sauberen Wohnzimmer.«

Wir bestimmen durch unsere innere Einstellung den Farbton, den das Putzen an diesem Tag für uns annimmt. Manchmal erledigen wir die Hausarbeit wie ein Sklave unserer »Ich muss«-Liste. Wie wäre es, wenn Ihr »Innerer Schmetterling« heute einmal die Putzarbeiten übernähme? Würde in dieselben Tätigkeiten dann eine andere Energie fließen?

Ich erinnere mich in diesem Zusammenhang an die Worte meiner Lehrerin, die sie einmal während einer Meisterklasse zu einer Sängerin sagte: »Wenn Sie die Rolle der Despina spielen (Kammermädchen in Mozarts Oper »Cosi van tutte«), dann gehen Sie elegant und heiter mit Ihrem Staubwedel über die Möbel. In Ihrem Privatleben bekommt Hausarbeit durch Ihren Widerstand eine recht schwere Energie. Kein Wunder, wenn Sie danach Verspannungen haben. Putzen Sie doch auch dort ›mozartisch‹ – leicht und spielerisch wie eine Despina.«

Hier noch drei Tipps, die so manche Tätigkeiten erleichtern können:

Belohnung

Sie können sich nach Abschluss einer Tätigkeit auch eine kleine Belohnung in Aussicht stellen, einen genüsslichen Ausklang Ihrer Aktivität. Dies kann Ihre Motivation erhöhen und Ihre energetische Schwingung anheben. »Ich lege mit Freude die gebügelte Wäsche in den Schrank und genieße einen Cappuccino auf der Terrasse.« Mit dieser Strategie sprechen wir besonders unser inneres Kind an.

Dosierung

Oft ist es auch eine Frage der guten Dosierung, wie wir uns bei bestimmten Tätigkeiten fühlen. Wenn ich mich eine Stunde lang einer Sache widme, die mich etwas Überwindung kostet, kann ich dabei vielleicht in meiner gewählten Energiefrequenz bleiben. Stünde dieser Programmpunkt für den gesamten Vormittag auf der To-do-Liste, wäre die gute energetische Qualität für einige Zeit zu halten, würde dann aber vermutlich abrutschen in Lustlosigkeit, Forcieren ...

Vor Kurzem sagte mir ein Mann, der selbstständig tätig ist: »Ich kenne gar keine ›lästigen‹ Tätigkeiten. Ich mache alles nur so lange, wie es mir gefällt; danach läuft's eh nicht mehr gut. Dann begebe ich mich an etwas anderes.«

Energetisches Polster

Manchmal ist es sinnvoll, sich zuerst ein energetisches Polster zu verschaffen, um mit einer guten Energie an eine ungeliebte Tätigkeit heranzugehen.

Brigitte hat auf Ihrem Tisch einen Stapel mit Papieren, in dem es um die Auseinandersetzung über Zahlungen einer Autoversicherung geht. Diese Angelegenheit ist bereits seit einiger Zeit mit einem gewissen Ärger verbunden. Um ihren freien Tag nicht davon überschatten zu lassen, macht sie zuerst einen schönen Spaziergang. Energiegeladen und in guter Stimmung kommt sie nach Hause zurück. Auf dieser Basis fühlt sich die Korrespondenz mit der Versicherung schon wesentlich leichter an, und Brigitte macht sich umgehend an diese Arbeit.

Bei Tätigkeiten, zu denen man sich nur sehr schwer aufraffen kann, empfiehlt es sich unter Umständen, diese gar nicht fest einzuplanen. Sie sind im Hinterkopf präsent, und irgendwann, wenn man gut drauf ist, kommt ein Punkt, an dem man denkt: »Jetzt wäre es gar nicht so schlimm. Ich bleibe auf meiner Energiewelle und arbeite einfach so lange, wie es leicht geht.« Durch diese Strategie gelingt es oft, die Aufgabe auch ohne zusammengebissene Zähne zu erledigen.

Energieräuber stoppen

Manche Tätigkeiten kosten uns viel und vermögen unsere Energie ziemlich nach unten zu ziehen. Ich gebe Ihnen ein paar Anregungen, wie Sie in solchen Fällen liebevoll mit sich umgehen können.

Sich Unterstützung gönnen

Gelegentlich behält eine Tätigkeiten hartnäckig das Etikett »lästig« – zum Beispiel die seit Langem aufgeschobene Steuererklärung. Es ist sinnvoll, dass Sie sich dann fragen, was Sie auf dem Weg zu Ihrem Ziel unterstützen kann. Wie würden Sie sich fühlen, wenn Sie diese Sache nicht im Alleingang, sondern im Miteinander erledigen? Sollte die Vorstellung von Unterstützung Sie erleichtern und Ihren Energiepegel heben, erlauben Sie sich, eine geeignete Person um Hilfe zu bitten. In Ihrer Tagesplanung könnte dann stehen: »Ich freue mich, dass meine Freundin mit mir die Belege sortiert – und wir haben viel Spaß dabei.«

Eine neue Strategie

Manchmal begegnen Sie auch einer Tätigkeit, für die Sie partout keine Motivation und positive Energie finden. Sie fühlen sich lustlos, missmutig, unter Stress, erleben Widerstand; und aus der Tiefe taucht auf: »Ich hasse es, zu putzen!« Dann erweist es sich als ratsam, für die Erfüllung Ihres Bedürfnisses nach Sauberkeit und Ordnung eine völlig neue Strategie zu finden. Anstatt Ihr Wohnzimmer selbst zu putzen, können Sie diese Aufgabe ja auch delegieren: zum Beispiel an ein Familienmitglied; oder Sie gönnen es sich, eine »Putzfee« zu engagieren; oder Sie vereinbaren mit jemandem einen Austausch: Putzen im Gegenzug zu ... (einer Tätigkeit, die Ihnen leichtfällt).

Sie sind dafür verantwortlich, wie Sie sich bei der Umsetzung Ihrer Ziele fühlen. Finden Sie einen Weg, bei dem es Ihnen gut geht. Manchmal gelingt dies über eine Änderung der inneren Einstellung; manchmal erweist es sich auch als sinnvoll, die äußeren Umstände zu verändern und eine neue Strategie zu entwickeln, um das gewünschte Ergebnis zu erreichen. Viele Wege führen nach Rom.

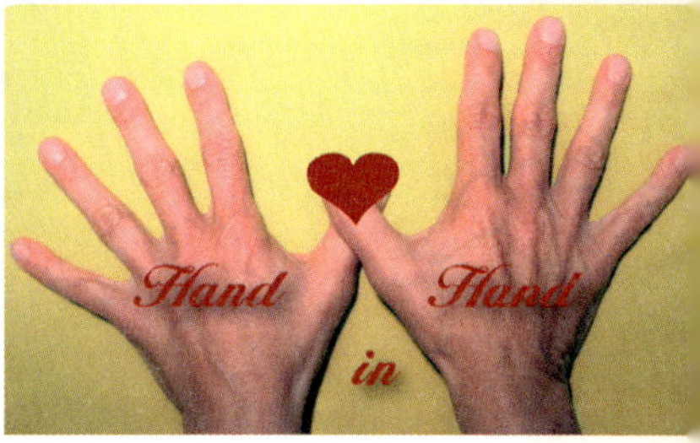

Im Reich der Fülle gibt es eine Fülle von Möglichkeiten. Geben Sie Ihrer Kreativität Raum, und bitten Sie Ihr Herz, Ihnen neue Wege zu zeigen. Dann wählen Sie bewusst aus der Palette der aufgetauchten Möglichkeiten.

Mut zum Nein

Eventuell entdecken Sie auf Ihrer To-do-Liste auch eine Tätigkeit, die Sie lediglich aus Pflicht oder aus Gewohnheit tun und die einen deutlichen Widerwillen in Ihnen auslöst. Wenn Sie ehrlich sind, wollen Sie in diesem Fall gar keine neue Energie für diese Tätigkeit finden, sondern die Sache selbst am liebsten streichen (z. B. die Aufgabe des Kassenwarts im Berufsverband). Dann seien Sie authentisch, und haben Sie den Mut, sich von nicht mehr stimmigen Aktivitäten zu verabschieden – auch wenn andere diesen Schritt sehr bedauern sollten. Erinnern Sie sich: Hinter jedem Nein nach außen steckt ein Ja zu einem eigenen Bedürfnis, das unsere Aufmerksamkeit will.

Tun Sie Dinge lediglich aus Pflicht, ohne echte Motivation, haben Sie einen Energieräuber zum Begleiter; Ihre Energiefrequenz sinkt beinahe automatisch. Nehmen Sie Ihr Leben in die Hand: Setzen Sie Prioritäten, und wählen Sie bewusst!

Zusammenfassung

»Ungeliebten« Tätigkeiten auf neue Weise begegnen

- Grundbedürfnisse entdecken
  Spüren Sie das Bedürfnis auf, das hinter Ihrer Tätigkeit steckt und das Sie sich durch Ihr Tun erfüllen. Auf diese Weise können Sie Motivation und Antriebskraft mobilisieren.
- Das Ergebnis genießen
  Kosten Sie bereits im Jetzt das Gefühl aus, das das gewünschte Ergebnis Ihrer Tätigkeit auslöst – und gehen Sie mit der Vorfreude auf das erreichte Ziel an die Sache heran.
- Sich eine Belohnung gönnen
  Stellen Sie sich gelegentlich nach Abschluss einer Tätigkeit eine kleine »Belohnung« in Aussicht. Die Freude darauf vermag Energie zu mobilisieren.
- Sich Unterstützung holen
  Miteinander geht vieles leichter. Gönnen Sie sich ab und zu Unterstützung auf Ihrem Weg.
- Gut dosieren
  Finden Sie ein stimmiges Pensum bei herausfordernden Tätigkeiten.
- Neue Strategien finden
  Geben Sie Ihrer Kreativität Raum, und entdecken Sie alternative Strategien, um an Ihr Ziel zu gelangen.
- Ein energetisches Polster schaffen
  Nachdem Sie sich durch eine genussvolle Tätigkeit aufgeladen haben, begeben Sie sich aus dieser positiven Energie an die Sache, die erledigt werden will.
- Mut zum Nein aufbringen
  Sollten Sie etwas nur aus Pflicht tun und keine ehrliche Motivation dafür finden, dann ist es ratsam, sich von dieser Tätigkeit zu verabschieden.

Die Energie von Mangel und Fülle

Surfen auf den Wellen der Fülle

Wenn wir unseren Tag aus dem Bewusstsein der Fülle beginnen, braucht es Achtsamkeit, wollen wir dort bleiben und bis zum Abend aus dieser Perspektive auf unser Erleben schauen.

Das Mangelbewusstsein ist kollektiv sehr gegenwärtig und hat vermutlich auch in Ihrem Leben bisher einigen Raum eingenommen. Nur allzu leicht tauchen Mangelgedanken auf, gefolgt von entsprechenden Mangelgefühlen; und unter Umständen verstricken wir uns schnell darin – aus alter Gewohnheit.

Ich vergleiche diesen Prozess gern mit dem Surfen: In der Morgeneinstimmung steigen wir aufs Brett und beginnen dann, auf den Wellen der Fülle zu surfen. Es macht Spaß, wir sind in einer gehobenen Stimmung. Wir reagieren sensibel auf den Wind (die inneren und äußeren Reize) und werden vorwärtsgetragen. Es geht mühelos und leicht. Irgendwann wird dann durch einen Satz oder etwas, was schiefläuft, das Mangelbewusstsein getriggert. Auftauchende Mangelgedanken und -gefühle ziehen uns energetisch herunter – wir fallen vom Surfbrett.

Dies für sich genommen ist nicht schlimm; es gehört zum Surfen dazu. Entscheidend ist, wie lange wir da unten im Wasser bleiben. Bemerken wir, dass wir hineingeplumpst sind und klettern gleich wieder aufs Surfbrett? Oder treiben wir lange im kühlen Nass, ohne mitzubekommen, wo wir gelandet sind? Sind wir nicht achtsam, bleiben wir unter Umständen für den Rest des Tages dort.

Es geht darum, sehr wach zu sein und die Veränderung der Situation zu bemerken; dann können wir uns entscheiden: Wollen wir im Wasser bleiben oder erneut aufs Surfbrett steigen? Wählen wir das Zweite, so ist eine kleine Anstrengung nötig, um wieder hinaufzuklettern. Genauso braucht es im Geistigen eine gewisse Investition an Zeit und Energie, wollen wir zurück ins Bewusstsein der Fülle finden.

Im Alltag immer wieder bewusst umzuschalten ist für mich neben der morgendlichen Einstimmung der wesentliche Faktor, um im Raum der Fülle zu leben.

Es ist hilfreich, ein inneres rotes Lichtchen zu haben, das warnend blinkt, sobald wir vom Surfbrett gefallen sind. Indem wir uns für Energiequalitäten sensibilisieren, werden wir immer schneller registrieren, ob wir uns auf oder neben dem Surfbrett befinden. Wir merken dies an der Höhe unserer Schwingungsfrequenz. Surfen wir auf den Wellen, jubelt das Herz: Wir fühlen uns leicht, beschwingt, heiter. Haben uns Mangelgedanken vom Brett gezogen, ist unsere Stimmung eher gedämpft: Wir fühlen uns vielleicht frustriert, sorgenvoll, unsicher, ärgerlich oder ängstlich.

Sobald wir das Mangeldenken bemerken, haben wir die Wahl, energisch »Stopp« zu sagen. Um der Bewegung in der negativen Spirale Einhalt zu gebieten, müssen wir gewisse Muskeln in unserem Geist kräftigen, sonst treiben wir unter Umständen lange im Wasser. Einige Gedankenschleifen haben auch die Kraft, uns unterzutauchen – und so können wir unter Umständen einen wunderbaren Tag zum Surfen verpassen.

Nachdem wir das Stopp-Schild gezückt haben, wird es möglich, wieder auf unser Brett zu klettern und das Segel aufzurichten.

Dass wir beim Surfen immer wieder einmal ins Wasser fallen, ist normal. Der entscheidende Punkt ist, ob wir es rasch bemerken; von diesem Moment an können wir etwas unternehmen, um die Situation zu verändern.

Wollen wir möglichst bald mitbekommen, wo wir uns gerade aufhalten und in welchem energetischen Zustand wir uns befinden, ist es sinnvoll, im Laufe des Tages immer wieder innezuhalten, eine Atempause zu machen und sich folgende Fragen zu stellen:

Besinnungsminute ♥

Wie geht es mir jetzt?

- Welche Gedanken denke ich gerade?
- Welches Gefühl ist in mir präsent?
- Was spüre ich in meinem Körper?

Nach dieser Standortbestimmung können Sie zwei weitere Fragen anschließen, wenn Sie bemerkt haben, dass Sie nicht mehr oder nicht mehr sicher auf Ihrem Surfbrett stehen.

- Was brauche ich jetzt? (Bedürfnis)
- Was kann ich in diesem Moment konkret für mein Wohlbefinden tun?

Erinnern Sie sich: Sie sind verantwortlich dafür, wie Sie sich in Ihrem Leben fühlen. Sie können sich die Fragen auf eine Karte schreiben und an einen zentralen Platz legen.

Bewusst mit unseren Gedanken umgehen

Der Fall vom Surfbrett wird durch einen Mangelgedanken ausgelöst, dem schnell ein Mangelgefühl folgt. »Ich habe zu wenig Zeit« weckt unter Umständen ein Gefühl von innerer Unruhe, Frustration oder einen leichten Ärger: »Mist!« – begleitet von Druck und Spannung, die sich ebenfalls im Körper niederschlagen. Oft vermag schon ein einziger Gedanke, uns aus der inneren Gelassenheit und Balance zu bringen – und schwups verlassen wir das Surfbrett und landen im Wasser.

Gelegentlich bleibt ein Gedanke nicht allein, sondern es entspinnt sich eine ganze Gedankenkette, die uns nach unten ziehen kann. Ein Beispiel: »Vorhin hat mein Chef eine kritische Bemerkung über meinen Bericht gemacht – das hat mich verunsichert – letzte Woche hat er auch schon Kritik an meiner Arbeit geäußert – genau wie meine Kollegin in meiner letzten Stelle, die mir das Leben schwer gemacht hat, diese alte Zicke! – mein neuer Chef scheint meinem Vater zu ähneln: Dem konnte ich auch nichts recht machen – ich bin nicht gut genug – da zeigt's sich mal wieder – ich habe Angst, dass ich die Probezeit hier nicht schaffe – was dann?« usw.

Durch ein Stichwort oder bestimmte Umstände können manchmal ganze Mangel-Filme in unserem Kopf abgespult werden.

Es ist hilfreich, sich im Alltag wach zu beobachten und sich wiederkehrende Mangelgedanken und negative Glaubenssätze bewusst zu machen: »Niemand versteht mich – ich bin nicht gut genug – keiner hilft mir – immer zieh ich den Kürzeren – ich bin schuld« etc.

Je besser wir unsere Mangelgedanken kennen, desto leichter werden wir sie bemerken, wenn sie das nächste Mal auftauchen. Dann wird es möglich, umgehend Maßnahmen zu ergreifen, um nicht automatisch wieder vom Surfbrett zu fallen.

Top Ten meiner Mangelgedanken ♥

Fertigen Sie eine Liste mit Ihren immer wiederkehrenden Mangelgedanken, negativen Glaubenssätze und Mangel-Filmen an. Welches sind Ihre »Favoriten«, die die Macht haben, Sie energetisch nach unten zu ziehen?

Es kann hilfreich sein, diesen Energieräubern einen Namen zu geben oder bekannte Gedankenschleifen mit einem Titel zu versehen – am besten verbunden mit einer Portion Humor. Zum Beispiel: »Tante Emma macht sich Sorgen«, »Poor little me«, »Die Katastrophe naht«, »Ich hab recht, und du bist schuld«, »Lamento No. 5« …

Welche Gedanken bringen Sie am schnellsten ins Bewusstsein des Mangels? Und welche Mangelgefühle begleiten diese Gedanken?

Mangelgedanken ☹ Mangelgefühle

1. ....

2. ....

…

10. ....

Wenn das nächste Mal einer der obigen Filme im Ihrem inneren Kino läuft, werden Sie diesen Energieräuber vermutlich schneller erkennen.

Sobald Sie ihn identifiziert haben, könnte folgender innere Dialog stattfinden: »Aha, hier läuft wieder Die Horrorvision. Dabei bin ich das letzte Mal ziemlich abgestürzt. Will ich den Film noch einmal anschauen, habe ich Lust auf eine Wiederholung dieser Situation? Nein. Also: Stopp! Heute wähle ich ein anderes Programm. Denn ich will, dass es mir gut geht und ich mich gut fühle.«

Ihr Herz kann Sie unterstützen, diesen gewählten Weg zu gehen. Mangelgedanken und Angst entspringen der Stimme unseres Verstandes; das Herz »denkt« anders: hier begegnen wir Gedanken des Vertrauens, der Liebe und der Fülle.

Ein Beispiel: Ich erlebe immer wieder, dass Menschen sich eine Menge Sorgen machen, zum Beispiel über ihr Kind oder ihre alternden Eltern. Solche ängstlichen Gedanken kosten viel emotionale Energie und senden negative Schwingungen aus. Unter Umständen entwickeln sie sich zu self-fulfilling prophecies und werden zur Realität. Mit der »herunterziehenden Sorge« landen wir in einer befürchteten Zukunft; sie entspringt dem ängstlichen Teil in uns, der sich von der Ganzheit entfernt hat.

Was ist jetzt? Meist geht es in dem Moment des Sorgen-Machens dem Kind oder den Eltern gar nicht schlecht, es ist alles in Ordnung. Wenn wir uns, statt zu bangen, tief mit unserem Herzen verbinden, begegnen wir dort der Kraft des Vertrauens sowie guten Wünschen für das Wohlergehen unserer Mitmenschen. Dort finden wir auch die »aufbauende Sorge« (Fürsorge): Wenn wir für etwas Sorge tragen oder jemanden liebevoll umsorgen, schwingt unsere Energie auf einer positiven Frequenz. Diese innere Haltung bezieht sich konkret auf den jetzigen Alltag. Solche Gedanken kommen aus dem Herzen – und tun sowohl uns als auch dem anderen gut.

Zehn Gedanken aus dem Reich der Fülle ♥

Nehmen Sie sich Zeit, sich tief mit Ihrem Herzen zu verbinden, und wählen Sie als Einstieg eine Ihrer Lieblingsübungen aus Kapitel 2 oder 3.

Dann nehmen Sie sich den ersten Mangelsatz Ihrer Top Ten vor. Was sagt Ihr Herz zu diesem Thema? Wie ist seine Sichtweise der Situation? Lassen Sie aus der Tiefe Ihres Herzens eine neue Botschaft auftauchen, und erspüren Sie deren Energie. Welche Gefühle weckt dieser Gedanke oder Glaubenssatz in Ihnen? Schreiben Sie ihn auf.

Gehen Sie so Punkt für Punkt Ihre Mangel-Top-Ten durch, und erstellen Sie eine zweite Liste mit aufbauenden, unterstützenden Gedanken.

1. ....

2. ....

...

10. ....

Überfordern Sie sich nicht, indem Sie von sich verlangen, gleich alle zehn Punkte durchzugehen. Gönnen Sie sich Zeit, vor allem für manche »harten Nüsse«; und nehmen Sie sich immer wieder eine vor – oder auch mehrere, je nachdem, wie leicht oder schwer es Ihnen fällt.

Wenn Sie während Ihrer Besinnungsminute einem Mangelgedanken begegnen, nehmen Sie sich etwas Zeit, um gleich einen positiven Gedanken aus dem Reich der Fülle auftauchen zu lassen. Manchmal hilft es, diesen aufzuschreiben und so die Energie schon ein Stück weit manifest zu machen. Denken Sie diesen Gedanken nicht nur, sondern fühlen Sie gleichzeitig auch seine Energie – dies wird Ihnen wieder aufs Surfbrett helfen.

Aus dem Gedankenkarussell aussteigen

Wie bereits erwähnt, ist der erste Schritt das Erkennen unserer negativen Gedanken. Unter Umständen hilft es dabei (innerlich oder laut) zu sagen: »Mangelgedanke«, oder den Titel des gerade laufenden Mangelfilms zu nennen. Dann folgt ein entschiedenes »Stopp!« Und Sie geben dieser Gedankenschleife keine weitere Energie mehr.

Mangelgedanken werden immer wieder auftauchen; dies an sich ist kein Problem. Das Entscheidende ist, ob wir uns mit ihnen identifizieren und sie für die Wahrheit halten – oder sie einfach als das sehen, was sie sind: Bewegungen in unserem Geist. Wir können wählen, ob wir ihnen folgen wollen oder nicht.

Um inneren Abstand zu den negativen Gedanken, den Tonbändern und Filmen in unserem Kopf, zu schaffen, hilft es, unsere Aufmerksamkeit bewusst auf den gegenwärtigen Augenblick zu richten – negative Gedanken drehen sich immer um die Vergangenheit oder um die Zukunft.

Eine wichtige Frage ist diese: »Und was ist jetzt?«
Mit folgenden Tipps können Sie Ihre Aufmerksamkeit neu ausrichten.

Präsenz im Körper

Um Abstand von den tobenden Gedanken im Kopf zu bekommen, ist es hilfreich, eine Weile die gesamte Aufmerksamkeit auf Ihren Körper zu richten; insbesondere auf den Kontakt zu Ihrer Sitzfläche oder zum Boden. Spüren Sie den großen Zeh Ihres linken Fußes, den kleinen, die übrigen drei? Auf diese Weise finden Sie wieder in die sinnliche Wahrnehmung des Moments.

Kontakt zum Atem

Achtsames Atmen ist ein besonders geeignetes Mittel: Jeder Atemzug geschieht nur einmal – nämlich jetzt. Lassen Sie den Atem durch den leicht geöffneten Mund entweichen und verfolgen Sie ihn bewusst in seiner gesamten Länge.

Bewegung

Auch Bewegung kann uns unterstützen, einen unguten Film im Kopf zu unterbrechen. Sie können zum Beispiel in die Küche gehen und sich ein Glas Wasser holen. Ein Ortswechsel im Außen kann manchmal den Wechsel unserer inneren Haltung erleichtern.

Etwas Schönes anschauen

Sie können Ihre Wahrnehmung auch gezielt auf ein Objekt in Ihrer Umgebung richten, das in Ihnen ein wohliges Gefühl zu wecken vermag: einen Blumenstrauß auf dem Tisch, ein Bild von einem geliebten Menschen oder ein Urlaubsfoto. Füllen Sie Ihren Geist mit schönen Eindrücken, die Ihr Herz ansprechen.

In die Weite schauen

Mangelgedanken verengen unsere Perspektive leicht zum Tunnelblick. Richten Sie Ihren Blick deshalb für einen Moment in die Weite – nach draußen, am besten in die Natur. Stellen Sie Ihre Sicht auf »Weitwinkel« ein, und öffnen Sie sich innerlich; so kann Raum für neue Perspektiven entstehen.

Ich lade Sie ein, zu experimentieren und Wege für sich zu finden, wie Sie selbst am einfachsten und schnellsten Abstand zu Ihren negativen Gedanken finden und wieder in die Präsenz im Hier und Jetzt kommen. Sollten Sie es mit hartnäckigen Mangelgedanken zu tun haben, kann Ihnen folgende Atemübung beim Loslassen helfen.

Atemdusche am Wasserfall ♥

Sie können sich für diese Übung ein Naturszenario vorstellen: Sie sitzen in den Bergen in der Nähe eines Felsens; von oben stürzt ein klarer Wasserfall herab.

Ihr Atem strömt sanft und mühelos durch Ihre Nase ein, und Sie lassen den Ausatemstrom wie eine angenehme innere Dusche nach unten zum Becken und zu den Füßen fließen. Er nimmt übermäßige Spannungen aus Kopf und Schultern mit. Am Ende der Ausatmung verweilen Sie einen Moment in Ihrem Becken. Spüren Sie den Kontakt zum Boden, und geben Sie an diesen bewusst Ihr gesamtes Gewicht ab.

In Ihrer Vorstellung lassen Sie die Energie des Wasserelementes durch Ihren Körper strömen. Die reinigende Kraft des Wassers putzt alle Zellen durch und nimmt Störendes mit fort. Lassen Sie innerlich los, und geben Sie alles, was Ihr Energiesystem »verschmutzt« (Sorgen, Ängste, Vorwürfe, Klagen, Widerstand) dem Strom des Wassers mit, sodass es nach unten wegfließen kann. Wandern Sie bei jeder Ausatmung vom Kopf bis zu Ihrem Becken. Es wirkt unterstützend, wenn Sie den Atem durch den leicht geöffneten Mund mit »sch« ausströmen lassen. Dieses Geräusch ähnelt dem des fließenden Wassers, es kann den Ausatemstrom intensivieren und ihn behutsam verlängern.

Wenn Sie mögen, können Sie auch von einer CD mit Naturgeräuschen eine Aufnahme vom Rauschen eines Gebirgsbachs oder eines kleinen Wasserfalls für die Übung hinzunehmen. Schon Boabdil, der letzte maurische König von Spanien, der im 15. Jahrhundert in der Alhambra mit ihren wunderschönen Gärten und Wasserspielen residierte, wusste: Das Geräusch des Wassers hilft »contra los malos rumores« – gegen das ungute Stimmengewirr im Inneren.

Bewusst Ihre Energie umpolen

Wenn wir aus dem Karussell der Mangelgedanken ausgestiegen sind, befinden wir uns nicht gleich im Bewusstsein der Fülle. Meist landen wir erst einmal auf »neutralem« Boden; wir kommen wieder in der Gegenwart an und finden zurück in unsere Achtsamkeit.

Auf dieser Basis können wir dann bewusst entscheiden, wie wir unsere Gedanken neu ausrichten wollen. Wie sieht dieser Schritt aber auf der geistigen Ebene aus? Ich gebe Ihnen einige Anregungen:

Das Tagesmotto aufgreifen

Sie erinnern sich vermutlich noch daran, wie es sich angefühlt hat, auf Ihrem Surfbrett zu stehen. Dieses Erleben können Sie aus Ihrem emotionalen Gedächtnis abrufen. Vergegenwärtigen Sie sich nun die Qualität, die Sie am Morgen als Leitfaden für den Tag gewählt haben, und spüren Sie sie aufs Neue. Dies gibt Ihnen Rückenwind beim Surfen.

An die Morgeneinstimmung anknüpfen

Sie können auch einen Füllegedanken oder ein Gefühl aus Ihrer Morgeneinstimmung wieder auftauchen lassen bzw. einen Ihrer Lieblingsgedanken aus dem Reich der Fülle. Dann verbinden Sie sich energetisch mit dieser Qualität.

Einen inneren Kurzausflug machen

Ein weiteres Mittel, Ihre Energiefrequenz wieder zu erhöhen, kann ein geistiger Kurztrip an einen Ort sein, an dem Sie sich rundum wohlfühlen: zum Beispiel in den »Paradiesgarten« oder an einen wunderbaren Platz aus Ihrem letzten Urlaub. Schönheit ist ein Tor zum Reich der Fülle. Begeben Sie sich auf der Gefühlsebene an den von Ihnen gewählten Ort, und genießen Sie die angenehmen Eindrücke mit allen Sinnen. Erlauben Sie sich, in die »Süße des Seins« hineinzusinken. Aus diesem inneren Raum lassen Sie dann einen Gedanken der Fülle auftauchen, der Sie dabei unterstützt, gleich mit Ihren Alltagstätigkeiten fortzufahren.

Genießen

Oder Sie tun jetzt etwas, was Ihnen Freude bereitet, und tauchen so in eine angenehme Atmosphäre ein. Oft reicht schon etwas Kleines, um unsere Energiefrequenz anzuheben: Sie trinken eine heiße Schokolade, die Ihr inneres Kind gern mag; Sie hören Ihren Lieblingssong; Sie schauen auf eine witzige Postkarte, die Ihnen ein Schmunzeln entlockt; Sie nehmen sich kurz selbst in den Arm (indem Sie Ihre rechte Hand auf Ihre linke Schulter und Ihre linke Hand auf Ihre rechte Schulter legen) und saugen diese liebevolle Zuwendung auf.

Aus dem Herzen einen neuen Gedanken wählen

Erinnern Sie sich an Ihren letzten Mangelgedanken, durch den Sie vom Surfbrett gefallen sind, und finden Sie einen korrespondierenden Füllegedanken. Anstatt: »Ich schaffe das nicht«, könnten Sie den Gedanken wählen: »Ich öffne mich für Unterstützung«, oder »Ich bekomme Unterstützung und freue mich, dass ... (mein Vorhaben) gelingt.« Verbinden Sie sich mit Ihrem Herzen, und bitten Sie es um eine neue Sichtweise. Dann stimmen Sie sich energetisch auf den aufbauenden Gedanken ein. Welches Gefühl wird dabei in Ihnen wach?

Nachdem Sie wieder eine positive energetische Schwingung in sich aktiviert haben, kann es weitergehen mit dem Surfen. Ich wünsche Ihnen viel Spaß dabei.

Für den Fall, dass Sie einmal heftig »abgestürzt« sein sollten, beschreibe ich im Folgenden eine Übung, die Ihnen den Weg weisen kann, wieder ins Bewusstsein der Fülle zu finden.

Atmend umschalten ♥

Fokussieren Sie Ihre Aufmerksamkeit eine Weile auf Ihren Atem; er ist der Träger der Lebenskraft. Wann immer ein Gedanke auftaucht, schenken Sie ihm keine Beachtung; stattdessen kehren Sie liebevoll und entschieden zu Ihrem Atem zurück.

Öffnen Sie sich innerlich, und finden Sie zunehmend in eine empfangende Haltung. Das Universum nährt Sie; mit jedem Atemzug wird Ihnen das Leben aufs Neue geschenkt. Spüren Sie, an welchen Stellen sich Ihr Rumpf dabei weitet? Lassen Sie sich von frischer Energie erfüllen, und genießen Sie dieses Beschenktwerden.

Vielleicht entsteht in Ihrem Herzen Dankbarkeit dafür, dass Sie leben. Wenn Sie mögen, können Sie beim Ausatmen das Wort »Danke« wie ein Mantra innerlich wiederholen. Auf wunderbare Weise reguliert eine universelle Kraft alle Vorgänge in unserem Organismus. Saugen Sie die Lebensenergie wie ein Schwamm auf – und lassen Sie sie mit dem Ausatmen wohlig durch Ihren gesamten Körper strömen.

Mit dieser kleinen Atemübung haben Sie bereits wieder einen Fuß in den Raum der Fülle gesetzt. Sie können die Übung auf verschiedene Weise ausbauen.

Vielleicht hilft es Ihnen, eine Farbe einzuatmen und sich mit ihrer Energie aufzuladen. Das Grau des Mangelbewusstseins kann so durch eine leuchtende Farbe aus dem Raum der Fülle ersetzt werden. Spüren Sie die Schwingung Ihrer gewählten Farbe; sie verteilt sich in Ihrem gesamten Körper und füllt auch Ihre Aura. Welches Gefühl weckt sie in Ihnen?

Oder vergegenwärtigen Sie sich eine Seinsqualität, die Ihnen im Moment guttut (Vertrauen, Geborgenheit, Leichtigkeit, Liebe ...). Rufen Sie diese über eine Gefühlserinnerung aus Ihrem Gedächtnis ab, und erfahren Sie sie jetzt erneut. Sie atmen diese Energie ein und laden sich damit auf; Sie fühlen diese Energie – mit Ihrem Herzen und Ihrem gesamten Körper; Ihr ganzes Sein wird von ihr durchdrungen.

Nach einer Weile wenden Sie sich dann wieder Ihrem Alltag zu und wählen, was Sie als Nächstes tun wollen und wie Sie es tun wollen. Stellen Sie sich den Vorgang zuerst vor, und schreiten Sie dann zur Tat.

Bei ernsteren Abstürzen, die mit viel emotionalem Stress einhergehen, braucht man oft eine längere Übergangszeit, um sich wieder zu fangen: hinausgehen in die Natur, Sport oder ein Gespräch mit einem Menschen, der viel Heiterkeit und Freude in sich trägt. Entdecken Sie geeignete Strategien, die Ihnen helfen, aus einem Loch wieder herauszukommen und auf eine positive Energiewelle zu gelangen.

Nach einem Sturz vom Surfbrett, verbunden mit starken Emotionen, kann es gelegentlich ratsam sein, sich die auslösende Situation noch einmal genau anzuschauen. Welche negativen Gedanken und Glaubenssätze sind aufgetaucht, welche Gefühle wurden dadurch getriggert?

Für den bewussten Umgang mit Ihren Gedanken schlage ich Ihnen die Übung »Die Stimme des Kopfes und die des Herzens« vor (S. 184) und für die emotionale Ebene die Übung »Ein Gefühlskind umarmen« (S. 128). Wenden Sie sich an Ihr Herz, hier liegt die Kraft zur Transformation. Manchmal kann auch ein Gespräch mit einem liebevollen Menschen hilfreich sein, um in einem Feld von Verständnis und Empathie wieder die Kurve zu kriegen.

Surfen ist ein Sport, für den man trainieren muss. Am Anfang fällt man öfter ins Wasser. Machen Sie kein Drama daraus – entwickeln Sie Ihre Fähigkeit, rasch wieder aufs Brett zu kommen. Mit der Zeit werden Sie vermutlich immer länger surfen können und seltener ins Wasser purzeln. Haben Sie Geduld und Mitgefühl mit sich selbst – und nehmen Sie das Spiel von Fallen und Aufstehen sportlich, spielerisch und mit Humor.

Die Fülle ist immer da; auch wenn wir sie einmal nicht wahrnehmen, weil wir in eine andere Richtung schauen.

Rückblick auf den Tag

Nachdem Sie am Morgen bewusst Ihren Tag geplant haben, ist es sinnvoll, abends zu überprüfen, wie er sich entwickelt hat. Sie schauen sich an, was nach Wunsch gelaufen ist, was nicht – und warum nicht. So können Sie aus Ihren Erfahrungen lernen und neue Vorgehensweisen für die Zukunft entwickeln, die Sie zum erwünschten Ergebnis führen.

Betrachten Sie den Tag nochmals unter den angegebenen Aspekten:

Tagesresümee

1. Tagesprogramm

Schauen Sie auf den Inhalt Ihres Tages zurück, um zu sehen, wie Sie mit Ihrer Zeit umgegangen sind.

Machen Sie eine Liste Ihrer heutigen Tätigkeiten:

....

....

....

Haben Sie die Dinge erledigt, die Sie am Morgen notiert hatten? Haben Sie auch etwas Genussvolles für sich selbst getan?

2. Energiequalität

Wie lief Ihr Tag, welche Energie hatte er?

- Bei der Morgeneinstimmung haben Sie ein Motto gewählt; hat sich diese Seinsqualität wie ein roter Faden durch Ihren Tag gezogen?
- Was ging heute gut und leicht?
- Was war mühsam, schwer, lief schief oder funktionierte gar nicht?

....

....

Was ist in Ihrem Inneren passiert, wodurch es so gekommen ist?

....

....

3. Rückblick auf Ihre drei gewählten Tätigkeiten

Lesen Sie noch einmal Ihre genauen Formulierungen aus der Tagesplanung durch, und stellen Sie sich Punkt für Punkt folgende Fragen:

1. Ist die Situation so gelaufen, wie Sie es sich vorgenommen hatten? Wenn ja, nehmen Sie sich Zeit, um Ihren Erfolg zu feiern.
2. Sollte sich Ihre Planung nicht erfüllt haben, dann machen Sie sich bewusst:
    - Wollten Sie das Was und das Wie wirklich genau so, wie Sie es am Morgen formuliert hatten? Vielleicht wollten Sie doch etwas anderes? Oder hat ein negativer Glaubenssatz bzw. ein Programm aus dem Unterbewussten Ihr Vorhaben sabotiert?
    - War möglicherweise Ihr Ziel unrealistisch, die gewählte Energiequalität Ihres Tuns zu hoch, oder waren Ihre Angaben nicht konkret genug?
    - Steckt die Ursache unter Umständen in der Form? Zum Beispiel in einer negativen anstatt positiven Formulierung (ich fühle mich nicht unsicher)? Oder haben Sie vergessen, das gewünschte Ergebnis zu benennen?
    - Wie haben Sie sich selbst daran gehindert, Ihr geplantes Ergebnis zu erreichen? Begegnen Sie hier einem Muster, und handeln Sie in ähnlichen Situationen genauso?

Neue Formulierung:

....

....

Setzen Sie ein Vorhaben, das Sie nicht umsetzen konnten, am folgenden Tag noch einmal auf Ihr Programm, und beobachten Sie Ihre Erfahrungen. Manchmal ist es ratsam, einen Punkt eine Weile in der Tagesplanung zu belassen, um herauszufinden, wie Sie zu Ihrem angestrebten Ziel finden können.

4. Mangel und Fülle

In welchem Maße war Ihr »Innerer Schmetterling« heute präsent?

Schauen Sie sich Ihren Tag noch einmal unter dem Aspekt »Mangel oder Fülle« an.

- Fülle
  Wo und wie haben Sie die Energie der Fülle heute erfahren – von innen oder von außen? Welche Geschenke aus dem Reich der Fülle haben Sie heute erhalten?

  ....

  ....

  Nehmen Sie sich einen Moment Zeit, um sich dafür zu bedanken und die Erfahrungen noch einmal »nachzugenießen«.

- Mangelbewusstsein
  Welche Mangelgedanken und -gefühle sind heute aufgetaucht, in die Sie sich verstrickt haben? Was war deren Auslöser?

  ....

  ....

  Wie möchten Sie das nächste Mal in einer ähnlichen Situation denken und fühlen?

  ....

  ....

5. Neue Sichtweisen

- Was ist das Wichtigste, was Sie heute über sich selbst gelernt haben?

  ....

- Wie geht es Ihnen nach dem Tagesrückblick? Was denken Sie jetzt gerade über sich, und wie fühlen Sie sich?

  ....

Falls Dinge nicht so geklappt haben wie geplant, ist dies kein Beinbruch. Sie haben eine Erfahrung gemacht, die Ihnen etwas zeigt. Neue Erkenntnisse dienen Ihrer Entwicklung und bieten Ihnen die Chance, das nächste Mal anders an dieselbe Sache heranzugehen.

Jeder Lernprozess hat seine Schritte. Seien Sie aufmerksam gegenüber zu großen Ansprüchen an sich selbst. Hier bietet sich eine Gelegenheit, eine liebevolle und geduldige Haltung sich selbst gegenüber einzuüben. Und gleichzeitig mit liebevoller Entschiedenheit neue Schritte zu planen und diese umzusetzen.

Schreiben Sie jetzt einen der unten stehenden Sätze auf – bzw. eine für Sie stimmige Variante:

- ...., (eigener Name)
  du bist okay, so, wie du bist.
  ich schätze dich.
  du bist auf einem guten Weg. Das freut mich; mach weiter so.
  ich liebe dich!

- ....

6. Abschluss

Beenden Sie den Tagesrückblick, indem Sie mit Ihren Gefühlen noch einmal ins Reich der Fülle eintauchen. Sie nehmen mit allen Poren diese wundervolle Energie auf und baden einen Moment darin. Aus Ihrem Herzen lassen Sie dann je einen Gedanken auftauchen, um die folgenden drei Sätze zu vervollständigen.

Ich danke ....

Das Leben ....

Ich bin ....

Gönnen Sie es sich, Ihren Tag in dieser Schwingung ausklingen zu lassen.

7. Fallen und Herausforderungen

Dieses Kapitel ist eine Ergänzung und Vertiefung von einigen Themen, die ich bereits bei den »Herzenswünschen« angeschnitten habe. Ich werde hier noch einmal einige zentrale Klippen ansprechen, die bei der Verwirklichung unserer Wünsche und Ziele umschifft werden müssen.

In den Fängen der Gefühle

Wie schon erwähnt, sind unsere Gefühle ein wesentliches Element, auf das das Gesetz der Anziehung reagiert. Es ist wichtig, sehr klar und bewusst mit ihnen umzugehen.

Ein Herzenswunsch kann zum Erleben großer Sehnsucht führen; unter Umständen verzehren wir uns gar darin. Wenn wir zu intensiv nach etwas verlangen, raubt dieser Zustand uns Energie. Und dann kann aus einem Wunsch des Herzens auch ein Leid des Herzens werden.

Sobald wir sehr emotional werden, stehen meistens Ängste hinter unseren Sehnsüchten: die Angst, allein zu sein, verlassen zu werden, zu versagen oder nicht geliebt zu werden. Ist Angst der Motor, um aus der Welt des Mangels in eine bessere Zukunft zu gelangen, haftet unserem Wunsch immer etwas Zwanghaftes an. Er soll sich unbedingt verwirklichen, damit wir glücklich werden. Diese Art von Sehnsucht macht uns abhängig vom Ergebnis.

Sollten Ihre Wünsche Hand in Hand mit starken Emotionen gehen, ist es ratsam, sich die Hintergründe genau anzusehen. Sie können sich fragen: »Was will ich durch diesen Wunsch vermeiden, zu fühlen, zu erfahren?« Schauen Sie genau hin, was aus einer tieferen Schicht auftaucht. Überspringen Sie keines Ihrer Gefühle – sie alle wollen gesehen und angenommen werden.

Gelegentlich hängen verborgene Gefühle wie Schmarotzer an unseren Wünschen. Und gemäß dem Gesetz der Anziehung wird mit großer Wahrscheinlichkeit nicht das auf uns zukommen, was wir als Affirmation formuliert haben, sondern dasjenige, was der Schwingung unserer Gefühle entspricht. Es ist wichtig, dass wir bei einem Wunsch auf der Ebene des Denkens und der Ebene des Fühlens einheitlich ausgerichtet sind. So bereiten wir den Boden für die Möglichkeit der Manifestation.

Artikulieren wir unsere Wünsche aus einer Haltung der Gelassenheit und der Geduld, ohne jeglichen inneren Druck, dann kann das Gesetz der Anziehung sie am leichtesten in die Realität bringen. Wenn ein Wunsch der Tiefe unserer Seele entspringt, können sich Vertrauen und Gewissheit entwickeln, dass er sich verwirklichen wird. Dann haben wir einen starken inneren Magnetismus.

Schauen wir uns einen Magneten an: Er ist ganz einfach da und sich sicher, dass die Eisenspäne angezogen werden; dies liegt in seiner Natur. Er verbiegt sich nicht, sucht nicht nach den Nadeln; wie werden zu ihm kommen.

Entspringen unsere Wünsche dem Raum der Fülle, dann entsteht keine Sehnsucht, die uns verzehrt. Es entstehen völlig andere Gefühle: Vorfreude, Hoffnung, Begeisterung; es wird uns warm oder weit ums Herz. Solche Gefühle mobilisieren Energie und unterstützen uns dabei, uns auf unser Ziel zuzubewegen.

Natürlich kann es passieren, dass Sehnsucht in uns aufkommt. Dabei ist unsere Beziehung zu dem Gefühl entscheidend. Verstricke ich mich in die Sehnsucht, hat mich das Gefühl im Griff, erliege ich der »Sucht«? Oder schaue ich als bewusstes Ich meinem Gefühl klar ins Auge? Bin ich bereit, meine Sehnsucht mit allen Fasern zu spüren und mit ihr zu tanzen?

Ein Beispiel: Stefanie war seit vielen Jahren Single und hatte den Herzenswunsch, wieder einen Partner zu finden. Zu diesem Thema waren im Laufe der Zeit viele Gefühle aufgetaucht. Immer wieder kam Traurigkeit über ihr Alleinsein hoch, und sie hatte gelernt, wie sie dieses »Gefühlskind« mit Herzenswärme und Mitgefühl umarmen konnte. Was ihr noch nicht gelang, war ein guter Umgang mit der wiederkehrenden starken Sehnsucht nach einem Partner an ihrer Seite. Sie sagte: »Ich will, dass mein Verlangen erfüllt wird – oder verschwindet und mich nicht mehr plagt.« Ich forderte sie auf, zu beschreiben, wo im Körper ihre Sehnsucht lokalisiert war und wie diese sich anfühlte. »Ich spüre sie ganz deutlich in meinem Herzen. Die Sehnsucht sitzt da wie ein brennender Schmerz.« Ich bat sie, ganz bei diesem Brennen präsent zu sein. War es in Ordnung, dass es da war? Sie erwiderte: »Es ist nicht angenehm, aber ich kann akzeptieren, dass es im Moment so ist.« Ich ermunterte sie, sich mit diesem Brennen innerlich zu verbinden, es vollständig zuzulassen. Nach einer Weile, als sie zum Kern dieser Wahrnehmung vorgedrungen war, spürte sie ein gigantisches Feuer. »Mein Herz steht in Flammen; die Liebe brennt in meinem Herzen.« Die Energie war sehr intensiv und verteilte sich allmählich in ihrem gesamten Körper. Sie fühlte sich ganz und gar von Liebe erfüllt. Dass in diesem Moment kein Partner da war, war auf einmal kein Problem mehr für sie. Sie fühlte sich ganz – es fehlte ihr an nichts.

Stefanie war erstaunt, wie schnell die Wahrnehmung ihrer Sehnsucht sich gewandelt hatte. Das Gefühl an sich war offensichtlich nicht das Problem; der Knoten saß in ihrem Denken. Ihre Sehnsucht war bisher an die Idee gekoppelt, dass sie erfüllt werden müsse. Als Stefanie sah, wie viel Schmerz dadurch entstand, konnte sie diesen zwanghaften Gedanken loslassen.

Sie ging aus dem Denken hinaus ganz ins Fühlen, war mit allen Sinnen im Hier und Jetzt präsent – und plötzlich wurde es friedlich im Inneren. Sie genoss das brennende Feuer und ließ die Liebe ihren ganzen Körper durchfluten.

Der Prozess zeigt anschaulich, welche Wendung im Erleben eintreten kann, sobald wir uns nicht in unseren Gedanken und Vorstellungen verstricken, sondern uns auf das pure Fühlen einlassen und mit unserer Wahrnehmung bis auf den Grund gehen. Dort kommen wir in Kontakt mit unserer inneren Wahrheit.

Wie in Kapitel 4 beschrieben, ist es nicht allein wichtig, unseren schmerzlichen Gefühlen aus der Rolle des Beobachters zu begegnen, sondern auch den positiven. Egal, welche Ladung die Gefühle haben, entscheidend ist, dass wir uns nicht mit ihnen identifizieren. Sonst können wir leicht von ihnen überschwemmt werden oder zu ihrem Spielball werden. Unsere Sprache spiegelt dies in Ausdrücken wie: »Die Wut hat mich«, »In Traurigkeit versinken«, »Ich platze vor Begeisterung.«

Der springende Punkt ist unsere Beziehung zu den Bewegungen in unserem Inneren: Ich bin nicht mein Gefühl – ich bin größer als mein Gefühl. Ich sehe es; es tanzt gerade auf meiner inneren Bühne, und aus der Rolle des achtsamen Zuschauers nehme ich es wahr. Gefühle kommen und gehen. Und während sie bei mir zu Besuch sind, fühle ich sie und bin bei ihnen.

Ich möchte noch eine weitere Falle im Zusammenhang mit unseren Gefühlen ansprechen: Im Umgang mit unseren Herzenswünschen ist es ein wesentlicher Schritt, sich auf der Gefühlsebene mit dem bereits verwirklichten Ergebnis zu verbinden. Das sollte allerdings nicht dazu führen, dass wir uns in ein privates Universum flüchten und dabei den Kontakt zur Realität verlieren.

Die Anerkennung des Hier und Jetzt ist die Basis dafür, uns in fruchtbarer Weise mit unseren Wünschen zu beschäftigen. Benutzen wir das Erfühlen erfüllter Ziele als Flucht, um aus dem Mangel in eine bessere Zukunft zu gelangen, dann führen wir uns selbst an der Nase herum. Und das Leben wird uns vermutlich recht bald mit Situationen konfrontieren, in denen noch deutlicher wird, was jetzt gefühlt und erfahren werden will.

Die Schule des Lebens kann man nicht schwänzen.

Der Mut des Herzens

Das Schwert der Klarheit

Gelegentlich steht unseren Wünschen etwas Wichtiges im Weg: das Muster des Festhaltens. Wenn wir Neues in unser Leben einladen wollen, müssen wir Bestehendes loslassen, um Raum für das Gewünschte zu schaffen. Oft sehnen wir uns nach Veränderung – und doch halten wir an einer Ehe fest, in der wir uns nicht mehr wohlfühlen, an einer Arbeitsstelle, mit der wir unzufrieden sind usw. Warum? Das Gewohnte gibt uns Sicherheit – und aus dem Mangelbewusstsein erwächst Angst: »Ob ich wohl etwas Besseres finde? Vielleicht stehe ich dann mit leeren Händen da.« Und so bleiben wir gelegentlich in unstimmigen Umständen, gehen Kompromisse ein und verweilen im vertrauten »Gefängnis«, obwohl die Tür nach außen offen steht.

In solchen Situationen braucht es den Mut des Herzens, um unseren Wünschen eine Chance zu geben. Üblicherweise assoziieren wir das Herz mit Wärme, Sanftheit, fließender Liebe. Im Herzen wohnen jedoch zwei Kräfte, es hat einen Yin- und einen Yang-Aspekt. Einerseits ist da die sanfte Liebe, die Kraft, die verbindet. Andererseits begegnen wir im Herzen auch der Kraft der Klarheit, der Grenzen ziehenden Liebe, die uns befähigt, für uns selbst einzutreten und uns zu entscheiden: »So ja – und so nicht!«

Oft braucht es Mut, das »Schwert der Klarheit« in die Hand zu nehmen, sobald die Stimme des Herzens uns dazu auffordert – aus Liebe zu uns selbst –, um ungesunde Bindungen zu durchtrennen und unstimmige Zustände zu beenden; und dann mutig eingefahrene Gleise zu verlassen und uns für mehr Freiheit und Unabhängigkeit zu entscheiden. Es verlangt gleichzeitig Sensibilität, dafür die stimmige Form zu finden, empathisch Nein zu sagen und die eigenen Grenzen zu setzen.

Menschen, die dazu neigen, überwiegend den Forderungen der Außenwelt gerecht zu werden, haben meist Mühe, ihre Bedürfnisse zu spüren und nach innen zu horchen. Die Stimme des Herzens sagt uns jedoch deutlich, was förderlich für uns ist und was nicht. Wenn wir fähig sind, diese Botschaften wahrzunehmen, ist es manchmal eine Frage des Mutes, sie auch umzusetzen. Oft bedarf es dann einer bewussten Entscheidung, der Stimme des Herzens Vorrang vor der Stimme des Kopfes zu geben.

Unser Verstand artikuliert in solchen Situationen jede Menge Bedenken, Sorgen und Zweifel, dass der Weg des Herzens der richtige ist. Meistens kommt er auch mit sozialen Erwartungen und einschränkenden Glaubenssätzen daher: »Das tut man nicht – das geht nicht – das kannst du A. nicht antun – das ist egoistisch – du wirst schon sehen, wie du auf die Nase fällst, wenn du solch einen Schritt tust.« Es ist wichtig, all diese Stimmen zu hören und sie nicht zu verdrängen. Am besten schreiben Sie alles auf – und entscheiden sich dann klar, ob Sie diesen Sätzen Glauben schenken und Ihr Leben nach ihnen ausrichten wollen.

Spüren Sie nach, welche Gefühle in Ihnen auftauchen, wenn Sie in den bestehenden Umständen verbleiben. Wie wirken sie sich auf Ihren Energiepegel aus?

Wie könnte eine Veränderung der Situation aussehen? Kosten Sie mit allen Sinnen bereits jetzt die Verwirklichung eines neuen Szenarios aus. Welche Gefühle werden geweckt? Wie wandelt sich Ihre energetische Schwingung?

Sie sind ein freier Mensch; Sie können sich entscheiden, in welche Richtung Sie gehen wollen.

Grenzen setzen und erweitern ♥

Erstellen Sie eine Liste der Rahmenbedingungen, Aktivitäten und Kontakte, denen Sie jetzt in Ihrem Leben mehr Raum geben wollen.

Grenzen erweitern

- Was will ich?
- Welche wesentlichen Grundbedürfnisse rufen nach Erfüllung?
- Wovon will ich mehr?
- Was will ich mir gönnen?

Grenzen setzen

- Was will ich nicht mehr?
- Welches Grundbedürfnis kommt in dieser Situation zu kurz?
- Was will ich reduzieren?

Sind Sie bereit, sich selbst mit obigen Bedürfnissen und Wünschen ernst zu nehmen – und den Weg für Veränderungen frei zu machen?

Mit welchem Punkt wollen Sie beginnen?

Bis wann wollen Sie den Raum für Neues geschaffen haben?

Sie können in diesem Prozess immer wieder Ihr Herz um Rat fragen. Es wird Ihnen Schritt für Schritt zeigen, was im Moment förderlich für Sie ist. Unterstützen Sie sich in Ihrem Leben von ganzem Herzen – das heißt: Machen Sie auch von seiner Yang-Kraft, der Grenzen ziehenden Liebe, Gebrauch. So werden Sie immer authentischer und können sich ein Leben erschaffen, das wirklich stimmig für Sie ist.

Konfrontation mit der Leere

Ich möchte noch eine Dynamik ansprechen, die Menschen oft davon abhält, mutig einen neuen Schritt zu tun, zu dem ihr Herz ihnen rät. In jedem Veränderungsprozess kommt es zu einem Zwischenraum zwischen dem Ende des Alten und dem Anfang des Neuen; so wie auf die Ausatmung eine Atempause folgt, bevor der neue Atem einströmt. Für eine Weile befinden wir uns in einem Raum der »Leere«, in dem weder das eine noch das andere stattfindet. Für viele ist diese Phase schwer auszuhalten: das Nichts, das Nichtwissen. Und aus Angst davor bleiben sie lieber im sicheren Raum des Bisherigen; dort wissen sie, was sie haben – auch wenn es unstimmig und einschränkend ist.

Ich gebe zu, es ist oft nicht einfach, in solch einem Zwischenraum zu sein – besonders, wenn sich dies über längere Zeit hinzieht. Ich vergleiche diese Phase gern mit dem Karsamstag: Die Kreuzigung ist geschehen, das Alte ist gestorben – und die Auferstehung hat noch nicht stattgefunden, das Neue ist noch nicht in Sicht.

Wir brauchen den Mut des Herzens, um manche Dinge zu beenden; und wir brauchen das tiefe Vertrauen des Herzens, wenn wir uns im Raum der Leere befinden. Die Weisheit unseres Herzens kennt die Dynamik eines Wandlungsprozesses, zu dem auch die Phase des Zwischenraums gehört. Es hat die Gewissheit, dass nach dem Untergang der Sonne diese am nächsten Tag wieder aufgehen wird. Die Kraft des Herzens trägt uns durch die Nacht, durch die

Leere, durch das Nichts, durch das Niemandsland. Und in der Morgenröte, wenn das Neue auftaucht, können wir Neuland betreten.

Lassen Sie sich in diesem Prozess von Ihrem Herzen führen. Brechen Sie zu neuen Ufern auf, um Ihr Potenzial voll zu entfalten – indem Sie loslassen, was nicht mehr stimmig ist oder eine »Nummer zu klein« geworden ist.

Aufbruch zu neuen Ufern ♥

Sie haben sich entschlossen, etwas zu beenden. Sie sind gewillt, Grenzen zu setzen und Raum für etwas Neues zu schaffen. Ich lade Sie ein, jetzt in Ihrer Vorstellung bewusst das bisherige Terrain zu verlassen und mit einem Schiff zu neuen Ufern aufzubrechen.

Verschaffen Sie sich Klarheit über Ihren Zielhafen.

- Zu welcher energetischen Qualität möchten Sie hinsegeln?

....

- Für welche neuen Umstände wollen Sie sich jetzt öffnen?

....

Segnen Sie den Platz, an dem Sie sich bis jetzt aufgehalten haben. Alles, was dort passiert ist, war wichtig für Sie und hat Sie dorthin gebracht, wo Sie im Moment stehen.

Besteigen Sie nun mit gezielten Schritten Ihr Schiff. Sie gehen an Deck; vor Ihnen öffnet sich die Weite des Meeres, am Himmel strahlt die Sonne. Das Schiff legt ab und entfernt sich langsam vom Ufer. Ein letztes Mal schauen Sie auf das Land, in dem Sie bisher gelebt haben. Vielleicht kommt ein wenig Trauer auf, das Gewohnte und Sichere zu verlassen. Schauen Sie mit Dankbarkeit auf das, was Ihr bisheriges Leben ausgemacht hat – und lassen Sie es gehen. Es rückt immer weiter in die Ferne.

Dann drehen Sie sich entschieden um und blicken in Richtung Ihres Ziels. Sie fahren der Sonne entgegen, die Sonnenstrahlen tanzen auf der glitzernden Wasseroberfläche. Ein wunderschöner Tag, der Vorfreude, Zuversicht, Hoffnung wecken kann.

Sie fahren und fahren, stundenlang. In welche Himmelsrichtung Sie auch schauen, überall sehen Sie die Weite des Meeres, nirgendwo ist Land in Sicht. Können Sie sich dieser Offenheit hingeben, diesem freien Raum, in dem es nichts zum Festhalten gibt? Da ist lediglich die Weite des Meeres, das Ihr Schiff trägt, und die Weite des Himmels über Ihnen. Sie sind eingebunden in die Natur, in ein großes Ganzes.

Lassen Sie sich von der Energie der Elemente umhüllen, und saugen Sie diese atmend über alle Poren in sich herein. Wie eine frische Brise weht der Atem durch Ihren ganzen Körper und vermag Ihr energetisches System zu reinigen. Atmen Sie alles aus, was dort noch an Anspannung, Sorgen, Ängsten sitzt. Lassen Sie auch all Ihre Vorstellungen, Erwartungen, Wünsche los – der Wind trägt alles davon. In Ihrem Geist kann es leer und weit werden – so wie im Außen auf der offenen See.

»Hier bin ich! Ich bin bereit!« Geben Sie sich dem Leben hin – voll Vertrauen, auch wenn Sie sich im Moment in einem Zwischenraum befinden, im Raum des Nichtwissens. Sie sind einfach nur da, radikal offen und empfänglich. Bleiben Sie eine Weile achtsam atmend – verbunden mit den Elementen – in diesem Zustand offenen Gewahrseins.

Sie segeln der Sonne entgegen; lassen Sie sie in Ihr Herz scheinen. Sie atmen das Licht ein und stellen sich vor, dass Ihr Herz selbst zu einer Sonne wird; und beim Ausatmen strömt das Licht in Form von Sonnenstrahlen in alle Richtungen. Verbinden Sie sich mit der Weisheit und dem Vertrauen in Ihrem Herzens, und öffnen Sie sich so dem Unbekannten – in der Gewissheit, dass Sie im Reich der Fülle leben. Sie spüren die Fülle in Ihrem Inneren und lassen sich überraschen, in welcher Form sie Ihnen im Außen begegnen wird. Auch wenn Sie im Moment nicht wissen, was Sie erwartet – eines ist gewiss: dass Sie gerade einen wichtigen Schritt getan haben und etwas auf Sie zukommen wird, was dem Plan Ihrer Seele entspricht. Sie werden geführt; irgendwann werden Sie Land sehen und in einen Hafen einlaufen.

Genießen Sie Ihre Reise – offen und neugierig wie ein Kind.

Konstruktiv mit Ängsten umgehen

Unseren Ängsten in die Augen schauen

Eine Voraussetzung für die Verwirklichung unserer Wünsche ist die Anerkennung der jetzigen Umstände. Es ist wichtig, uns ehrlich zu fragen: Warum will ich etwas Bestimmtes erschaffen?

Wähle ich dieses Ziel unter Umständen, um etwas Bestehendes zu vermeiden? Weil ich Angst vor bestimmten Dingen habe, Mangel an etwas für mich Wichtigem befürchte? Jemand sehnt sich vielleicht nach Wohlstand, um der Konfrontation mit einer bescheidenen materiellen Situation zu entgehen; sehnt sich nach einem anderen Partner, um dem Konflikt mit dem Ehemann zu entfliehen; sucht eine neue Arbeit, um einer schwierigen Konfrontation im Team auszuweichen.

Schauen Sie den Hintergründen für Ihre Wünsche klar ins Auge. Oft gilt es, hier einige innere Arbeit zu leisten, um einen fruchtbaren Boden für unsere Ziele zu erschaffen. Denn auf der Basis des Mangels und der Vermeidung können sie nicht in die Verwirklichung hineinwachsen.

Ängste können zu vielerlei Themen auftauchen und unser Leben einschränken; ich nenne hier einige:

- Angst, zu versagen
- Angst vor Minderwertigkeit
- Angst, verlassen zu werden
- Angst vor Verletzung
- Angst, allein zu sein
- Angst vor Abhängigkeit
- Angst vor Armut
- Angst vor physischer und psychischer Gewalt
- Angst vor Unfällen, Krankheit, Tod

Was ist Ihre stärkste Angst?

Unser Verstand schaut grundsätzlich bewertend auf unsere Erfahrungen; er sortiert diese in die Schubladen »gut« und »angenehm« – oder »schlecht«

und »unangenehm«. Fallen Erfahrungen in die zweite Gruppe, entstehen Widerstand, Kampf, Vermeidung, Trennung.

Unser Herz dagegen ist mit seiner liebenden Kraft fähig, alles anzuerkennen, wie es ist – und sich mit allem zu verbinden. Durch die annehmende Kraft des Herzens wird es möglich, abgespaltene innere Anteile zu integrieren und unsere Ängste zu transformieren. Die Liebe ist größer als die Angst, das Licht des Bewusstseins stärker als die Dunkelheit.

Hier ein Beispiel: Sabine studierte Gesang, und ihr Herzenswunsch war es, vor allem als Solistin aufzutreten. Sie hatte viel Freude am künstlerischen Gestalten und wollte das Publikum berühren.

Aber es zeigte sich ein Hindernis. Sie hatte einmal erlebt, dass ihre Stimme bei einer Probe versagte. Dies war eine schlimme Erfahrung, da sie hohe Ansprüche an sich selbst stellte. Die Angst, nicht gut genug zu sein und negative Kritik zu ernten, führten zu einer erhöhten Anspannung: Der Atem rutschte nach oben, und sie fühlte einen Kloß in der Kehle, wenn sie solistisch singen sollte. Immer, wenn diese körperliche Reaktion auftrat, bekam sie Angst, dass jene sich verschlimmern würde. Ihre Horrorvision war, dass sie unsauber singen oder die Stimme ihr den Dienst verweigern würde.

Sabine war ziemlich frustriert darüber, dass die Qualität ihrer Stimme so stark durch ihre Angst beeinflusst wurde. Zu Hause sang sie weitaus besser als während eines Auftritts. Sie begann, gegen ihre Angst anzukämpfen, um den Kloß in ihrer Kehle loszuwerden: Sie ging zu einem Psychologen und machte Mentaltraining; letztlich schluckte sie sogar Betablocker. Aber es veränderte sich nichts Grundsätzliches an Ihrer Situation. Sie schaffte ihr Examen, doch die Freude am Musizieren wurde zunehmend von dem Kampf mit der Angst überschattet – und sie blieb deutlich unter ihrem potenziellen Leistungsniveau, sobald sie als Solistin auftrat.

Mit der Zeit wurde sie müde vom Kampf gegen die Angst, der die Erfüllung ihres Herzenswunsches so beeinträchtigte. Und schließlich kam ein Punkt, an dem sie zu untersuchen begann, was da eigentlich genau in ihrem Inneren ablief. Sie sah, welch hohem Ideal sie nachstrebte: Sie wollte eine fantastische Frau sein und eine fantastische Sängerin. Sie guckte ihrem Perfektionismus ins Auge: »Weniger als perfekt« war nicht erlaubt, Fehlschläge waren indiskutabel – und auch die Angst davor durfte eigentlich nicht da sein.

Diese Haltung kostete sie viel Energie und führte zu ihren Verspannungen; mit der Qualität ihrer Stimme bezahlte sie den Preis. Plötzlich konnte sie den Teufelskreis sehen und fühlte den Schmerz, den sie sich durch dieses Muster einhandelte.

Daraus erwuchs zunehmend die innere Bereitschaft, ihre Angst bewusst zuzulassen und genauer zu untersuchen: Wo und wie spiegelte sie sich in ihrem Körper? Sie fand den Niederschlag der Angst in einer hohen Spannung in der Magengegend, die Hand in Hand mit der erhöhten Spannung in ihrer Kehle ging. Wenn Sie mit diesen Körperempfindungen vollständig präsent war – ohne sich gleichzeitig in die Geschichte in ihrem Kopf zu verstricken und in das Drama möglichen Versagens –, wurde es ihr möglich, den Zustand, der gerade in ihrem Körper herrschte, anzuerkennen und anzunehmen.

Immer mehr konnte sie dieses Spannungsphänomen einfach sein lassen, was es war.

Einige Zeit später machte Sabine während einer Opernproduktion eine Erfahrung, die zu einem Meilenstein für sie wurde. Kurz bevor sie auf die Bühne gehen wollte, kam die Angst wieder hoch. Sie ließ sie zu und war bereit, den Krampf in der Magengegend in vollem Umfang zu spüren. »Es war ein ganz scheußliches Gefühl. Doch ich blieb präsent, rannte nicht weg. Ich sah, wie ein Löwe auf mich zukam – aber zu meinem Erstaunen tat er mir nichts.« Sie musste einmal tief seufzen, und dann waren die Angst und der Knoten in der Kehle mit einem Schlag verschwunden.

Diese Erfahrung war ein Aha-Erlebnis für sie. In all den Jahren des Kampfes war keine echte Bewegung in ihre Angstproblematik gekommen. Dieses Mal hatte sie der Angst komplett in die Augen geschaut – und sie löste sich auf wie eine Seifenblase.

Sabine hatte immer gedacht: Meine Angst ist es, die mich davon abhält, gut zu singen. Nun wurde ihr klar, dass es nicht die Angst an sich gewesen war, sondern die Art und Weise, wie sie mit jener umging. Angst macht eng, erzeugt Spannung; und der Widerstand gegen sie erzeugt noch mehr Spannung. Sabine konnte sich aus der Identifikation mit der Angst lösen und lernte, der Raum zu sein, in dem die Angst auftauchte. Gelegentlich löste sich die Angst recht schnell auf, sobald sie sie da sein ließ und annahm. Ab und zu dauerte es auch eine ganze Weile; dann blieb sie innerlich weit und ging mit ihrer Angst an der Hand auf die Bühne.

Sie hörte auf, der Empfindung in ihrer Magengegend das Etikett »Angst« zu geben. Da war – jetzt im Moment – eine erhöhte Spannung in ihrer Mitte. Sie begegnete dieser Wahrnehmung ganz frisch; ohne den Ballast ihrer bisherigen Geschichte, ohne sich ein Horrorszenario des Versagens auszumalen. Ihr war klar, dass sie mit solchen Gedanken in der Vergangenheit oder Zukunft landen würde. Sie blieb jedoch im Kontakt mit dem gegenwärtigen Moment, in Verbindung mit ihrem Körper und ihrer sinnlichen Wahrnehmung. Und auf diese Weise war das, was sie fühlte, gut zu handhaben.

Allmählich verschwand der innere Stress, wenn sie solistisch sang. Sabine fing an, ihre Auftritte zu genießen; diese wurden zunehmend von ihrer Liebe zur Musik geprägt.

Sobald wir uns mit unserem Herzen verbinden, werden auch Dinge zum Vorschein kommen, die bislang in unserem »Keller« versteckt waren; z. B. Ängste, die bisher noch nicht ins Bewusstsein gedrungen sind, oder solche, die gezielt verdrängt wurden. Sie kommen herauf und klopfen an unsere »Wohnzimmertür«. Wundern Sie sich also nicht, wenn durch die Herzensarbeit ab und zu »Geister« aus Ihrem Unterbewusstsein auftauchen. Dies ist eine normale Dynamik.

Zwei Sonnen gibt es:
Eine scheint auf die Welt,
die andere auf die Seele.
Jene, die auf die Welt scheint,
vertreibt die Finsternis;
die andere, die auf die Seele scheint,
vertreibt die Furcht.
Wenn die eine aufgeht,
vergehen die Himmelskörper,
wenn die andere aufgeht,
vergehen die Fesseln.

(Aus dem Persischen)

Gleiten wir aus dem Bewusstsein der Fülle in das des Mangels, gibt dies Anlass für jede Menge Ängste: Angst vor Entbehrungen auf der materiellen Ebene (keine Arbeit, kein Geld, keine Wohnung, nicht genug zu essen ...) sowie im Geistigen (Mangel an Aufmerksamkeit, Wertschätzung, emotionaler Sicherheit, Liebe ...).

Ich lade Sie ein, mutig Ihren kleinen und großen Ängsten ins Auge zu schauen. Lassen Sie sich nicht durch die Angst vor der Angst abhalten. Ängste sind keine Monster; sie mögen im ersten Moment so ausschauen, aber sie wollen uns nichts Böses. Wonach sie sich vor allem sehnen, ist: gesehen und angenommen zu werden. Wenn wir bereit sind, ihnen aus der Kraft unseres Herzens zu begegnen, dann können sie sich verwandeln.

Der Gegenpol zu Angst ist Liebe

Im Folgenden beschreibe ich einen Prozess, der der Übung »Ein Gefühlskind umarmen« (S. 128) ähnelt; ich habe ihn diesmal speziell auf den Umgang mit Angst zugeschnitten. Spielen Sie ihn mit einer Angst durch, die Sie in einem einschränkenden Nachsatz zu einer Wunschformulierung entdeckt haben (S. 184) und die sich blockierend auf die Verwirklichung eines Herzenswunsches auswirkt.

Der Angst begegnen ♥

Wählen Sie eine Ihrer Ängste aus, und erspüren Sie, ob Sie jetzt innerlich zu einer Konfrontation bereit sind. Zuerst nehmen Sie sich Zeit, sich in Ihren Körper hineinzufühlen. Wandern Sie innerlich von Fuß bis Kopf, und nehmen Sie wahr, wo und wie in Ihrem Körper sich diese spezielle Angst ausdrückt. Meistens geben wir unseren Gefühlen ein Etikett und sagen: »Dies ist Angst.« Beginnen Sie jetzt, jenseits aller Kategorisierungen zu untersuchen, welche konkreten Empfindungen damit verbunden sind.

- Wo sitzt die Angst – im Bauch, im Herzen, in der Kehle ...?
- Wie erfahren Sie sie – als Beengung, Druck, Krampf; als Zittern, Beben, Klopfen ...?
- Welche Form hat sie, welche Farbe, welche Temperatur ...?
- Wie ist ihre Konsistenz – kompakt, fest, flüssig, luftig ...?

Seien Sie neugierig wie ein Kind, und erforschen Sie Ihr Gegenüber: »Hallo, wer bist du?« Der Schauplatz unserer Gefühle ist der Körper; nehmen Sie die Energie wahr, die jetzt in Ihnen präsent ist.

Wie ist es für Sie, so ganz in der Wahrnehmung der Sinne zu bleiben – ohne all die Gedankenspiralen um die Angst herum? Können Sie mit dem umgehen, was übrig bleibt, wenn alle Verpackung wegfällt und Sie zum energetischen Kern vordringen?

Ist es für Sie in Ordnung, dass diese momentane Qualität jetzt präsent ist? Schauen Sie zunehmend mit dem nicht wertenden Blick Ihres Herzens darauf.

Sollte Ihr Verstand sich während dieses Prozesses mit Urteilen, Interpretationen und Analysen melden, gehen Sie nicht darauf ein. Bleiben Sie ganz im Fühlen.

Als Nächstes beginnen Sie, mit dem Angst-Anteil zu kommunizieren.

- Fragen Sie ihn: »Was brauchst du?«
  Das Auffinden von Grundbedürfnissen haben Sie bereits im Umgang mit Ihren Wünschen und Zielen kennengelernt (siehe Liste im Anhang, S. 284).
- Schlüpfen Sie jetzt in den Angst-Anteil hinein, und beantworten Sie Ihre Frage aus seiner Sicht:
  »Ich habe .... nötig.«
- Und ähnlich, wie Sie es aus dem Prozess mit Ihren Wünschen kennen, fragen Sie ihn weiter:
  »Wie fühlst du dich, wenn du bekommst, wonach du dich sehnst?«
- Wechseln Sie wieder auf die Angst-Seite über, und spüren Sie, welche energetischen Qualitäten sich einstellen, wenn das eben genannte Grundbedürfnis erfüllt ist.

»Wenn mein Bedürfnis befriedigt ist, fühle ich mich ....«

Über solch einen Dialog kann Ihnen deutlich werden, was Ihr Angst-Anteil braucht. Verbinden Sie sich nun mit der Fülle Ihres Herzens, und lassen Sie ihm all die ersehnten Seinsqualitäten zufließen. Die Angst ist wie ein bedürftiges, ausgehungertes Wesen. Geben Sie ihm großzügig, was es benötigt, um sich so zu fühlen, wie es dies vorhin mitgeteilt hat.

Lassen Sie die heilende Energie sich in Ihrem gesamten Körper ausbreiten. Und beobachten Sie, ob und wie die Stelle, an der Sie anfänglich Ihre Angst lokalisiert haben, sich verändert. Was nehmen Sie jetzt dort wahr?

Wenn unser Angst-Anteil »satt« ist, nachdem wir ihn ausreichend mit dem gefüttert haben, was er braucht, verändert er sich meistens. Seine Energie verwandelt sich: Aus einem Angstmonster wird unter Umständen ein gesättigter, zufriedener Säugling. Durch diesen Prozess kann viel gebundene Energie frei werden – und wir finden zu mehr Lebendigkeit und Kraft.

Je nach Art Ihrer Angst ist es vielleicht nötig, diese Übung öfter zu wiederholen. Wenn wir uns nicht im Widerstand von unserer Angst trennen, sondern uns mit ihr verbinden und ihr in Liebe das geben, was sie braucht, kann sie geheilt und transformiert werden.

Ein Angstkind, Angstbündel, Angstmonster – je nachdem, wie Sie es empfinden – könnte zum Beispiel Folgendes äußern:

»Ich brauche Sicherheit und Geborgenheit. Dann fühle ich mich behütet, wohlig und entspannt.« – »Ich brauche Aufmerksamkeit, ich will gehört werden. Dann fühle ich mich akzeptiert und komme zur Ruhe.« – »Ich brauche Kraft; dann fühle ich mich sicher und kann mich öffnen.« – »Ich brauche Zuwendung, Nähe und Liebe. Dann wird es mir warm ums Herz und fühle ich mich angenommen.«

Liebe ist die beste Medizin. Begegnen Sie dem Angstwesen wie eine liebevolle Mutter, Großmutter, weise Frau oder ältere Schwester (bzw. den männlichen Entsprechungen), als ein Mensch, der in der inneren Fülle steht. Aus Ihrem Herzen heraus kann dem Angst-Anteil die ersehnte Qualität auf verschiedene Weise zukommen: Sie hüllen ihn vielleicht in eine warme Decke der Liebe, lassen ihm Sicherheit und Geborgenheit wie einen süßen Nektar zufließen oder baden ihn darin, streicheln ihn zärtlich und halten ihn im Arm.

Angst ist der Anteil in uns, der sich von der Ganzheit getrennt fühlt. In unserem Herzen wohnt die tiefe Weisheit, dass es letztlich keine Trennung gibt, dass wir Teil eines großen Ganzen sind. Indem wir unsere Angst in unser Herz nehmen und ihre Bedürfnisse befriedigen, können wir sie überwinden.

Im Umgang mit ihr ist der entscheidende Punkt, dass wir uns nicht mit ihr identifizieren, sonst geraten wir in den Griff der Angst. Vermögen wir, diesem Gefühl als souveränes, erwachsenes Ich zu begegnen und es anzunehmen, dann kann die Angst sich irgendwann auflösen.

Sobald Angst aufkommt, gilt es, sie zu spüren und bei ihr zu sein anstatt aus der Angst heraus zu handeln. Sonst entspringen unsere Aktivitäten dem Raum des Mangels, und wir werden dementsprechend Mangelerlebnisse anziehen. Gehen wir hingegen in unser Herz und umarmen die Angst, wird es möglich, in einen inneren Raum der Gelassenheit und Klarheit zu finden. Von dort können wir Botschaften empfangen, die uns zeigen, welche Schritte angezeigt sind. So entstehen ein völlig anderes Schwingungsfeld und eine andere Dynamik.

Unter Umständen ist die Angst im Hintergrund immer noch da; dann nehmen wir sie einfach an die Hand – wie ein kleines Kind – und gehen mit ihr den Weg (vielleicht mit etwas weichen Knien), den das Herz uns nahegelegt hat. Machen Sie sich keinen inneren Druck, die Angst partout loswerden zu wollen. Wichtig ist in erster Linie unsere Beziehung zu ihr: Hat die Angst uns, oder haben wir die Angst?

Wenn wir ihr begegnen und in die Augen schauen, beginnt sie, sich zu verändern: Meistens wird sie kleiner, und die emotionale Ladung nimmt ab. Ist die Angst so weit geschrumpft, dass wir sie gut handhaben können, dann schränkt sie unser Leben nicht mehr ein oder hält uns davon ab, Dinge zu tun, die wir für stimmig halten. Erinnern Sie sich an das Beispiel von der Sängerin: Sie blieb innerlich weit und ging manchmal mit der Angst an der Hand auf die Bühne.

Im Laufe der Zeit wird es möglich, ein »ängstliches Kind« sozusagen gesund zu lieben. Jerry Jampolski hat einem seiner Bücher den schönen Titel gegeben:

Love is letting go of fear – Liebe heißt die Angst verlieren.

Diskrepanz zwischen Vision und Realität

Noch nichts zu sehen

Unter Umständen tritt folgende Situation ein: Ihr Herzenswunsch ist präsent, seit geraumer Zeit fühlen Sie sich täglich in die bereits verwirklichte Situation ein, und sie ist zu einer Realität in Ihrem Inneren geworden – jedoch im Außen ist (noch) nichts von dem Neuen in Sicht. Diese Diskrepanz zwischen innerer Wirklichkeit und der Manifestation in der Materie ist oft eine große Herausforderung, insbesondere, wenn dieser Zustand lange andauert. Dann meldet sich vermutlich bald der zweifelnde Verstand zu Wort: »Die Sache mit dem Resonanzprinzip funktioniert nicht bei mir.«

In solch einer Situation gilt es, Folgendes zu bedenken (ich fasse hier einige bereits angesprochene Punkte zusammen):

Mögliche Zeitverzögerung

Auf der geistigen Ebene können Dinge viel schneller zur Realität werden als in der Trägheit der Materie. Oft ergibt sich hierdurch eine erhebliche Zeitverzögerung. Wie bei einer Schwangerschaft braucht es vielfach Geduld, bis wir das »Kind« sehen und anfassen können.

Und noch einen Aspekt gilt es zu beachten: Alles hat seine Zeit; wir können nicht erwarten, dass im Januar die Rosen blühen. Oft müssen wir uns einfach eine Weile gedulden, bis die Zeit reif ist und sich die passenden Umstände einstellen. Vielleicht ist auch das, was wir uns wünschen, jetzt nicht dran, aber wird sich zu einem späteren Zeitpunkt (nach Monaten oder Jahren) erfüllen – falls es dem tiefen Wunsch unserer Seele entspricht. Es ist wichtig, diese Möglichkeit ebenfalls mit in Betracht zu ziehen.

Durchdringen zum Seelenwunsch

Wenn sich im Außen keinerlei Bewegung in die gewünschte Richtung abzeichnet, sollten Sie noch einmal ehrlich in der Tiefe erforschen: Will ich das wirklich? Oder will meine Seele etwas anderes? Gelegentlich kommen wir nach einer Weile dahinter, dass unser Wusch doch stark von der Persönlichkeitsebene geprägt war und unsere Seele ein anderes Ziel anstrebt. Kristallisiert sich dies deutlich heraus, wird es uns möglich, uns bewusst neu auszurichten.

Aufräumarbeit leisten

Es kann auch sein, dass unsere Affirmationen und Visualisierungen keine Wirkung im Außen zeigen, weil im Inneren Gegenstimmen aktiv sind. Oft gibt es mehrere Schichten negativer Glaubenssätze und Ängste, die die Verwirklichung eines Herzenswunsches blockieren. Es gilt, sie alle anzuschauen und zu transformieren. Wir kommen nicht ins Himmelreich im Inneren, ohne vorher den Drachen der Negativität in uns gezähmt zu haben.

Gelegentlich ist es notwendig, uns durch die gesamte Spirale der ängstlichen und zweifelnden Anteile hindurchzuarbeiten – bis auf den Grund. Unter Umständen ist eine Menge Aufräumarbeit zu leisten, bis ein Wunsch ganz »rein« ist; d. h. frei von negativen Anhängseln. Erst wenn der Topf leer ist, alle negativen Muster angeschaut und transformiert wurden, beginnt das Erschaffen auf der äußeren Ebene. Es ist wichtig, zu verstehen, dass der Prozess des Manifestierens unter Umständen mit vielen Schritten im Inneren beginnt – und sich erst dann Wirkungen im Außen zeigen.

Prüfungen

Gelegentlich kommt es auch vor, dass Resultate lange nicht eintreten, weil das Leben uns einer Prüfung unterzieht. Wie stabil sind die neuen positiven Überzeugungen, wie groß ist die Stärke im Inneren? Wir werden auf die Probe gestellt, ob und wann wir umkippen: das bedeutet, ins Mangeldenken, in Ängste, in alte Muster zu fallen. Vielleicht haben wir etwas Altes aufgegeben, befinden uns gerade im »Niemandsland« und warten darauf, dass das Neue sichtbar wird. Dauert diese Phase relativ lange, laufen wir Gefahr, uns wieder in Sorgen, Ängste und Zweifel zu verstricken.

Können wir die Schwingung hoch halten, auch wenn sich im Außen vorerst wenig oder nichts in die gewünschte Richtung entwickelt? Bleiben wir zentriert im Herzen und im Vertrauen, halten wir den Fokus auf unser Ziel? Dies sind vielfach herausfordernde Zeiten.

Gelegentlich werden wir auch aufgefordert, unseren Wunsch aufzugeben, unseren »kleinen« Willen loszulassen – und uns dem Leben total hinzugeben, so, wie es gerade ist. In derartigen Phasen beweist sich, wie intensiv wir mit unserem Herzen und mit dem großen Ganzen verbunden sind. Nur aus dieser Verbundenheit können wir die Kraft schöpfen, um eventuelle »magere Jahre«

(sei es auf der beruflichen, sozialen, gesundheitlichen oder finanziellen Ebene) aus der Annahme heraus zu durchleben.

Wir werden geprüft: Gelingt es uns, unabhängig von den äußeren Umständen den Kontakt zur Fülle im eigenen Herzen zu wahren – zum Himmelreich in unserem Inneren?

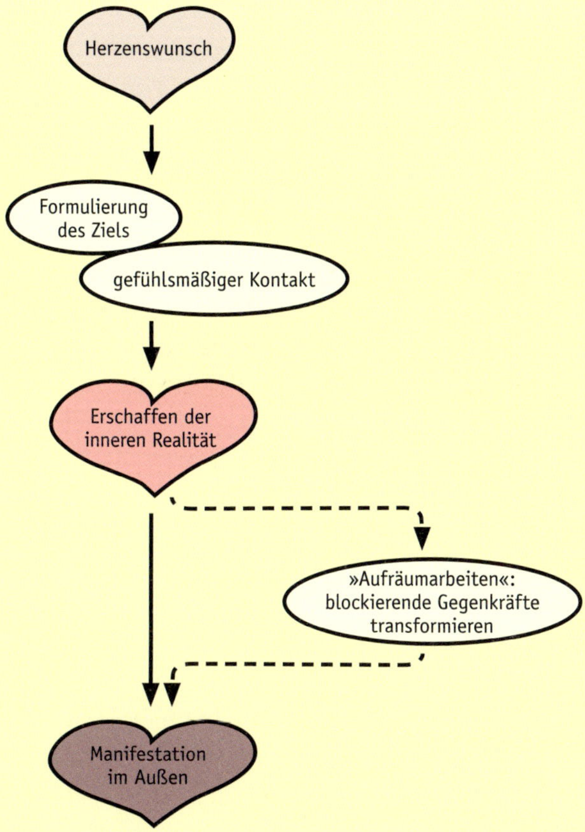

Der Prozess bewussten Erschaffens

Wir alle tragen einen Rohdiamanten in uns. Phasen, in denen intensiv an diesem Diamanten geschliffen wird, können sehr herausfordernd sein. Tauchen wir tief in unser Herz hinein, vermögen wir, dort der Gewissheit zu begegnen: Wir sind eingebunden in eine große Ordnung, alles geschieht zu unserem Besten und hilft uns, zu reifen und nach Hause zu kommen: in den Raum der Liebe, in die Einheit.

Je tiefer wir uns mit dem Paradies im Herzen verbinden, desto gewisser sind wir auch, dass wir im Außen alles bekommen werden, was wir brauchen.

Sehet die Vögel unter dem Himmel an: Sie säen nicht, sie ernten nicht, sie sammeln nicht in die Scheunen; und euer himmlischer Vater ernährt sie doch. Seid ihr denn nicht viel mehr als sie? (Matth. 6,26)

Die Kraft des Vertrauens

In gewissen Phasen auf dem inneren Weg ist es entscheidend, dass wir immer wieder unser Vertrauen stärken. Mangel an Vertrauen ist eine der zentralsten Mangelerscheinungen in unserer heutigen Zeit.

Vertrauensspender ♥

In Momenten, in denen der Zweifel an uns nagt und Ängste auftauchen, kann es hilfreich sein, eine Sammlung von Texten oder Bildern zu haben, die uns unterstützt, wieder in die Schwingung des Vertrauens zu finden.

Notieren Sie auf einem besonderen Blatt oder in einem kleinen Büchlein Gedanken, Sprüche und innere Bilder, die für Sie diesbezüglich wertvoll sind.

- Vielleicht vermag ein Ausspruch aus einer der traditionellen Weisheitslehren oder einige Zeilen aus einem Gedicht, Ihr Herz zu »erheben« und Ihre energetische Schwingung wieder zu erhöhen.
- Suchen Sie aus Ihrer Morgeneinstimmung (S. 206) einige Gedanken aus dem Reich der Fülle, die Ihr Herz besonders berühren und die mit der Schwingung des Vertrauens geladen sind. Beispiele:

»Das Leben liebt mich, und es trägt mich; alles, was ich brauche, fließt mir zu.«
»Wenn sich eine Tür schließt, öffnet sich eine andere.«
»Zum rechten Zeitpunkt geschieht alles wie von selbst.«
»Alles entwickelt sich zu meinem Besten.«
Gehen Sie nicht vom Denken aus an diese Sätze heran; fühlen Sie vielmehr die energetische Schwingung, die diese ausstrahlen.

- Neben Worten können auch innere Bilder Sie dabei unterstützen, Ihr Vertrauen zu stärken. Visualisieren Sie Szenarien, die in Ihnen Zuversicht, Hoffnung, Vertrauen wecken. Einige Beispiele:
  Eine Tür öffnet sich.
  Nach einer dunklen Nacht bricht die Morgenröte des neuen Tages an.
  Sie kommen an einen Ort und werden dort herzlich willkommen geheißen.
  Nach einer langen Fahrt auf dem Ozean erblicken Sie in der Ferne die Küste mit Ihrem Zielhafen.
- Sie können sich auch eine kleine Sammlung von Bildern und Ansichtskarten anlegen, deren Anblick Sie hoffnungs- und vertrauensvoll stimmt.
- Lesen Sie in Ihrem »Tagebuch der Beweise« (S. 189), und stärken Sie Ihr Vertrauen durch die Erinnerung an aufbauende Erlebnisse, die Sie in der letzten Zeit hatten.

In besonders herausfordernden Momenten, ist ein Gespräch oft heilsam – mit einem Menschen, der tiefes Vertrauen hat und uns aus den momentanen Ängsten, Zweifeln oder Mangelgedanken wieder heraushelfen kann.

Es kann Zeiten geben, in denen wir bereits entdeckt haben, dass unsere innere Schatztruhe gefüllt ist, sich im Außen jedoch bisher kein Äquivalent zeigt. Diese Diskrepanz kann unter Umständen dazu führen, dass wir beginnen, an uns selbst zu zweifeln und uns als Opfer des Lebens zu fühlen. Folgende Übung kann Sie dann unterstützen, im Vertrauen zu bleiben.

Mondsichel und Vollmond

Erinnern Sie sich an eine nächtliches Szene, in der Sie den Mond auf eine besondere Weise gesehen haben: Eine schmale Mondsichel zeigte sich am Himmel – und gleichzeitig war auch ganz zart der volle Mond zu erkennen.

Vielleicht kommt momentan in Ihrem Leben nur ein Teil Ihres Potenzials zum Tragen, sind Wünsche und Bedürfnisse auf der äußeren Ebene unerfüllt oder stecken Sie in einer Umbruchszeit; dies könnte man mit der Mondsichel vergleichen.

Aber es ist nur die vordergründige Ebene. Beim genauen Hinschauen wird auch der volle Mond sichtbar. In Ihrem Sein ist der Vollmond angelegt – sind Sie rund, in der Fülle.

Tauchen Sie in diese Schicht ein, in der bereits jetzt der Mond voll ist. Welche Seinsqualitäten sind in Ihnen präsent, wenn Sie sich im Vollmondzustand befinden? Verbinden Sie sich mit Ihrem inneren Licht – der inneren Fülle, mit Ihrem göttlichen Kern. Dieser ist Ihre tiefste Wirklichkeit. Und schauen Sie von dieser Ebene gelassen auf die Mondsichel, die sich momentan Ihren Augen zeigt.

Aus einem Pfirsichkern wächst ein Pfirsichbaum, aus einem Pflaumenkern ein Pflaumenbaum. Das, was in uns angelegt ist, wird zu gegebener Zeit auch im Außen wachsen und gedeihen; haben Sie Geduld.

Und seien Sie wachsam, damit Sie sich in solchen Lebensphasen innerlich nicht klein machen und sich über die äußeren Umstände definieren. Finden Sie in den Raum Ihrer Ganzheit: Sie sind ein strahlendes Wesen – selbst in einer bescheidenen oder kargen Lebenssituation.

Sie haben den Vollmond im Blick – Ihren inneren Vollmond: rund, leuchtend und schön. Öffnen Sie sich in Dankbarkeit diesem Erleben; und strahlen Sie aus, wer Sie im Tiefsten sind. Zu gegebener Zeit wird auch auf der äußeren Ebene der Mond zunehmen und voll werden.

Annehmen, was kommt

Der Wunsch nach Kontrolle

In unserem technischen Zeitalter meinen wir oft, alles sei kontrollierbar. Die Anregungen in diesem Buch über den Prozess des Manifestierens von Herzenswünschen sind nicht dazu gedacht, den inneren Drang nach Kontrolle zu befriedigen. Es geht nicht darum, Tricks zu erlernen, wie man die eigenen Wünsche durchsetzt und vermeidet, dass einem das Leben »einen Strich durch die Rechnung macht«.

Wir vermögen das Leben nicht zu kontrollieren. Ein Beispiel: Jemand ernährt sich sein ganzes Leben lang sehr gesund, geht bewusst mit seinem Körper um – und bekommt Krebs. Jemand anderes isst jahrzehntelang Fast Food – und wird sehr alt. Wir können bewusst und verantwortungsvoll leben, den Boden bereiten für unsere Ziele – und dann gilt es, das Ergebnis anzunehmen, wie es ist.

Eine Reihe von Büchern über positives Denken erwecken den Eindruck, das Leben sei ein Supermarkt: Wir brauchen nur unsere Bestellung beim Universum aufzugeben, das Ergebnis fühlend zu visualisieren – und dann werden wir bekommen, was wir bestellt haben. Meine Erfahrung ist anders. Nichts ist auf diesem Weg garantiert; auch mit dem besten inneren Werkzeug können wir nichts erzwingen. Das Leben ist und bleibt ein Mysterium, das sich entfaltet.

Ich glaube, dass die großen Linien unseres Lebens feststehen. Unsere Seele hat so manches gewählt, bevor wir dieses Erdenleben angetreten haben. In der Blaupause unseres Lebensplanes ist bereits Wesentliches verankert, wie vermutlich folgende Umstände: ob wir in einer langen Beziehung leben oder allein, ob wir Kinder bekommen, im Beruf erfolgreich sind, ins Ausland gehen, eine chronische Krankheit haben, früh sterben. Einige Rahmenbedingungen hat unsere Seele wahrscheinlich schon im Vorfeld festgelegt, weil sie bestimmte Erfahrungen machen und gewisse Dinge lernen will. Aus der begrenzten Sicht der Verstandesebene ist vieles nicht zu begreifen. Aber es kann passieren, dass wir eines Tages, wenn wir tief mit unserem Herzen verbunden sind, zu »schauen« vermögen und den Plan unserer Seele erkennen. Dann verstehen wir unter Umständen rückblickend: »Ja, so musste es sein, genau so war es stimmig, so wollte es meine Seele – denn diese Bedingungen waren ideal, um mich dorthin zu bringen, wo ich jetzt im Moment stehe.«

Immer mehr gewinne ich den Eindruck, dass der Spielraum, in dem wir als Mit-Schöpfer agieren können, kleiner ist, als wir es uns oft wünschen. Ohne Zweifel ist er vorhanden und gibt uns die Möglichkeit, unsere schöpferische Kraft einzusetzen und ihr Wirken zu erleben. Dabei gilt: Je kleiner die Dinge sind, desto leichter ist es, sie gemäß unseren Wünschen zu erschaffen.

Wenn ich regelmäßig einen geeigneten Parkplatz visualisiere, dann ist die Chance relativ groß, dass ich einen finde. Leben Sie Ihre schöpferisch gestaltende Kraft vor allem in den kleinen Situationen des Alltags aus, und wählen Sie bewusst die Energie, mit der Sie bestimmte Dinge tun wollen.

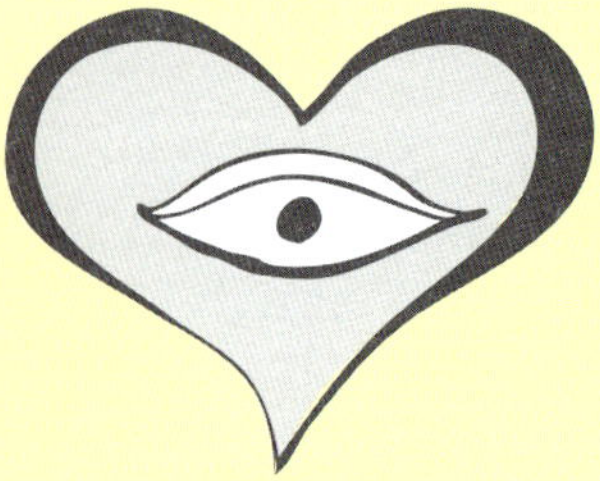

Je existenzieller Situationen sind, desto schwieriger kann es werden. Oft handelt es sich hierbei um komplexe Themen, an denen im Untergrund Ängste, negative Glaubenssätze und andere Blockaden hängen. Handelt es sich um Wünsche aus der Persönlichkeitsebene, die nicht mit dem Seelenplan in Übereinstimmung sind, werden wir auch mit dem besten inneren Handwerkszeug nicht zu diesem Ziel gelangen.

Es ist eine Kunst, zu erspüren, wann es angezeigt ist, die schöpferischen Kräfte des Herzens weiterhin in vollem Umfang einzusetzen – und wann uns das Leben auffordert, loszulassen, uns hinzugeben und die Situation anzunehmen, so, wie sie ist. Wir können ein bestimmtes Ziel anstreben, aber es ist wichtig, dies ohne die zwanghafte Idee zu tun, dass es sich verwirklichen muss. Entscheidend ist, dass wir nach allem, was wir investiert haben, am Ende bereit sind, das Ergebnis anzuerkennen – auch wenn es anders ist, als wir es uns vorgestellt hatten. Die Tiefe des Herzens weiß: Alles ist in Übereinstimmung mit meiner Seele und dem göttlichen Willen – sonst wäre es anders.

Der folgende Satz ist ein kleiner Test für unsere Fähigkeit zur Annahme, wenn das Leben anders gelaufen ist, als wir es uns gewünscht hatten.

»Alles, was ist, darf sein.«

Wie reagieren wir darauf: mit Rebellion, Widerstand, Ja-aber-Argumenten, Warum-Fragen? In diesem Fall haben wir noch einen Weg zu gehen, um uns mit der annehmenden Kraft des Herzens zu verbinden, sodass wir Frieden mit dem Leben finden können.

Obiger Satz ist auch auf die Vergangenheit bezogen wertvoll:

»Alles, was war, durfte sein.«

Vermögen wir, dies aus ganzem Herzen zu sagen und damit das Leben so zu würdigen, wie es sich gezeigt hat?

Die annehmende Kraft ist im Prozess des Erschaffens ein wichtiges Element. Jener beginnt auf dem Boden der Annahme.

1. Ich erkenne die momentanen Umstände an und richte mich bewusst auf ein Ziel aus.
2. Dann setze ich meine geistige Kraft ein, um dieses auf die Ebene der Manifestation zu ziehen. Gleichzeitig unternehme ich praktische Schritte, die mir von innen gezeigt werden, und reagiere sensibel auf die Zeichen des Lebens.
3. Sollte das Ergebnis anders sein als geplant, ist wiederum die annehmende Kraft des Herzens gefragt.

Das Herz erkennt an, was ist – und lässt sich ein: »Dies ist im Moment meine Realität!« Es weiß: Was nicht ist, soll nicht sein. Stehe ich im Bewusstsein der Fülle, so lebe ich in der Gewissheit: Es gibt von allem genug. Das Leben liebt, trägt und nährt mich.

Wir können mit unserer begrenzten Sicht nicht wissen, was gut für uns ist. Jeder wird vermutlich folgende Erfahrungen kennen:

- Wir haben uns etwas gewünscht, aber das Leben hat sich anders entwickelt – und heute sind wir dankbar dafür.
- Wir haben das Gewünschte bekommen – jedoch wurde es unerwartet ganz schwierig. Dann können wir nichts anderes tun, als dem Fluss des Lebens Raum zu geben und diese Erfahrung bewusst zu durchleben.
- Und gelegentlich sehen wir: Aus etwas »Schlimmem« kann auch etwas »Gutes« entstehen.

Zwei Beispiele:

»Hätte mein Mann mich nicht betrogen, hätte ich – trotz der bereits bestehenden Schwierigkeiten in unserer Ehe – nicht den Mut zur Scheidung gefunden. Durch die Trennung bin ich in meine Kraft gekommen, und heute habe ich einen wunderbaren Mann an meiner Seite, mit dem ich mich rundum wohlfühle. Rückblickend bin ich dankbar für das, was passiert ist – auch wenn es in dem Moment selbst unglaublich schmerzhaft war.«

»Ich hatte mich so auf das Jahr im Ausland gefreut – und dann kam der Unfall. Das war ein heftiger Schlag, der u.a. dazu führte, dass ich meinen bisherigen Beruf nicht mehr ausüben konnte. Im Nachhinein sehe ich, wie ich seit diesem Wendepunkt auf einen neuen Weg geführt wurde. Heute bin ich sehr glücklich in meinem neuen Tätigkeitsfeld – es entspricht auf einer viel tieferen Ebene dem, was ich als meine Berufung erfahre.«

Äußere Kargheit – innere Fülle

Es kommt vor, dass wir auf unserem Weg folgende Situation erleben: Äußere Wege sind auf einmal versperrt; so sehr wir uns über Gedanken und Gefühle auf unsere Wünsche und Ziele ausrichten, im Außen bewegt sich wenig bis nichts in die angestrebte Richtung. Vielleicht fühlen wir uns dann entmutigt, erschöpft vom Kämpfen, verbittert, resigniert. Aber es gibt immer einen Ausweg: Oft gilt es, sich in solchen Zeiten nach innen zu wenden; dort eröffnen sich vermutlich neue Wege und neue Räume.

In Phasen, in denen es im Außen nicht vorwärts zu gehen scheint – vielleicht sind wir gerade arbeitslos und finden trotz allem Bemühen keine neue Stelle –, sind wir vielfach zu einem »inneren Job« aufgerufen. Häufig sind dann Kräfte aus den Tiefenschichten am Werk, die uns zu einer umfassenden Auseinandersetzung mit alten Mustern, lebensverneinenden Anteilen in uns oder tiefen Ängsten aufrufen. Das Leben schafft eine Gelegenheit, inneren Ballast aufzuräumen, der uns daran hindert, uns weiter und tiefer zu entfalten.

Durch solch eine Phase der Transformation zu gehen, ist herausfordernd. Oft bekommen wir jedoch genau an diesem Punkt die Hilfe, die wir nötig haben. Das Universum schickt sie in verschiedenen Formen: einem liebenden Freund, einer weisen Frau, einer guten professionellen Begleitung – plötzlich tauchen sie auf. Jedes Mal, wenn wir Ängste überwunden, abgespaltene Anteile integriert und negative Denkmuster transformiert haben, werden wir heiler. Wir wachsen tiefer hinein in die Ganzheit und in unsere (göttliche) Kraft.

Gerade wenn wir mitten in einer Wandlungsperiode stecken und das Licht am Ende des Tunnels noch nicht sehen, brauchen wir Vertrauen. Tief in unserem Herzen ruht das Wissen: »Wie auch immer die äußeren Bedingungen sein mögen, alles ist zu meinem Besten. Es geschieht genau das, was meine Seele gewählt hat. Und es ergeben sich Umstände, in denen sie am besten diejenigen Schritte tun kann, die momentan für ihre Entwicklung förderlich sind.«

Unser Herz ist zu einem tiefen Ja fähig, auch wenn unsere Wünsche gerade nicht erfüllt werden und wir uns mit dem »Unerwünschten« auseinandersetzen müssen. Es vermag zu sagen: »Ich bin bereit, das zu fühlen, was gerade an der Reihe ist.« Selbst wenn es das Alleinsein ist, obwohl ich mir so intensiv eine Familie wünsche; wenn eine Phase ohne Arbeit in mein Leben kommt, obwohl ich so viel in meine Ausbildung investiert habe und so viel Freude an meinem Beruf erlebe; wenn es eine Zeit mit materiell sehr bescheidenen Lebensbedingungen sein sollte.

In solchen Momenten ist es wichtig, zu sehen: Auch wenn wir auf die großen Linien unseres Lebens gerade wenig Einfluss nehmen können und vor allem die Kraft der Annahme gefragt ist, besteht doch immer der Freiraum, bei den alltäglichen, kleinen Dingen bewusst das Was und das Wie zu wählen. Wir können uns entscheiden, in welcher energetischen Schwingung wir in Aktivitäten und Kontakten präsent sein wollen. In diesem Rahmen können wir unsere schöpferische Kraft jederzeit einsetzen.

Vielfach sind es gerade Zeiten äußerer Entbehrungen, in denen wir zu den Schätzen im Inneren geführt werden und neue Horizonte entdecken. Die Ursache unseres Glücks liegt in uns selbst – und dieses Glück kann uns nichts und niemand nehmen.

Es ist aufschlussreich, sich einmal zu fragen: Was steht eigentlich hinter unseren Wünschen? Wofür steht die interessante, gut bezahlte Stelle, nach der wir uns sehnen; der liebevolle Partner oder der erste Platz bei einer Meisterschaft? Um was geht es im Tiefsten?

Und wir werden immer wieder Folgendes entdecken, wenn wir bis zum Grund gehen: Wir sehnen uns nach Frieden – Frieden mit dem, was ist; tief verbunden zu sein mit dem Leben – mit uns selbst und mit der Kraft des Universums. In einer Meditation hat Jeru Kabbal, der den Quantum-Light-Breath entwickelt hat, einmal gesagt:

If you feel needy, you have forgotten who you are. –
Wenn du dich bedürftig fühlst, hast du vergessen, wer du bist.

Wir sind göttliche Wesen, und als solche tragen wir die Fülle in uns. Unsere tiefste Sehnsucht, die hinter jedem Bedürfnis steht, ist es, ganz nach Hause zu kommen; eins zu werden mit der Quelle. Erleben wir uns als getrennt, kommen vielfältige Wünsche auf, verbunden mit dem Gedanken: Wenn dieser Wunsch erfüllt ist, dann bin ich glücklich. Das Glücksgefühl taucht auch kurz auf – für ein paar Tage oder ein paar Wochen; dann entsteht der nächste

Wunsch. Wenn wir unser Ziel erreicht haben, ist vorübergehend Zufriedenheit da, bis das nächste Bedürfnis nach »mehr« und »besser« auftaucht. Es gibt einen Anteil in uns, der bei diesem Spiel nie satt werden wird. Erst, wenn wir uns nicht mehr als getrennt erleben, sondern als Teil des großen Ganzen, dann entsteht echte Entspannung. Im Erleben tiefer Einheit finden wir den Frieden und das Glück, nach denen wir uns aus tiefstem Herzen sehnen.

Die göttliche Kraft, die Kraft des Universums, ist diejenige, die erschafft. Wenn ich fähig werde, mich vollkommen hinzugeben – »mein Wille ist dein Wille« –, gelingen Dinge. Denn dann gibt es keine Trennung zwischen mir und der göttlichen Kraft.

Der göttliche Funke ist in jedem von uns, und es ist die Kunst, die Verbindung zu dieser inneren Ebene zu finden – zur Seele, zum höheren Selbst. Jeder möge hier seine eigenen Worte finden, die sich stimmig anfühlen, um diese Schicht zu benennen.

Wir sind alle mit dem inneren Auftrag hier, uns mit unserem Kern zu verbinden und aus unserem Herzen Licht und Freude auszustrahlen – wie auch immer sich die äußeren Bedingungen gestalten mögen. Sein ist wichtiger als Haben.

Vielfach sind unser Tun und Haben überladen mit Bedeutung, denn wir beziehen daraus unseren Selbstwert. Viele Menschen glauben: »Wenn ich erfolgreich bin, wenn ich das schnelle Auto habe, wenn ich schlank bin, wenn ich gut Tennis spiele – dann bin ich eine tolle Frau oder ein toller Mann.« Sobald wir uns vollständig akzeptieren und uns auch mit unseren Unvollkommenheiten lieben, so, wie wir sind – wenn wir uns auf tiefer Ebene mit unserem Wesen verbinden, sind alle diese Aktivitäten und Umstände nicht mehr nötig, um uns unseren inneren Wert zu geben. Dann ist es schön, wenn Gewünschtes da ist – und es ist auch in Ordnung, wenn sich anderes zeigt. Der Zugang zum Reich der Fülle im Inneren ist das Entscheidende – hier liegt der Schatz.

Jenseits des Verstehens

Wenn wir das Leben in seiner Vielfalt betrachten, sehen wir unter anderem auch etwas, was unseren Wünschen diametral entgegengesetzt ist: Schicksalsschläge.

Ein Beispiel: Ein Paar hatte sich sehnlichst ein Kind gewünscht, und beide haben viel Freude an ihrer kleinen Tochter. Doch plötzlich stirbt das Kind. Begleitend zu dem tiefen Schmerz taucht die bohrende Frage auf: Warum ist dies uns passiert? Warum passiert es überhaupt, dass ein Kind vor den Eltern diese Welt verlassen muss? Sie können es nicht verstehen, niemand kann es verstehen. In derartigen Situationen begegnen wir der Macht des Schicksals.

Wie kann die Herzenskraft uns helfen, solche Situationen zu verarbeiten und zu integrieren?

Da sind viele Fragen, aber es gibt keine Antwort; mögliche Versuche sind lediglich eine Konstruktion des Verstandes. Das Einzige, was wir auf dem Weg zur Heilung tun können, ist, das Nichtverstehen anzuerkennen. Wir wissen nur das eine: Es ist geschehen; und es taucht das Gefühl tiefer Ohnmacht gegenüber den Determinanten des Lebens auf. Wir sind konfrontiert mit dem Mysterium des Lebens, das sich nicht kontrollieren lässt.

Machtlos stehen wir da. Und in einem inneren Reifungsprozess finden wir vielleicht irgendwann im Kontakt mit der Tiefe unseres Herzens in einen Raum der Weite und der Demut, aus dem heraus wir fähig werden, zu sagen: »Ja, ich erkenne an, was geschehen ist.«

Nach derartigen Schicksalsschlägen kommt viel Schmerz auf, unendlich viel Schmerz. Und es gilt, ihn zu fühlen – durch alle Schichten hindurch – und ihm auf diese Weise den Weg zu bahnen, sich im Laufe der Zeit aufzulösen. Aus der Kraft des Herzens wird es möglich, alle Gefühle zu tragen. Das Herz ist größer als jedes noch so intensive Gefühl.

Solange wir sagen: »Ich kann das nicht akzeptieren«, wird der Schmerz nicht weichen können. Wenn Gedanken an ihn gekoppelt sind wie: »Das ist ungerecht – das habe ich nicht verdient – das hätte nicht passieren dürfen – ich halte es nicht aus, diesen großen Schmerz zu fühlen«, hält der innere Widerstand die hohe Gefühlsladung weiterhin aufrecht. Nur wenn wir uns ganz offen unseren Gefühlen zuwenden, bereit, alle Schichten des Schmerzes, der Trauer, der Empörung, der Verzweiflung, der Ohnmacht zu durchfühlen, dann kann die emotionale Ladung Schritt für Schritt verebben. Dieser Prozess gleicht in seiner Dynamik den großen Wellen auf dem Ozean, die zur Küste und zum Strand hin allmählich immer kleiner werden und schließlich ausrollen.

Wenn wir vermögen, in einem inneren Prozess immer tiefer in unser Herz zu gehen, können wir auf dessen Grund die Kraft der Annahme finden. Und irgendwann sind wir vielleicht fähig zu sagen – ohne Vorwurf und ohne Anklage: »Ja, dies ist passiert – und es hat sehr wehgetan. Das Leben geht weiter – und ich mache etwas Schönes daraus.«

Aus der Kraft des Herzens erwächst die Fähigkeit, uns auszusöhnen, Frieden zu finden mit dem, was geschehen ist. Irgendwann kann die Trauerarbeit so zu einem Ende kommen. Eines wird uns jedoch begleiten: Wir sind und bleiben an der betreffenden Stelle empfindlich.

Bitte

Wir werden eingetaucht
und mit dem Wasser der Sintflut gewaschen,
wir werden durchnässt
bis auf die Herzhaut.

Der Wunsch nach der Landschaft
diesseits der Tränengrenze
taugt nicht,
der Wunsch, den Blütenfrühling zu halten,
der Wunsch, verschont zu bleiben,
taugt nicht.

Es taugt die Bitte,
dass bei Sonnenaufgang die Taube
den Zweig vom Ölbaum bringe.
Dass die Frucht so bunt wie die Blüte sei,
dass noch die Blätter der Rose am Boden
eine leuchtende Krone bilden.

Und dass wir aus der Flut,
dass wir aus der Löwengrube und dem feurigen Ofen
immer versehrter und immer heiler
stets von Neuem
zu uns selbst
entlassen werden.

(Hilde Domin)[22]

Schicksalhafte Situationen des Lebens, die uns mit tiefem Schmerz und dem Gefühl der Ohnmacht konfrontieren, können wir nur verarbeiten und integrieren, wenn wir vermögen, ihnen aus der umfassenden Kraft des Herzens zu begegnen: aus der Annahme und der Hingabe ans Leben.

---

22 »Bitte«, aus: Domin, Hilde: Sämtliche Gedichte. © S. Fischer Verlag GmbH, Frankfurt am Main 2009.

Gleichzeitig können wir auf dem Grund unseres Herzens eine weitere kostbare Kraft entdecken: Vertrauen. Vertrauen darauf, dass wir Teil eines großen Ganzen sind, dass wir geführt werden und alles, was geschieht, dem Wachstum unserer Seele dient.

Schwere Verlusterlebnisse (auf der sozialen, gesundheitlichen, beruflichen oder finanziellen Ebene) können uns Anlass geben, dazu zu tendieren, uns als Opfer des Lebens zu fühlen. Unser Herz vermag uns auch um diese Klippen zu führen und uns zu zeigen, dass wir in eine große Ordnung eingebunden sind: in den Rhythmus des Wechsels – von Tag und Nacht, Sommer und Winter, Einatmung und Ausatmung, Expansion und Kontraktion, Entstehen und Vergehen.

An inneren Tiefpunkten ist es hilfreich, den Blick immer wieder aus dem eigenen Schmerz auf die Ganzheit zu richten und sich das Gesetz der Veränderung zu vergegenwärtigen: Keine Erfahrung dauert ewig – auf jede Nacht folgt ein neuer Tag. Wir leben in einer Welt der Dualität.

Zum Abschluss beschreibe ich eine Atemmeditation, die uns helfen kann, uns in das zyklische Geschehen des Lebens einzufühlen und uns mit dem Rhythmus des Wechsels – bis tief in den Körper hinein – vertraut zu machen.

Atemkreis – Atempause ♥

Setzen Sie sich aufrecht hin, und wandern Sie mit Ihrer Aufmerksamkeit innerlich einmal durch Ihren gesamten Körper, von den Füßen bis zum Kopf.

Dann wenden Sie sich Ihrem Atem zu, und beobachten Sie das Kommen und Gehen der Atemwellen. Lassen Sie den Atem sanft durch den Mund ausströmen, und begleiten Sie ihn achtsam vom Beginn bis zum Ende. Je mehr Sie sich lösen und der Atem sich in seinen natürlichen Rhythmus einschwingt, desto stärker werden Sie bemerken, dass er nicht einen zweiteiligen, sondern einen dreiteiligen Rhythmus hat.

Es ist hilfreich, sich die Atembewegung als kreisförmiges Geschehen vorzustellen. Mit dem einströmenden Atem steigt die Bewegung auf, erreicht oben ihren Höhepunkt und geht bei der Ausatmung in eine absteigende Bewegung über. Diese wiederum mündet in die Atempause, einen geheimnisvollen Wendepunkt; sie bildet den Ausklang der Ausatmung und den Auftakt der Einatmung.

Hier begegnen wir einem Zwischenraum, einem Raum der Leere, des Nichts, in dem die Ausatmung beendet ist und die Einatmung noch nicht begonnen hat. In diesem subtilen Moment des Überganges ergibt sich eine besondere Möglichkeit der Öffnung.

Fühlen Sie sich in das kreisförmige Geschehen ein, indem Sie sich einen Kreis um sich herum vorstellen. Mit dem einströmenden Atem steigt die Bewegung an einer Seite hinauf, wie eine Kuppel geht sie über Ihren Kopf und fließt dann sanft bei der Ausatmung an der anderen Seite wieder hinunter. Während der Atempause verfolgen Sie, wie der Kreis sich unter Ihnen schließt. Sollten Sie auf dem Boden sitzen, verläuft die Kreisbewegung unter der Erde von der einen zu anderen Seite. Sitzen Sie auf einem Stuhl, stellen Sie sich vor, dass der untere Bogen des Kreises unter der Sitzfläche entlangläuft.

Nehmen Sie sich eine Weile Zeit, diese kreisförmige Bewegung um sich herum zu visualisieren. Es ist möglich, sich die Bewegung sowohl im als auch gegen den Uhrzeigersinn vorzustellen. Innerhalb des Kreises sind alle drei Phasen von der Qualität des Lassens geprägt; das bedeutet:

- das Einatmen kommen lassen –
- das Ausatmen gehen lassen –
- die Atempause zulassen.

Es ergibt sich eine fließende Bewegung, die Sie zunehmend in Verbindung mit dem Fluss des Lebens bringen kann.

Ich lade Sie ein, der Bedeutung der einzelnen Atemphasen nachzuspüren. Beim Einatmen empfangen Sie, beim Ausatmen geben Sie, in der Atempause können tiefe Ruhe und Stille entstehen. In der lebendigen Kreisbewegung kommen die Energien in Harmonie, und es entsteht Regeneration. Über den Atem kann die alte chinesischen Weisheit erfahrbar werden: »In jedem Ende ein neuer Anfang.« Dieser Moment liegt in der Atempause, dem geheimnisvollen Zwischenraum, der auch als »schöpferische« Pause bezeichnet wird. Alles Erschaffen wird aus der Stille geboren.

Wie fühlen Sie sich, wenn Sie eine Weile die Energie im Atemkreis um sich zirkulieren lassen? Vielleicht rund, geborgen, ganz?

Wir sind eingebettet und gehalten in einer großen Ordnung.

Dreifach ist des Lebens Rhythmus –
nehmend, gebend, selbstversunken:
Einatmend nehm' ich die Welt in mir auf,
Ausatmend gebe der Welt ich mich hin,
Leergeworden leb' ich mich selbst –
Lebe entselbstet und öffne mich neu.
Einatmend nehm' ich die Welt in mich auf,
Ausatmend gebe der Welt ich mich hin;
Entleert erleb' ich die Fülle,
Entformt erfüll' ich die Form.

(Lama Anagarika Govinda)

Im Erleben des Kreises vermögen wir, Ganzheit zu erfahren, Fülle. Beim Praktizieren des Atemkreises bietet es sich an, auch an den Kreislauf der Natur zu denken. Im Frühling steigen die Säfte auf, im Sommer wird ein Höhepunkt erreicht, im Herbst fallen die Früchte und beginnen die Blätter zu welken. Alles neigt sich wieder zur Erde; die Bäume werden kahl, die Natur zieht ihre Kraft zurück in die Erde. In der nun folgenden »Atempause« des Winters sieht man oberflächlich nicht viel. Aber zu Beginn des neuen Jahres fangen im Untergrund die Keime schon an, sich zu regen; und nach einer Weile wird das erste Grün sichtbar. In der Natur erleben wir jedes Jahr aufs Neue den Zyklus des »Stirb und werde«.

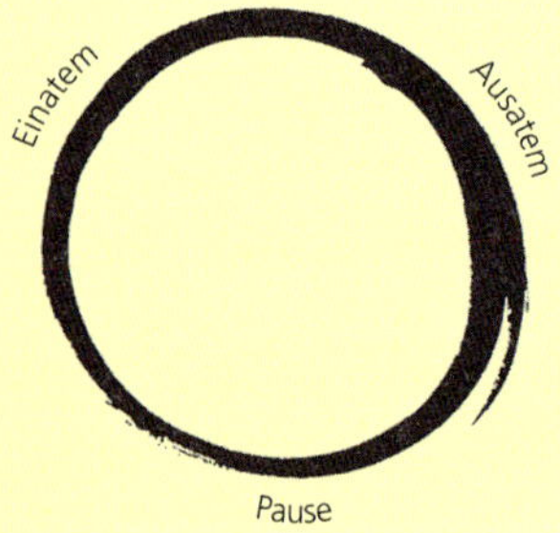

Betrachten wir den gesamten Kreislauf, dann sehen wir Fülle. Insbesondere in der absteigenden Bewegung, wenn wir gerade durch eine Lebensphase von »Herbst« oder »Winter« gehen, kann diese Erfahrung uns helfen, im Vertrauen zu bleiben. Wir sind gehalten im zyklischen Geschehen des Lebens. Immer wieder wird es Frühling, wird das Leben neu geboren – und zeigt sich die unendliche Schöpferkraft des Universums im saftigen Grün und in der Farbenpracht der Blüten.

8. Abschluss: Eine neue Welt

Mit den Augen von Kindern schauen

Vergangenen Woche sah ich den Film »Part Time Kings«, der mich sehr berührt hat. Ein Indianerhäuptling gab die Anregung zu diesem Werk, als er bei einer Pfeifenzeremonie sagte: »Es ist an der Zeit, die Zukunft durch die Augen unserer Kinder zu sehen.« Die Filmemacherin ließ dieser Satz nicht mehr los; und so begann ihr Projekt, in dem sie Kinder nach ihren Träumen und Visionen fragte – in sieben Ländern und auf vier Kontinenten.

Ihre Vorstellungen von der Welt von morgen ähneln sich. Alle wünschen sich Frieden, ein Zusammenleben auf der Basis von Vertrauen und Respekt, in dem jeder seine Talente entfalten kann – unabhängig von Hautfarbe, Religion, Nationalität, sozialer Schicht, Geschlecht oder Lebensalter. Es ist bewegend, mit welcher Weisheit die Kinder aus dem Herzen heraus sprechen, welche Freude und positive Energie sie ausstrahlen.

Und es war ermutigend, zu sehen, welch wundervolle Projekte es heute bereits gibt, in denen Menschen ihre Vision von einer konstruktiven, unterstützenden Gemeinschaft realisiert haben; nicht nur in den reichen Ländern, sondern auch in Indien, Südafrika, Kolumbien etc. Hier wird ein Zipfel der neuen Welt sichtbar.

Der Film regt auch Erwachsene an, sich zu fragen: Was ist mein Traum für dieses Leben, meine Vision für diese Welt? Und wie will ich mich für ihre Verwirklichung einsetzen? Es ist hilfreich, dabei den Kontakt mit unserem »inneren Kind« zu suchen. Die Fantasie, der Mut, die Freude und Zuversicht, das Herzblut und Engagement aus der Welt des Kindes sind uns Erwachsenen im Laufe des Lebens vielfach abhandengekommen.

Für Kinder hat neben der Gegenwart die Zukunft eine große Bedeutung. Sie blicken mit Vorfreude auf diesen Raum, der vor ihnen liegt, mit all seinen Möglichkeiten – und wollen ihn gemäß ihren Visionen und Talenten gestalten. Für Erwachsene ist die Gegenwart vielfältig mit der Vergangenheit verknüpft. Wir sind geprägt von unseren Erfahrungen, die wir im Laufe der Jahre gemacht haben und den – teils einschränkenden – Überzeugungen sowie Glaubenssätzen, die wir daraus entwickelt haben. Und so kann es passieren, dass wir unsere Gegenwart und Zukunft immer wieder nach den Mustern der Vergangenheit erschaffen – und nichts wahrhaft Neues zu entstehen vermag. Viele gewöhnen sich an die eingefahrenen Gleise in ihrem Leben; manchmal habe ich den Eindruck, dass ein Teil der Menschen irgendwie »eingeschlafen« ist und hauptsächlich in der Routine des Alltags funktioniert. Wo sind der Ideenreichtum, die Freude, die Begeisterungsfähigkeit aus der Welt des Kindes geblieben – der Aufbruch zu immer neuen Ufern?

Ich möchte Sie einladen, sich zurückzuversetzen in Ihre Kindheit – eventuell mithilfe von Fotos aus dieser Zeit. Vermögen Sie sich zu erinnern, wie Sie sich mit sechs, zehn, vierzehn oder achtzehn Jahren jeweils Ihre Zukunft ausgemalt haben?

Und nun schauen Sie mit den Augen Ihres inneren Kindes einmal auf Ihr jetziges Leben. Was sagt es zu Ihrem Lebensstil; ist es glücklich damit? Welche Visionen hat Ihr Kind für Ihre Zukunft? Wenn Sie obige Fragen beantworten, achten Sie besonders auf die Gefühle und die Energie, die in Ihnen wach wird, sobald Sie Ihre gewohnte Perspektive verändern.

Annahme, Freude und Enthusiasmus

Eckhart Tolle beschreibt in seinem Buch »Eine neue Erde« drei energetische Qualitäten, die unser Handeln bestimmen, wenn wir in tiefer Verbindung mit unserem Kern sind.

Annahme – innerer Frieden

Es ist wunderbar, Dinge aus der Energie der Freude zu tun. Manchmal allerdings ist uns dies nicht möglich. Es kann widrige Situationen geben, die uns zum Handeln aufrufen, in denen anstatt Freude eher Unlust auftaucht. Zum Beispiel, wenn ein heftiger Sturm unseren Garten verwüstet hat: Der Großteil der Blumen und Sträucher steht ohne seine schönen Blüten da, der Rasen und die Beete sind mit abgebrochenen Ästen und Blättern übersät.

Dann sind wir vermutlich nicht fähig, freudig die Aufräumarbeiten anzugehen. Aber anstatt in Widerstand zu kommen und uns auf einer Frequenz von Frust murrend ans Werk zu begeben, können wir die Situation auch anerkennen und annehmen. »Ja, dies ist meine momentane Realität – und sie verlangt jetzt beherztes Handeln.« Wir können bewusst einwilligen, das zu tun, was gerade an der Reihe ist. So entsteht eine Schwingung von innerem Frieden, die in unser Tun fließt.

Die Umpolung von anfänglichem Ärger zum willigen Beseitigen des Chaos im Garten ist ein kreativer Akt; denn wir erschaffen in uns eine neue energetische Qualität, indem wir eine niedrige Schwingungsfrequenz in eine hohe transformieren.

C. G. Jung sagt: »Freiheit des Willens ist die Fähigkeit, frohen Herzens das zu tun, was ich tun muss.« In diesem Falle würde ich den Satz umformulieren zu: Freiheit des Willens ist die Fähigkeit, willigen Herzens das zu tun, was ansteht.

Und wenn wir in unserem Leben auf etwas stoßen, was wir weder aus frohem noch aus willigem Herzen zu tun vermögen, dann sollten wir es lieber lassen. Denn alles, was wir »ohne Herz« tun und nur aus purer Pflicht erledigen, zieht unsere Energie auf eine niedrige Schwingungsfrequenz – wir handeln als Sklaven der Situation. Es geht an solch einem Punkt um eine bewusste Entscheidung: Sind wir fähig, einzuwilligen und Ja zu sagen? Wenn nicht, sollten wir von unserer Freiheit Gebrauch machen und aus dem Herzen heraus Nein sagen: mit der betreffenden Tätigkeit aufhören sowie mutig zu diesem Schritt stehen. Diese Klarheit wird unsere Energiefrequenz wieder anheben.

Freude

Eckhard Tolle bezeichnet Freude als den dynamischen Aspekt des Seins. Die schöpferische Kraft des Universums zeigt sich als Lebendigkeit und Bewegung. Sind wir in Verbindung mit dieser Energie, kommt Freude auf.

Erinnern Sie sich, wann sie zuletzt etwas voll Freude getan haben? Freude ist verbunden mit einem Empfinden von Lebendigkeit; wir fühlen uns durchströmt von der pulsierenden Lebenskraft, und diese fließt in unser Tun.

In der Freude verbinden wir uns mit der kreativen Kraft. Manche Menschen haben das, was sie am liebsten tun, zu ihrem Beruf gemacht: Künstler, Musiker, Schriftsteller, Erfinder, Wissenschaftler, Architekten, Lehrer, Entwickler von sozialen Projekten. Sie erschaffen etwas, um das Leben anderer zu bereichern, und fühlen sich selbst bereichert durch ihr Tun.

Wir können uns immer wieder fragen: »Wo liegt meine Leidenschaft? Wann beginnt bei mir, der Quell der Freude zu sprudeln und mein Herz zu tanzen? Oder ist mein Leben so strukturiert, dass ich vor allem überlebe: meinen Lebensunterhalt verdiene, meine Pflichten erledige, meine To-do-Listen abarbeite – und dabei das Lächeln und die Freude auf der Strecke bleiben? Wie viel Raum gebe ich der Energie der Freude in meinem Alltag?«

Kinder können hier wunderbare Lehrer sein, wenn wir sie beobachten, wie sie mit Freude tätig sind – ganz eins mit dem, was sie tun. Nehmen wir Kontakt zu unserem inneren Kind auf, bekommen wir unter Umständen recht schnell Zugang zum Raum der Freude. Horchen Sie auf dessen Impulse, nehmen Sie diese ernst; und haben Sie den Mut, auch »ungewöhnliche« Dinge zu tun (»normal« oder »ungewöhnlich« sind lediglich Etiketten des Verstandes).

Freude ist eine Qualität, die zu unserem tiefsten Wesen gehört. Und letztlich ist es nicht eine äußere Aktivität, die uns Freude empfinden lässt, sondern es ist die Dimension, aus der unser Tun erwächst. Wenn wir unsere Freude-Energie ins Quantenfeld ausstrahlen, werden immer mehr Dinge in unser Leben kommen, die unserem Wesen gemäß sind und uns Freude bereiten.

Enthusiasmus

Begeisterung entsteht, wenn wir eine Vision haben und diese mit Freude Schritt für Schritt verwirklichen. Enthusiasmus bringt uns in eine hohe Energiefrequenz, die Kreativität strömt, und es wird ein »Feuer« in uns wach. Wenn ich schreibe, empfinde ich mich als einen Kanal, durch den hochfrequente Energie strömt, die sich in Gedanken und Worte umsetzt, die dann aufs Papier fließen. Enthusiasmus hat eine enorme Intensität; und manchmal ist es gar nicht so leicht, mit dieser starken dynamischen Kraft umzugehen, die einen antreibt. Körper und Geist stehen unter einer erhöhten Spannung. Bei aller Intensität und Dynamik ist es wichtig, gleichzeitig auf einer inneren Ebene ganz still zu sein. In dieser Stille entsteht die Öffnung zum Raum der Schöpferkraft, und es kann aus der Dimension des Formlosen etwas in die Welt der Form geboren werden.

Das Wort Enthusiasmus kommt aus dem griechischen: en theos = in Gott; enthousiasmos = Gottesbegeisterung. Im Enthusiasmus sind wir angeschlossen an die kreative Kraft des Universums. Wir sind nicht allein, wir sind getragen von einem Strom.

Es gibt eine Flöte, deren eines Ende an den Lippen Gottes liegt,
und das andere Ende der Flöte ist im Herzen des Menschen.
(Rumi)

Aus der Kraft des Enthusiasmus können große Dinge entstehen. Manchen Menschen wachsen enorme Kräfte zu, um ihre Vision zu verwirklichen. Sie werden geführt und sind ein Instrument für etwas, was sich manifestieren möchte. Enthusiasmus ist die Triebfeder, die eine Idee aus der geistigen Dimension in die physische Wirklichkeit bewegt.

Handeln wir aus Enthusiasmus heraus, haben wir einerseits unsere Vision und unser Ziel für die Zukunft im Blick; das Wichtigste ist jedoch immer der gegenwärtige Moment: Hier entfaltet sich der kreative Prozess. In jedem Augenblick, in dem etwas uns Unbekanntes geboren wird, sind wir als Handelnde und gleichzeitig als staunende Zuschauer ganz präsent. Sollte das Erreichen des Ziels wichtiger werden als das Tun selbst, ist dies ein Zeichen dafür, dass das Ego auf den Plan getreten ist. Wenn wir vor allem etwas haben wollen, um uns toll zu fühlen, dann verlieren wir den tiefen inneren Anschluss. Enthusiasmus hat nichts nötig, er entspringt dem Raum der Fülle.

Welche der drei genannten Energien des Handelns ist Ihnen aus Ihrem Alltag am meisten vertraut? Und welche von ihnen will jetzt noch mehr entwickelt werden? Ich möchte Sie einladen, sich Zeit zu nehmen, um den letzten Punkt sehr konkret werden zu lassen.

Das Leben feiern

Wollen wir eine neue Welt erschaffen, so ist es unsere Aufgabe, in unser Sein und in unser Tun eine hoch schwingende Energie fließen zu lassen. Es ist an der Zeit, einen wichtigen Schritt in der Entwicklung unseres Bewusstseins zu tun: das Mangelbewusstsein, die Angst, das »Überleben« sowie die Mühen dieses Lebensmodus hinter uns zu lassen. Und uns einzustimmen auf das Reich der Fülle; das bedeutet in Freude – im Miteinander und Füreinander – unsere Visionen zu verwirklichen: aus dem Herzen zu »leben« und das Leben zu feiern.

Ein Aufruf der Hopi-Indianer aus Arizona fasst dies in folgende Worte:

An meine Gefährten, die mit mir schwimmen

Da ist ein Fluss,
der fließt jetzt sehr schnell.
Er ist so mächtig und reißend,
dass einige Angst haben werden.
Sie werden versuchen, sich am Ufer festzuhalten,
und werden fühlen, dass sie zerrissen werden;
und sie werden beträchtlich leiden.

Wisse, dass der Fluss seine Bestimmung hat.
Die Ältesten sagen,
wir müssen vom Ufer loslassen
und in die Mitte des Flusses stoßen, unsere Augen offen halten
und unsere Köpfe über dem Wasser.

Und sie sagen:
Schaue, wer da mit dir ist, und feiere.
In dieser Zeit der Geschichte
dürfen wir nichts persönlich nehmen, am allerwenigsten uns selbst.
Denn in dem Moment, wo wir dies tun,
kommt unser inneres Wachstum
und unsere Reise zum Stillstand.

Die Zeit des einsamen Wolfes ist vorbei.
Kommt zusammen,
verbannt das Wort »Mühsal«
aus eurer Haltung und eurem Vokabular.
Alles, was wir jetzt tun,
muss auf eine heilige Art und Weise getan werden und im Feiern.

Wir sind die, auf die wir gewartet haben.

Dank

Die Verbindung zwischen Körper, Psychologie und Spiritualität ist ein zentrales Thema in meinem Leben. Auf meinem Weg bin ich vielen Menschen begegnet, die mir Erfahrungen und Erkenntnisse ermöglichten, die zum Schreiben dieses Buches geführt haben. Ihnen allen gilt mein Dank.

An dieser Stelle möchte ich vor allem namentlich diejenigen nennen, die unmittelbar zur Entstehung dieses Buches beigetragen haben.

Ich danke Yvonne Grevenitz für die klärenden Gespräche, das Lesen des Manuskripts und für die wunderbare Erfahrung, von ihr in der Tiefe gesehen zu werden. Ich danke Monika Closs und Susanna Boldi-Labuska für ihre Unterstützung beim sprachlichen Schliff einiger Textstellen.

Es ist mir ein besonderes Anliegen, meine Bücher grafisch ansprechend zu gestalten. Ich danke Katharina Zörner für ihre Fotoserie mit den Herzmotiven. Ich danke Monika Closs für das gemeinsame Heraussuchen von passenden Fotos aus dem Internet. Beim Entwerfen der Zeichnungen waren mir der kritische Blick von Gabriele Fichtl und der Austausch mit ihr wertvoll.

Ich danke Patrik Bock, der mir vor allem in der letzten Phase eine wichtige Rückenstütze war – und mich liebevoll sowie fachkundig unterstützt hat.

Weiterhin möchte ich mich bei Luis Wankmüller bedanken, der bei jedem SOS-Ruf zur Stelle war, wenn es Probleme mit dem PC oder der Spracherkennung gab. Dieser »technische Dienst im Hintergrund« hat mich sehr beruhigt, da technische Geräte zu den Herausforderungen in meinem Leben gehören und ich schnell aufgeschmissen bin, wenn sie nicht so funktionieren, wie ich es gewohnt bin.

Insbesondere gilt mein Dank auch den Mitarbeitern des Schirner Verlags für die fruchtbare Zusammenarbeit.

Ich bin dankbar für das Geschenk, dass große Teile dieses Buches auf Teneriffa entstehen durften – in einem wunderschönen 17 000 Quadratmeter großen Garten auf dem Gelände einer alten Bananenplantage. Er wird mit Liebe von Pauli Peréz gepflegt, der mir immer einen Tisch an einen stillen Platz trug, sodass ich ungestört schreiben konnte. Dieser Garten ist für mich ein Ort und ein Symbol der Fülle.

Ich danke meinen Lehrern – Pir Vilayat Khan, Isaac Shapiro, Mother Meera – sowie Mária, Yvonne und Tom für ihre Begleitung. In der Begegnung mit ihnen haben sich viele Türen auf dem Weg zur Tiefe meines Herzens geöffnet.

Ich danke dem Leben dafür, dass ich ein fühlendes Herz habe und die Farbenfülle des Menschseins zu erleben vermag.

Anhang

Übersicht über Bedürfnisse und Werte

Körperliche Bedürfnisse
Bewegung
Entspannung
Gesundheit
Licht
Luft
Nahrung
Raum
Rhythmus
Ruhe
Schutz
Sicherheit
Unterkunft
Wärme
Wasser
Wohlbefinden

Nahrung fürs Herz
Annahme
Anteilnahme
Aufmerksamkeit
Berührung
Empathie
Ermutigung
Fürsorge
Geborgenheit
Güte
Intimität
Liebe
Milde
Mitgefühl
Nähe
Trost
Vertrauen
Wertschätzung
Zärtlichkeit

Bedürfnisse des inneren Kindes
Abenteuer
Feiern
Freizeit
Freude
Humor
Lebendigkeit
Leichtigkeit
Optimismus
Spaß
Spiel
Spontaneität
Unbeschwertheit
Vergnügen

Kontakt mit uns selbst
Achtsamkeit
Authentizität
Autonomie
Freiheit
Individualität
Integrität
Privatsphäre
Selbstausdruck
Selbstrespekt
Selbstvertrauen
Selbstverwirklichung
Selbstwert
Stimmigkeit
Wachheit
Wahlfreiheit

Kontakt mit anderen
Akzeptanz
Austausch
Balance zwischen:
Geben und Nehmen
Reden und Zuhören
Aktivität und Ruhe
Bestätigung
Diskretion
Ehrlichkeit
Einfühlungsvermögen
emotionale Sicherheit
freundlicher Umgang
Freundschaft
Gegenseitigkeit
Gemeinschaftsgefühl
Gerechtigkeit
Gleichwertigkeit
Grenzen respektieren
Kontakt
Kontinuität
Loyalität
Menschlichkeit
Offenheit
Ordnung
Partnerschaftlichkeit
Präsenz
Respekt
Rücksicht
Sorgfalt
Toleranz
Treue
Unterstützung
Verantwortung
Verbindlichkeit
Verbundenheit
Verlässlichkeit
Verständnis
Zugehörigkeit
Zusammenarbeit

Geistige Bedürfnisse
Abwechslung
Aktivität
Effektiver Umgang mit Zeit und Energie
Effektivität
Einfachheit
Engagement
Entwicklung
Erfolg
Flexibilität
Herausforderung
innerer Frieden
inneres Wachstum
Inspiration
Klarheit
Konzentration
Kreativität
Lernen
Orientierung
Qualität
Selbsterkenntnis
Visionen entwickeln und verwirklichen
Wissen

Sinnhaftigkeit
Bedeutung haben
Bewusstsein
Erfüllung
Frieden
Ganzheit
Harmonie
Hoffnung
Ordnung
Schönheit
Sinn
sinnvolle Tätigkeit
Stille
Transzendenz
zum Leben beitragen

Übersicht über Energiequalitäten mit einer hohen Schwingungsfrequenz

Diese Liste will Sie inspirieren, Ihr Vokabular bezüglich Energiequalitäten zu erweitern. Sie kann bei Punkt 3 und 4 der Tagesplanung hilfreich sein:

- Meine heutige Grundenergie:
  Mit welcher Energie will ich heute präsent sein?
- Drei Tätigkeiten:
  a) Wie wähle ich, mich auf dem Weg zu meinen jeweiligen Ziel zu fühlen?
  b) Wie fühle ich mich, wenn ich am Ziel angekommen bin?

Körperlich
ausgeglichen
behaglich
belebt
durchlässig
energiegeladen
entspannt
erfrischt
fit
geerdet
in meiner Mitte
kraftvoll
lebendig
leicht
locker
ruhig
rundum wohlig
schwungvoll
stabil
vital
warm
zentriert

Seelisch
authentisch
beschwingt
dankbar
empathisch
empfänglich
energisch
entschlossen
erfüllt
erleichtert
frei
freundlich
friedlich
froh
fröhlich
gelassen
genährt
glücklich
großzügig
gut gelaunt
gut bei mir
heiter
hilfsbereit
humorvoll
in Harmonie
leicht
liebevoll
munter
mutig
optimistisch
selbstbewusst
selbstsicher
sicher und geborgen
spielerisch
vergnügt
voll Freude
voll Liebe
voll Mitgefühl
voll Vertrauen
wertschätzend
stark
zufrieden
zuversichtlich

Geistig
achtsam
aufmerksam
begeistert
engagiert
fasziniert
gesammelt
hellwach
inspiriert
interessiert
klar
konzentriert
kreativ
motiviert
neugierig
offen
wissbegierig

Literatur

Bartholomew: Bartholomew's Lachende Weisheit – Band 2. Ch. Falk, Planegg 1990
Betz, Robert: Willkommen im Reich der Fülle. Koha, Burgrain 2011
Braden, Gregg: Verlorene Geheimnisse des Betens. EchnAton, Frankfurt am Main 2006
Im Einklang mit der göttlichen Matrix. Koha, Burgrain 2007
Caddy, Eileen: Herzenstüren öffnen. Greuthof, Gutach 1986
Chödrön, Pema: Beginne, wo du bist. Aurum, Braunschweig 1994
Dispenza, Joe: Ein neues Ich. Koha, Burgrain 2012
Feild, Reshad: Die Alchemie des Herzens. Diederichs, München 1990
Ferrini, Paul: Love Without Conditions. Heartways Press, South Deerfield 1994
Fischer, Theo: Wu wei. Rowohlt, Reinbek 1992
Herbig, Regine: Van weerstand naar aanvaarding (Von Ablehnung zur Annahme). Ankh-Hermes, Deventer 2007
Hicks, Esther und Jerry: Ein neuer Anfang. Ansata, München 1996
Hillesum, Etty: Das denkende Herz. Rowohlt, Reinbek 1981
Kabat-Zinn, J.: Zur Besinnung kommen. Arbor, Freiburg 2005
Khema, Ayya: Das Geheimnis von Leben und Tod. O.W. Barth, München 1991
Krishnamurti, J.: This Light in Oneself. Shambala, Boston/London 1999
Losier, Michael: Das Gesetz der Anziehung. Integral, München 2003
Nadiaye, Safi: Das Tao des Herzens. Ullstein, München 2001
Scovel-Shinn, Florence: Das geheime Tor zum Erfolg. Erd, München 1940
Steindl-Rast, David: Fülle und Nichts. Goldmann, München 1985
Nhat Hanh, Thich: Dialog der Liebe. Herder, Freiburg 1999
Tolle, Eckhart: Eine neue Erde. Arkana, München 2005

Verzeichnis der Abbildungen

Zeichnungen und Grafiken

Regine Herbig
S. 22, S. 23, S. 24, S. 29, S. 41, S. 45, S. 48, S. 127, S. 148, S. 168, S. 173, S. 174, S. 183, S. 225, S. 227, S. 257, S. 262

Agaat Kappelle (Leiden/NL)
S. 60, S. 65, S. 67, S. 68, S. 69

Fotos

www.shutterstock.com
Layoutelemente: # 179620148 (©styleuneed.de), # 143846197 (©Magnia)
S. 1: # 81353437 (©debra hughes), S. 16: # 2015132 (©Jiri Vaclavek), S. 26: # 132117119 (©Alenavlad), S. 27: # 88786567 (©Bananaboy), # 88965994 (©Leremy), S. 33: # 198955406 (©subin pumsom), S. 42: # 121661194 (©Jesus Keller), S. 73: # 74617933 (©Jami Garrison), S. 98: # 201574871 (©lidante), S. 102: # 112348283 (©Arto Hakola), S. 114: # 83461006 (©Bernd Juergens), S. 119: # 116303092, (©Yeko Photo Studio), S. 139: # 72586633 (©Jessmine), S. 143: # 81229213 (©kaarsten), S. 146: # 48677371 (©saasemen), S. 150: # 88662181 (©Jakub Krechowicz), S. 155: # 217202551 (©Martin Novak), S. 158: # 32153713 (©djgis), S. 199: # 150666932 (©wavebreakmedia), S. 215: # 219243973 (©pumnaruk), S. 228: # 152359766 (©oorka), S. 245: # 86764774 (©Rob Hainer), S. 247: # 116755063 (©SvetlanaFedoseyeva), S. 260: # 89709595 (©Yuriy Kulik), S. 266: # 119091283 (©Monkey Business Images), S. 277: # 97598495 (©Elena Efimova)

www.fotolia.de
S. 129: # 30877176 (©S.Kobold)

Dany Rohe
S. 232

Herzserie

Kamé (München)
S. 85, S. 88, S. 98, S. 109, S. 113, S. 114, S. 139, S. 158, S. 178, S. 192, S. 199, S. 205, S. 219, S. 232, S. 283

Skulptur »Kontrabass-Symbiose«

S. 57: **Josef Fromm** (München)

Über die Autorin

Regine Herbig ist Körpertherapeutin, Coach und Trainerin. Seit 35 Jahren begleitet sie Menschen aus einem ganzheitlichen Ansatz heraus. Die ersten 20 Jahre arbeitete sie in München in eigener Praxis, gab Kurse in der Erwachsenenbildung und war Dozentin in der Aus- und Weiterbildung an verschiedenen Institutionen, u.a. der Hochschule für Musik. Von 1998 bis 2010 lebte sie in den Niederlanden, wo sie vor allem Fortbildungsseminare für verschiedene Berufsgruppen gab.

Seit ihrer Rückkehr nach München liegt ihr Schwerpunkt auf der Herzensarbeit. Aus dem Herzen heraus zu leben, ist ihr persönlich ein wichtiges Anliegen; sie lädt andere Menschen zu diesem Weg ein und unterstützt sie dabei – in Einzelsitzungen und Workshops. In ihrer Arbeit vereint sie Körpertherapie, Psychologie und Spiritualität zu einem harmonischen Ganzen.

Folgende Bücher sind von ihr erschienen (bis auf das erste und das letzte bislang nicht auf Deutsch):

- Der Atem – Quelle von Entspannung und Vitalität (niederländisch 2003/ deutsch 2005)
- Von Ablehnung zur Annahme – Umgehen mit schmerzlichen Erfahrungen (niederländisch 2007)
- Sorgst du nur für andere oder auch für dich selbst? Eigene Bedürfnisse fühlen und erfüllen (niederländisch 2007)
- Konstruktiv umgehen mit Irritation und Ärger – Das Herz als Schlüssel zur Transformation von Wut (niederländisch 2010)
- Gefühlsregulierung – Ein Tor zu innerer Balance; Stressbewältigung durch Herz-Resonanz (deutsch 2013)

www.Herz-Resonanz.com
www.RegineHerbig.com